南师大博物馆文丛

先生之风

中国近现代教育名家手稿研究

方凌波 主编

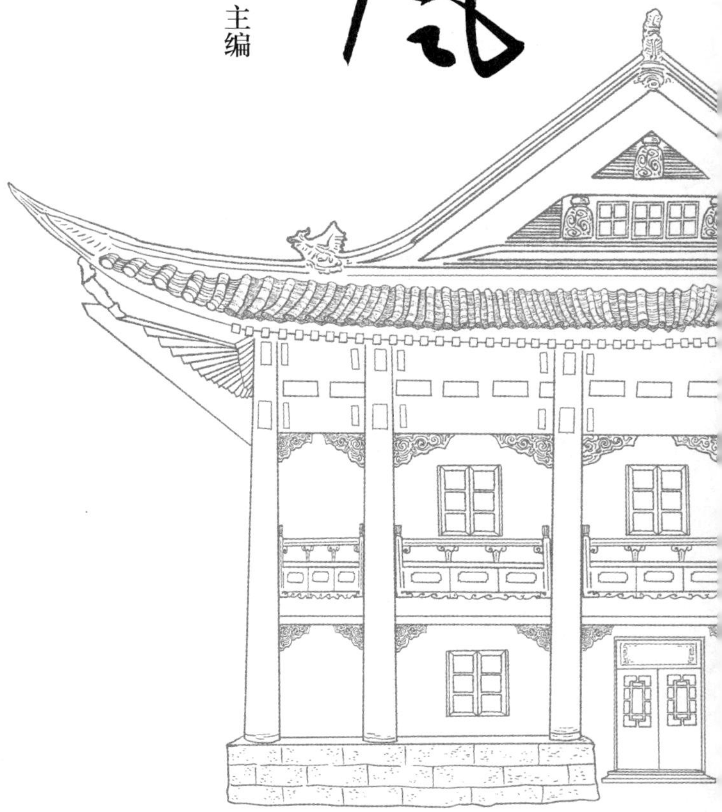

南京师范大学出版社

图书在版编目（CIP）数据

先生之风：中国近现代教育名家手稿研究 / 方凌波主编. -- 南京：南京师范大学出版社，2025. 4.
（南师大博物馆文丛）. -- ISBN 978-7-5651-6909-0

I. K825.46

中国国家版本馆 CIP 数据核字第 2025F3H229 号

丛 书 名 南师大博物馆文丛
书　　名 先生之风：中国近现代教育名家手稿研究
主　　编 方凌波
责任编辑 何黎娟
出版发行 南京师范大学出版社
地　　址 江苏省南京市鼓楼区北京西路 72 号（邮编：210024）
电　　话 （025）83598919（总编办）83598412（营销部）83371351（编辑部）
网　　址 http://press.njnu.edu.cn
电子信箱 nspzbb@njnu.edu.cn
排　　版 南京私书坊文化传播有限公司
印　　刷 江苏凤凰盐城印刷有限公司
开　　本 850 mm × 1168 mm　1/16
印　　张 16
字　　数 369 千
版　　次 2025 年 4 月第 1 版
印　　次 2025 年 4 月第 1 次印刷
书　　号 ISBN 978-7-5651-6909-0
定　　价 138.00 元

出 版 人 张　鹏

序

王成斌

百廿风华，文脉悠长，南京师范大学自三江师范学堂肇始，历经 120 余年的春秋风雨，始终秉承立德树人的初心，扎根于教育沃土，传承文化之光。2022 年，恰逢南师大 120 周年校庆之际，1976 级校友、江苏四方文化集团董事长陆军先生，将其多年珍藏的一批近现代名家手稿慷慨捐赠给母校。这些手稿跨越历史长河，承载着无数教育先贤、文化巨匠与艺术大师的心血与智慧，成为南师博物馆中的璀璨明珠，折射出学校深厚的文化底蕴与百年荣光。

2023 年 12 月，南京师范大学博物馆正式成立，标志着学校在文化建设与校史传承中的新里程碑。这里的每一件藏品不仅弥足珍贵，也彰显了南师深厚的文化底蕴和师范教育的辉煌历史，更承载着值得每一位南师人铭记和恪守的南师精神与价值理想。博物馆的首展“百侣三江 毓秀金陵——近现代教育文献展”展出了陆军校友捐赠的文献，其中包括教育家李瑞清、郭秉文、蔡元培，国学大师梁启超、吴宓，著名艺术家张大千、徐悲鸿等人的亲笔手稿与信札。这些展品不仅具有重要的学术价值，也展现了中国高等教育和文化发展的历程。

《先生之风——中国近现代教育名家手稿研究》由捐赠者以及相关领域专家、博物馆研究人员基于陆军校友捐赠的这批珍贵文献进行研究解读，还原这些杰出人物在时代变革中的教育实践、学术贡献和文化传承。本书不仅是文物的展示，更是对这些名家思想、学术和艺术精神的深度探寻；它不只是一部文献集，更是一扇展示中国近现代教育、文化、艺术思想的窗口。这批珍贵手稿承载了多个历史阶段的教育理念、学术思想和艺术精神。通过本书的编撰，串联起这些真实而鲜活的历史片段，勾画出了中国近现代教育发展的脉络，展现这些先贤在社会进步中起到的重要推动作用。

本书分为以德树人、以文化人、以美育人三部分，分别聚焦于教育家、学者和艺术家。每篇文章围绕一位名人的手稿展开，不仅叙述他们在各自领域中取得的成就，还通过手札与文献中的细节，揭示出他们面对社会变迁时的思考与行动。教育家们对现代教育理念的践行，学者们对文化传承的探求，艺术家们对美育与社会责任的结合，都通过这些手稿生动地呈现在我们面前。这些手稿不仅是历史的记录，更是我们理解中国近现代教育、文化与社会变迁的重要桥梁。本书同时呈现信札的影印图片、文字释读、编写者按语，力求达到学术性和可读性的统一。

南京师范大学博物馆整理、研究这些手稿，不仅出于学校对文化传承的重视，更显示了学校致力于学术创新与教育实践的坚定决心。这本书的出版，将为学术界和公众提供一份兼具历史厚重感与现实启示意义的研究成果，进一步促进对中国近现代教育、文化、艺术的深入研究和探索。通过这些手稿与信札，我们不仅能看见大师们的思想和精神，还能从中体会到他们在动荡的年代通过教育和文化力量来改变社会的信念。正如南京师范大学一贯秉承的教育使命，本书也将以文化之火，照亮学术前行的道路，激励新时代的学者和教育工作者继续追求卓越，不断开拓中国教育与文化的新篇章。未来，南师大将继续发挥文化资源优势，推动校史文化的挖掘与传播，讲好南师故事，进一步提升博物馆的学术和社会影响力，为建设文化强国贡献更多智慧与力量。

从三江师范学堂兴师重教、倡导新学，到南高师革故鼎新、融会中西；从新中国成立后建立的学科齐全的南京师范学院，到如今入选国家“双一流”建设高校和江苏高水平大学建设高校的南京师范大学，历经百年奋斗，南师取得了令人瞩目的辉煌办学成就。当前，学校正在全面建设“特色鲜明、有国际影响的一流大学”，这是时代赋予南师大的光荣使命，也是艰巨而崇高的壮丽事业。学校党委将团结带领全校师生员工，坚持以习近平新时代中国特色社会主义思想为指导，全面贯彻党的教育方针，落实立德树人根本任务，牢记“国之大者”的核心要义，继承和发扬南师精神传统，不断汇聚团结奋斗、干事创业的强大精神力量，全力推动学校事业高质量发展，真正使南京师范大学发展成为“高水平创新之师、高质量发展之范”，为“强富美高”新江苏现代化建设、为实现中华民族伟大复兴的中国梦作出新的更大的贡献！

导言

泛黄碎页·描摹的百年教育图景

陆军

金陵女子文理学院图书馆落成典礼留影，左起：胡适、孔祥熙、王世杰、吴贻芳

1934年，金陵女子文理学院举办小礼堂和图书馆楼落成典礼，一时名流云集。来参加典礼的胡适、王世杰、吴贻芳和孔祥熙四人，站在由亨利·墨菲和吕彦直合作设计的图书馆门口，留下了一张历史性的照片。

百年过去，先师已逝。在当年金陵女子文理学院图书馆中，“南京师范大学·四方近现代教育文献展”（以下简称“文献展”）正在进行。展出的文献既有信札、日记、诗稿、书序、手稿，也有考试卷、教学计划书、毕业证书、墓志铭、公函等。这些泛黄的先人手迹，是对中国近现代教育史的生动记录。官学、私学和书院三位一体的中国传统教育体系，在辛亥革命一声枪响中轰然崩塌。有着几万万民众的积贫积弱的中国，在民国初期短短的二十年内，何以迅速建立起现代教育制度？

一

在文献展出的250件作品中，首先映入眼帘的是一批教育方家的名字：蔡元培、郭秉文、张伯苓、王世杰、梁漱溟、王伯群等，他们在新旧教育制度变革的过程中，勇于担当家国责任，厥功至伟。

曾两度出任北大校长和教育行政机构负责人的蔡元培，在北大主张“思想自由，兼容并包”，推动了新文化运动，在德国莱比锡大学留学期间曾研习美学的经历，也让他对推动美育不遗余力。被誉为“现代中国音乐之父”的萧友梅留德获博士学位，回到国内后迫切希望创建中国第一所国际化的高等音乐学院。1927 年，上海国立音乐学院（上海音乐学院前身）获批建立，第一年拟招 50 名学生，竟无人报名，好在萧友梅与蔡元培私交甚笃，请他屈尊挂名校长，时任民国政府大学院院长，即教育部长的蔡元培，欣然答应担任一个招生不足 50 人的学校的校长。在蔡先生名声的加持下，终于招到 23 名学生。文献展展品中有一件蔡元培于 1933 年 1 月致萧友梅的信函，应是萧的同乡俞诚之写了《中国政略学史》，托萧请蔡先生作序，此信就是蔡元培的复函。后来，萧友梅转任校长后，聘任其学生陈洪任教务主任，新中国成立后，陈洪任南京师范学院音乐系主任、名誉系主任。作为著名音乐理论家，陈洪为南京师范学院的音乐教育作出了巨大贡献。展览中展出的萧友梅另一弟子贺绿汀给孙维本（时任黑龙江省委书记）的信，谈及上海音乐学院下一任院长拟请黑龙江省音协主席、著名作曲家汪立三来担任。从蔡元培、萧友梅、陈洪、贺绿汀到汪立三，这些先驱的名字串联起了中国音乐教育发展的百年历程。

如果说蔡元培的贡献更多的是推动教育理念和学术风气的变革，那么郭秉文的贡献就是立足国立东南大学，全面引进西方尤其是美国的教学方法和教学内容，推动中国高等教育制度的变革。郭秉文被称为“中国现代大学之父”，是他把国立东南大学建成为学科齐全、适应社会和经济发展的第一所现代国立高等大学。郭秉文的手迹在市场上极为少见，近三十年来的拍卖市场也无踪迹。笔者通过上海的朋友找到国立中央大学第一任校长张乃燕的后人，对方提供了三十多件中央大学文献，有张乃燕、朱家骅和吴有训等几位原中央大学校长的手迹，以及中央大学汇编的各个学院概况、成绩单、毕业证书、聘书等。其中一封署名为“郭〇〇”的信，引起了我的注意，该信致南京高等师范学校（国立东南大学前身）同学会徐州分会，张乃燕后人不知“郭〇〇”是

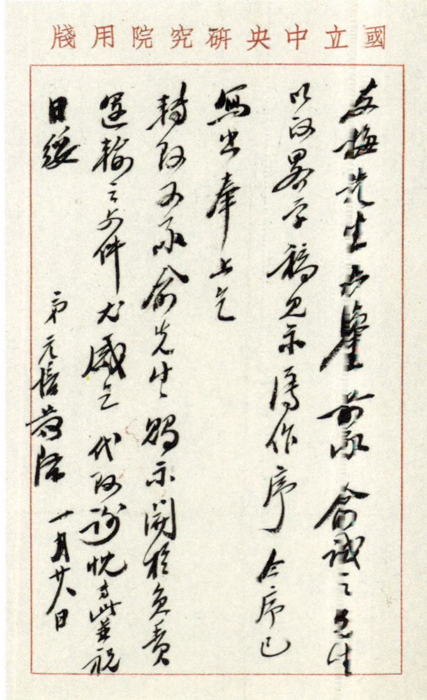
國立中央研究院用牋

蔡元培致萧友梅的信函

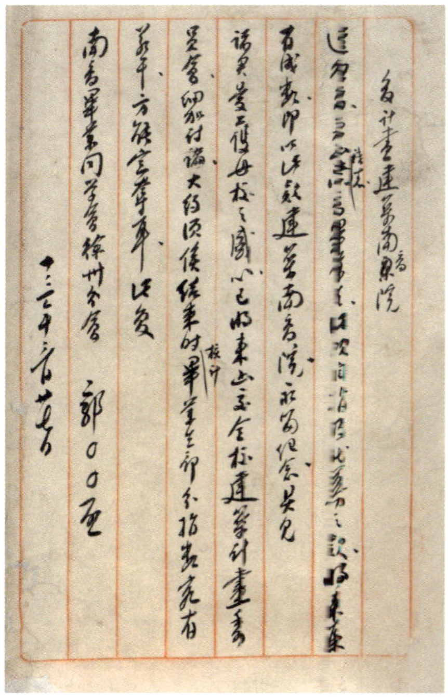

郭秉文致南高毕业同学会徐州分会信札

谁，但另有一则南高师徐州校友会致“鸿声”校长信，“鸿声”是郭秉文的字，信中内容也能对上，“郭○○”一定是郭秉文了。

蒋介石在大限前反复念叨一个名字，他就是“张伯苓”。张伯苓是中国私立教育界的杰出代表。若论教育家中人生经历最跌宕起伏的，那一定非张伯苓莫属。他 20 多岁从事教育，从第一期学生不过 5 人，到抗战前其创办的南开大学和南开中学招收的学生已经发展到 3000 多人的规模。七七事变后，南开校园在日寇的敌机轰炸中灰飞烟灭。胡适先生说：“南开与张伯苓这两个名字，在中国教育史上永占光荣的一页。”展品中的一组张伯苓函稿，均为抗战前所写，其内容涉及废止内战、建设南渝中学。抗战前张伯苓预感南开校园恐遭不测，亲自入川，购地 800 亩，创办了南渝中学，以备南迁，该校被后人赞誉为“人才的沃土，院士的摇篮”。

鸦片战争以后，西方传教士逐步在中国开办西学学堂，教会办学无疑是中国近现代教育史上不可忽视的篇章。圣约翰大学诞生于 1879 年，它是中国第一所现代高等教会大学，被誉为“东方哈佛”。从这里走出了顾维钧、荣毅仁、邹韬奋、林语堂、张伯苓、周有光、贝聿铭等一大批活跃在近现代中国历史舞台上的知名人士。圣约翰大学的发展得益于连任 53 年校长的美国宣教士卜舫济。卜舫济 1886 年来到中国，先任圣约翰大学英文老师，两年后任校长，一直到 1941 年因对日本统治不满去职，返回美国，两年后毅

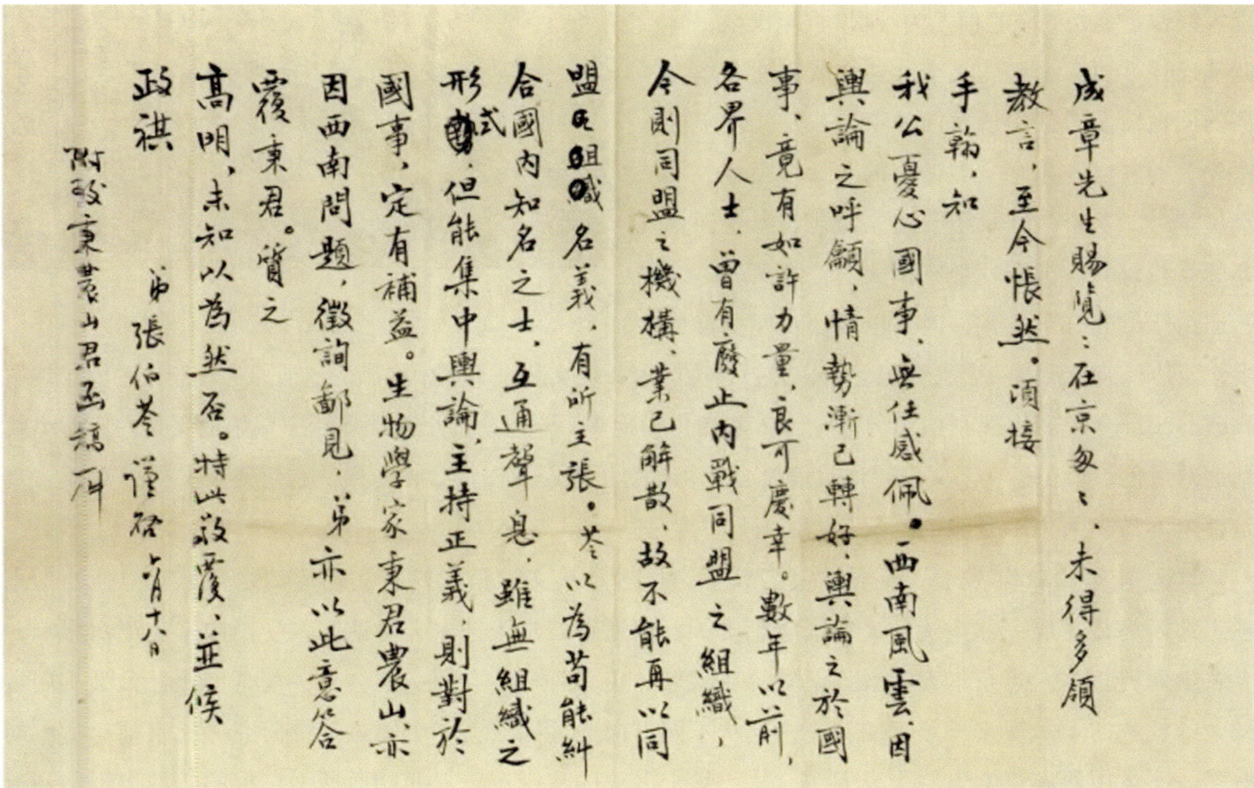
成章先生賜覽：在京多々，未得多領
教言，至今悵然。頃接
手翰，知
我公憂心國事，無任感佩。西南風雲，因
輿論之呼籲，情勢漸已轉好，輿論之於國
事，竟有如許力量，良可慶幸。數年以前，
各界人士，曾有廢止內戰同盟之組織，
今則同盟之機構，業已解散，故不能再以同
盟之組織名義，有所主張。苓以為苟能糾
合國內知名之士，互通聲息，雖無組織之
形式，但能集中輿論，主持正義，則對於
國事，定有補益。生物學家秉君農山，亦
因西南問題，徵詢鄙見，弟亦以此意答
覆秉君。曾之
高明，未知以為然否。特此敬覆，並候
政祺
弟張伯苓謹啟 月十六日
附致秉農山君函稿一件

张伯苓手迹

然再回中国。当媒体问他为何再回中国时，卜舫济的回答是“我的故乡是中国”。展览中展出的几件卜舫济信札所用均为圣约翰大学信笺，所写也是办学中的琐事。展出卜舫济的手札，是对一百多年来教会办学史的回望，也是对教会学校中如卜舫济这样的教育家的缅怀。

从晚清到民国，无论公立学校、私立学校还是教会学校，都为中国教育之进步做出了各具特色的贡献。

形成于清末、壮大于民国的新式知识分子群体，依托于大学、研究机构，吮吸西学东渐的新鲜空气，游离于新旧制度过渡的缝隙之中，利用民国初年军阀轮替与国民党统治下的些许自由空间，展现出思想家群体迭起，文化派别激烈交锋，教育大家、文化耆宿辈出的多元文化图景。

二

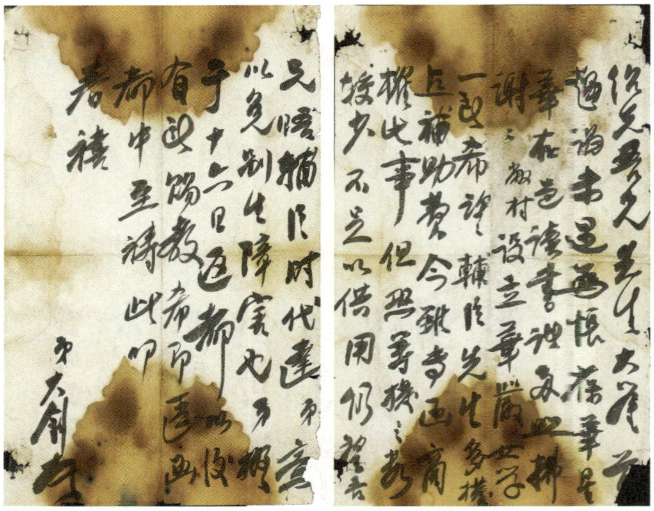

李大钊致宁绍先信札

新文化运动无疑是中国近现代史上以文化推动社会历史进程的璀璨华章。文献展展出了李大钊、蔡元培、胡适、钱玄同、高一涵、傅斯年、台静农等一批站在新文化运动浪尖之上的人物的手迹，其中，一封中国共产主义运动的先驱李大钊致宁绍先的亲笔信尤为难得。百年沧桑，此笺已成残页。宁绍先是李大钊在故乡河北乐亭的同窗挚友。信中谈及两件事，一是托付宁绍先关照自己在乐亭县城读书的儿女李葆华、李星华，二是李大钊希望宁绍先为他在家乡创办的女校筹款。宁家发现有李大钊信札两通，一通由宁绍先孙子收藏，内容也是谈及办女校事，该信目前已捐赠给李大钊纪念馆，并被评为国家一级文物。本展中展出的这通原为宁绍先孙女宁瑞娟收藏，2021 年笔者由保利拍卖购得。1976 年唐山大地震，宁家房屋全部倒塌，宁瑞娟的父亲在废墟中找到这两封信，第二年，宁父仅带这封信投奔女儿。由于地震，该信品相受损，右角残破，处处水渍，真是存之不易，来之不易。

胡适先生 1917 年发表《文学改良刍议》，虽然是从文学角度发新文化运动之先声，但他的学术理想却始终是完成一部系统的《中国思想史》。胡适在留学康奈尔大学期间，受国内辛亥革命影响，弃农学而转哲学。康奈尔大学教哲学史的克雷登（美国哲学学会第一任会长）与哥伦比亚大学实用主义大师杜威的学术观点虽然互相对立，但从不同方向上共同成就了中国哲学史研究一代宗师胡适。胡适第一次运用西方哲学史的研究方法，从亚里士多德的演绎逻辑、弗朗西斯·培根的归纳逻辑，到杜威注重经验和实践的经验主义方法论，成功将西方实证主义方法引入中国传统校勘学，将传统考据学

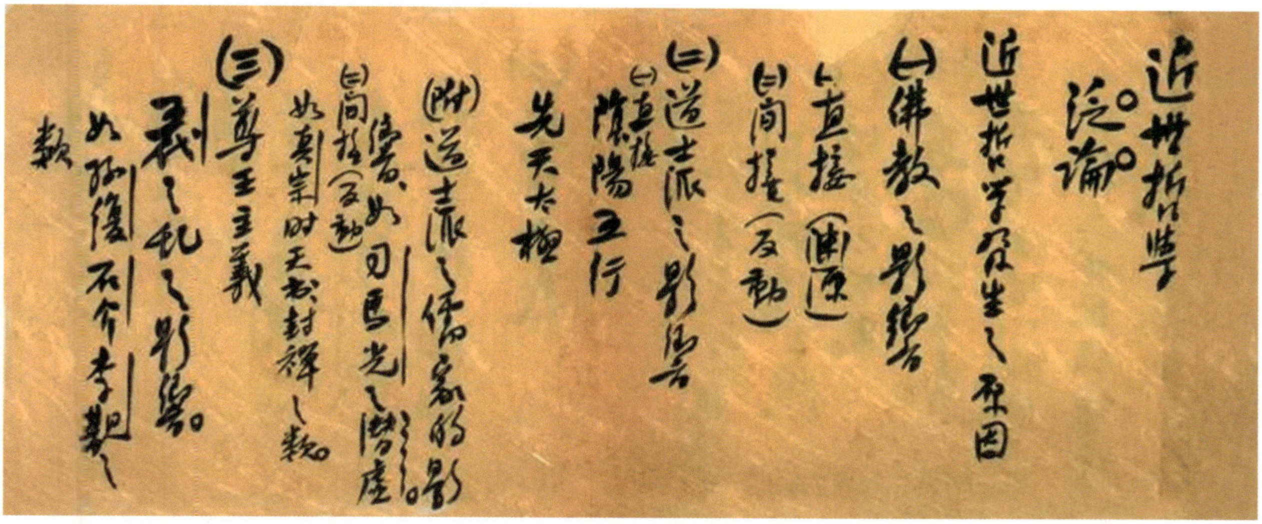

胡适“近世哲学泛论”手稿

提升为现代化的学术工具。自 1917 年 9 月始，胡适在北大讲授“中国哲学史大纲”，课程分古代哲学、中古哲学和近世哲学。笔者有幸收藏了其“近世哲学泛论”手稿。胡适在归纳近世哲学发生的原因时，把实用主义、教育的重要性和比较研究法，与佛教、道教、儒家的影响并列论述，体现了他对方法论的重视。

展品中胡适的《建设时期中的根本需要及其应付方法》手稿也明确提出要在百废待兴的国度大力推动建设，首要目标是思想革命，方法就是“思想自由”，如果思想不自由，“思想的方法习惯还是老样子。仍是武断的武断，盲从的盲从，浅薄的浅薄，做梦的做梦”。

胡适先生所说方法论有哲学的方法论、逻辑学的方法论，思想自由也是一种方法论，姑且说它是政治学的方法论。正如巴甫洛夫所言：“科学是随着研究方法所获得的成就而前进的。”胡适终生都在思考用西方方法论来解构中国思想史，但时不假年，令人扼腕。

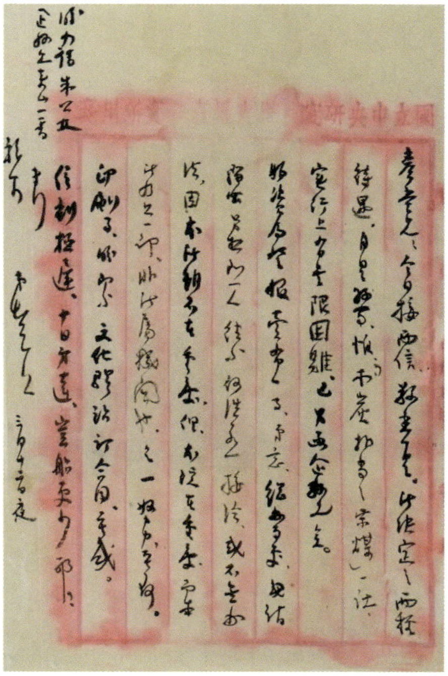

傅斯年致董作宾信札

在五四运动中作为游行总指挥的学生领袖傅斯年，与胡适是终生挚友，但两人性格却迥然相异。字如其人，胡适书风隽雅秀丽，纤长如柳；而傅斯年书风正如他的性格，行云流水，元气淋漓。这封傅斯年给董作宾的信大约写于 1942 年，中央研究院从南京、上海等地迁到四川李庄，信中提及的叶企孙为中央研究院总干事，“骝先”即朱家骅，当时兼任中央研究院代理院长。信中屡提尽快与文化驿站订合同及印刷事项，说明战乱时期中央研究院史语所仍有大量学术著作出版，正所谓“宋人围之数匝，而弦歌不辍”。

从近年的电视剧《觉醒年代》中，我们看到《新青年》编辑部还有两个重要角色：钱玄同和高一涵。钱玄同在新文化运动中“反孔”最为激烈，甚至提出要废除汉字，但晚年的钱玄同却在北师大潜心研究文字拼音化。这封于 1935 年写给少元的信，正是为教育部制订的“简体字表”而写。也许是研究文字学的关系，我们看到信中钱玄同笔法纯熟，似糅合了章草与狂草的用笔，既有章法又洒脱自然。从事政治学研究的高一涵，也是五四时期杰出的政治学家和启蒙思想家，但长期以来一直被深度忽视，中华人民共和国成立后，高一涵任南京大学政治系主任、江苏省政协副主席等职。借本次展览之际，笔者提供了一份高一涵致雪帆（时南大教务长张江树）的信函，以表追忆。

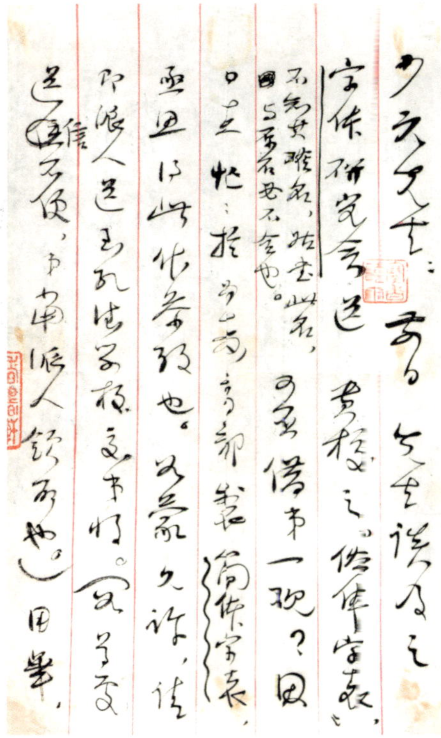

钱玄同致少元信札

正当北大以陈独秀、胡适为代表的新文化运动与以林琴南、黄侃等为代表的复古派争执不休时，在江南重镇金陵的国立东南大学，以柳诒徵、梅光迪、吴宓和吴梅为代表的学衡派，发出了另类声音。

学衡派反对当时文化激进主义，主张中国传统价值观“道德、秩序、中庸、古典”，同时主张“融化新知”，引进新式思想与文化，在中西文化的融合中，让国粹得以“昌明”，让传统文化得以新生。柳诒徵是中国近代史学的先驱，《学衡》杂志总干事。柳诒徵的日记在此次展览中面世，引起了广大学人的关注。该本日记文稿，作于柳氏从北京南下，参与筹建第四中山大学（中央大学前身之一）、出任国学图书馆馆长之关键时期，日记按农历排列，跨越丙寅、丁卯、戊辰三年，该时期恰逢国民革命军北伐成功定都南京，南京一跃成为全国政治文化中心，国立东南大学亦因之成为国内顶尖大学，柳诒徵于此时出任国立东南大学教授、历史部主任。此本日记正是对这段重要历史时期和个人学术生涯的真实记录。日记中频繁涉及北伐战况、东大改制、史学研究、人物评点、《学衡》和《史

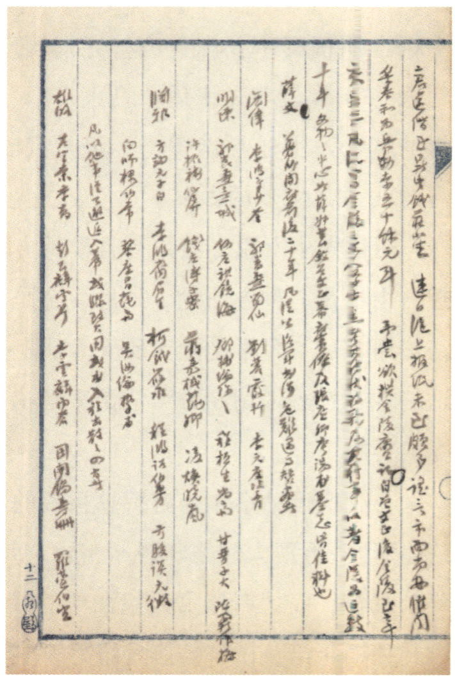

柳诒徵日记

学与地学》编辑心得、教育体制改革、筹建国学图书馆等。日记手稿中还记录了未刊的《金陵寓公记》的大纲和草稿。四十多年来，在市场上出现的柳诒徵日记，仅此一本。

同为学衡派代表人物的吴宓，似乎更能体现学衡派“昌明国粹，融化新知”的宗旨。柳诒徵是完全接受中国传统教育的一代大师，年轻时只是随缪荃孙去日本做过短期考察。吴宓则不一样，他留学美国时先后就读于弗吉尼亚州立大学和哈佛大学，与陈寅恪、汤用彤并称“哈佛三杰”，为“中国比较文学之父”。吴宓在美接受西方文化浸染时，仍潜心于中国传统文化的研究，在哈佛大学时发表了《红楼梦新谈》，留学十年返国后，在《学衡》杂志创刊号上发表了萨克雷小说《纽康氏家传》的翻译。他自由地徜徉在东西文化之中，坚信世界文化必将融合，因此将继承各自文化传统并促其融合作为一代学人之使命。他赞赏萨克雷渗透崇高美学的现实主义的文学主张，赞美他用幽默和讽刺的方式对人性进行的深度剖析。他希望通过翻译小说来对抗中国坊里小说、鸳鸯蝴蝶派小说和黑幕小说。整整一百年后，共九册，上千页的吴宓译稿《纽康氏家传》手稿，完整地呈现在本次展览中。

以郭沫若、郁达夫为代表的提倡浪漫主义的创造社，虽然只存在几年，却在中国现代文学史上留下了深深的印记。1938 年 3 月，郁达夫赴武汉，后在国民政府军事委员会政治部第三厅协助郭沫若做抗日宣传工作。5 月的武汉，中日会战一触即发，郁达夫在 5 月 29 日致信其学生刘开渠（新中国成立后中国美术馆首任馆长），请他在湖南沅陵找一处房屋，以安置“小儿及妇女们”，并希望刘开渠在最短期间内（‘一月以内”）来武汉，可见当时郁达夫的焦急。不过郁达夫不可能预测到在他发出此信后不到两周，武汉会战全面打响，家人如何从武汉撤出、落脚在何处都不得而知。

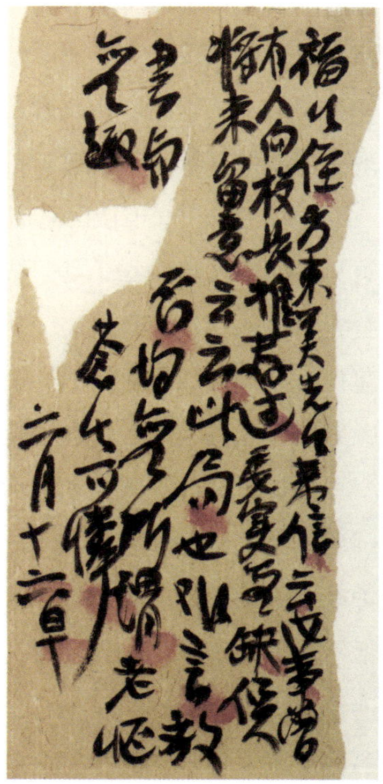

熊十力手迹

梁漱溟和熊十力两位新儒家代表人物，1917 年因打笔墨官司而相识相交。当时 24 岁的梁漱溟在《东方杂志》批了熊十力，说他排斥佛家，“此土凡夫熊升恒（熊十力的原名）……愚昧无知云云”。读此文时熊十力在南开中学任教，他寄了一张明信片给梁漱溟，约梁在京面叙，“遂得把握快谈”，从此开启了两位学术大师的一生之谊。他们都有坚持真理、不畏权贵的独立个性。梁漱溟在致张曦信中，痛斥章士钊办教育不力，“卒致临事昏瞀，失其整顿之道，大辜朋友之望”。熊十力个性狷狂，喜用秃笔挥洒，重点处再加些红点，他的书体看其乱，实为拙，观其草，实为正。这封信虽短，却是很典型的熊氏书体。殷海光刚去台湾时，熊十力托方东美（国立中央大学哲学系主任，时任台大哲学系主任）给殷海光求职，虽方东美一时婉拒，然殷海光最终还是进了台湾大学，并任“自由中国”主笔，成为台湾反对国民党专制独裁的先锋和自由主义的开山大师。南京大学 1996 年还设立了校友“殷海光逻辑奖学金”。至于20世纪50年代新儒家学说与自由主义最终还是爆发了一场大论战，则是后话。

三

南京自古为天下文枢，在近现代教育发展史上也有着浓墨重彩的一笔。

南京的高等教育发展起始于 1902 年创办的三江师范学堂，1952 年院系调整后开枝散叶，将南京大学（1950 年更名）在江苏分拆为九所高校。九所高校如一门九杰，在 70 多年的发展中，各专业方向都走到了全国高校的前列。为了尽可能反映南京地区百年教育发展历程，文献展主要从以下几方面呈现。

李瑞清

一是展出了一批对南京高等教育和学校发展有过重大影响的学校领导人手迹。其中有陈三立、李瑞清、张謇、黄炎培、吴贻芳、刘伯明、竺可桢、张乃燕、朱家骅、罗家伦、顾毓琇、吴有训等人。

梅庵李瑞清是中国近现代教育的奠基人，也是中国历史上将美术教育引入学堂的第一人。1906 年，三江师范学堂易名为两江优级师范学堂，李瑞清出任监督（校长）。本次展出的李瑞清六尺整张隶书四条屏，是展览中唯一的书法作品。该作品不仅尺幅巨大（总计 64 平尺），而且潇洒疏朗、苍古奇逸，其中一幅临摹三国时期吴碑《天发神谶碑》尤为精彩，其字起笔方重，收笔呈悬刀状，结构上紧下松，茂密方整，章法整齐端庄，气势磅礴，是李瑞清一生中难得的书法精品。南京师范大学与两江优级师范学堂一脉相承，现在该四条屏重归其所有，也算是流传有序，物归其主。

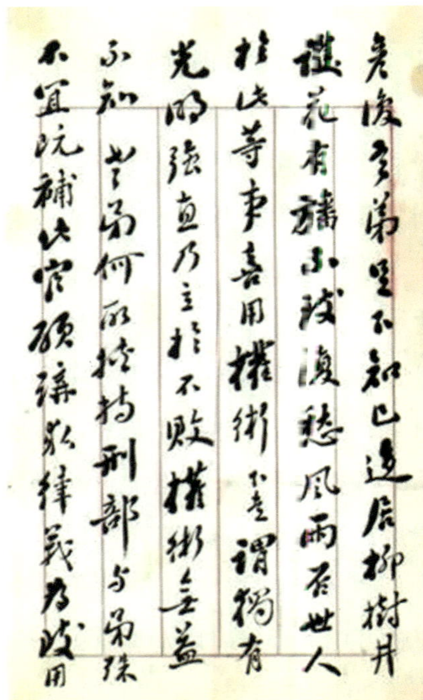

张謇致吴保初信札

1920 年 9 月，担任南京高等师范学校校长的郭秉文，联合张謇、黄炎培、蔡元培、王正廷、顾维钧等社会名流向教育部提出按照欧美大学模式，在南京设立一所开设多学科的综合性国立东南大学的建议，至同年 12 月 7 日国务会议通过。张謇、黄炎培、王正廷、顾维钧等人作为学校发起人全部担任校董。

黄炎培不仅是国立东南大学的创办人之一，也曾参与南京高等师范学校、河海工程专门学校等校的创办。黄炎培于 1927 年写给钟晚成的信，没有实际内容，只是聊天，大致相当于今天的“煲电话”，似浅浅低语，喃喃诉说。以黄炎培当时声望，六年前北洋政府请他出任教育部长，他都坚辞不就，何以与民国初年一个并不知名的篆刻家钟晚成保持了终生友谊？笔者由此想到欧阳修的名言：“君子以同道为朋”。

二是展出一批学养深厚、贡献卓著并曾在南京教坛上执鞭育人的文史大师的手迹，其中包括国立中央大学师范学院院长孙本文，文学院院长张歆海、汪东，教育学院院长艾伟，法学院院长谢冠生，更有维新领袖梁启超，爱国诗人闻一多，古文学家钱基博，戏曲学家吴梅，戏剧家陈白尘，史学家柳诒徵、缪凤林，作家、诺贝尔文学奖得主赛珍珠，散文家梁实秋，词学家唐圭璋，革命诗人陈去病，画家徐悲鸿、张大千、吕斯百、潘玉良等。

郭秉文在留美读书期间，曾参加哥伦比亚大学开办的“暑期学校”，1920 年时任南京高等师范学校校长的他向校董事会提出开办“暑期学校”，请学界大师来校“自由讲学”，学生可以获得该校学分和修业证书。暑期学校请来了梁启超讲授先秦政治思想史课程，胡适讲授实用主义课程，杜威讲授实用教育哲学课程，孟禄讲授教育学课程，张东荪讲授新闻学课程，德国杜里舒讲授生机哲学课程。名师汇集，百家争鸣，旁听生有来自全国的 2000 多人，一时竟成为轰动全国学界的文化事件。

在这些名家中，学生们还是对梁启超印象最好。梁启超，百科全书式的历史名人，来讲学时住在南京成贤街。星期天，他的宿舍往往挤满来拜访的学生，梁启超一边写作，一边扇扇子，并不时回答学生们提出的问题。同学们感叹“他精神饱满到令人吃惊的程度”。

梁启超之所以欣然来南京讲学，是因为他刚刚在北京成立了“讲学社”，讲学社的宗旨与暑期学校不谋而合。梁启超亲笔起草了《讲学社简章》，明确讲学社任务就是“将现代高尚精粹之学说随时介绍于国中”，罗素、杜威、泰戈尔、杜里舒四大名哲先后来华，轰动一时。因当时梁启超在北京常住在南长街 54 号其弟梁启勋家中，因此很多手稿由梁启勋保存，虽经“文革”劫难，但三百多件梁启超档案尚在，其后人于 2012 年将梁启超档案全数拍卖，笔者有机会购得数十件，《讲学社简章》即其中之一。《讲学社简章》让我们看到了梁启超在生命的最后几年没有守旧，他仍然在中西文化交流中寻求真理。

与梁启超不同，章太炎晚年则避开政治经济中心，移居古城苏州，开设“章氏国学讲习会”，以“阐扬国故，复兴国学”。1935 年 10 月，章太炎的弟子黄侃（字季刚）因多喝了几杯酒，在南京去世。章太炎亲自撰写墓志铭，并由黄侃弟子国立中央大学文学院院长汪东书写。笔者不知其墓志铭的碑刻在何处，但正在南京师范大学随园校区展出的原稿，对我们了解这个乾嘉以来小学的集大成者、国立中央大学唯一一个上课“下雨不来、下雪不来、刮风不来”的黄季刚教授，是一份珍贵的历史文献。章太炎将此墓志铭发表在《制言》杂志上。《制言》是章太炎归隐苏州后创办的国学研究杂志，由其亲自撰写发刊词。笔者收藏的黄侃墓志铭和《制言》发刊词手稿是研究章黄学说的重要史料。章太炎一边办刊一边讲学，终因鼻衄不敌天命。在黄侃去世八个月后，一代宗师章太炎也驾鹤西去。好在章黄门下弟子如云，特别是黄侃女婿潘重规，为传播黄侃学术思想做出了重大贡献。本次展览还展出了潘重规在第四中山大学读书时目录学课程的考试卷。

三是延续蔡元培的“实利主义教育”和郭秉文的“人文和科学的平衡”理念，展出在六朝古都生长出的全国排在第一阵营的科学巨匠和工程大师的手稿。据统计，20 世纪上半叶，中国在国际顶尖杂志上发表的科学研究成果，半数以上都来自南京，他们为现代中国的经济建设做出了卓绝贡献。

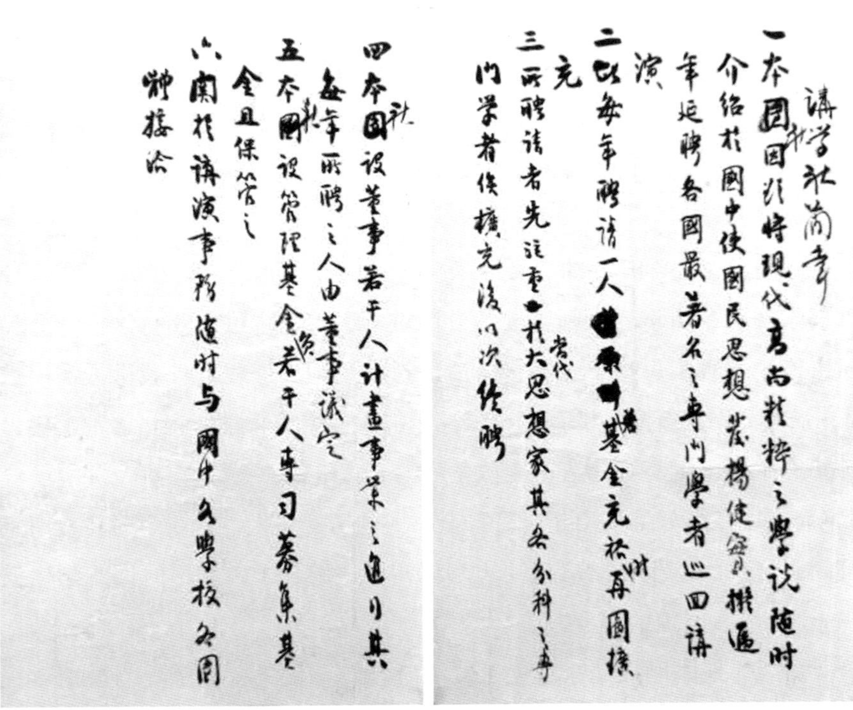

梁启超《讲学社简章》手稿

1915 年，一批美国康奈尔大学的中国留学生，抱着科学救国的理想，在美国成立科学社（后改为中国科学社），申明“以传播世界最新科学知识为职志”，并创办了《科学》杂志。1918 年 3 月，留美归来的郭秉文代理南京高等师范学校校长，给科学社回国发展提供了契机，彼时郭秉文要建立一所新型的综合性大学，也正缺少大量理工人才。因缘际会，由此开启了六朝古都向全国输送现代科技人才的新时期。

作为科学社第一任社长的任鸿隽，是近代中国科学事业的奠基人和杰出的组织者、领导者。科学社自美迁回后，任鸿隽同时就任国立东南大学副校长，推动了国立东南大学理、工、农、商、医各个应用学科的建设与发展。本次展出的任鸿隽致三姐的家书写于 1957 年，正值任鸿隽将科学社的全部家当向政府移交期间，字里行间可见其散淡的心情，怀念渝中旧友，去西湖给三弟扫墓，又发一番感叹。

本次展览还展出了科学社的其他成员手迹，如竺可桢、杨杏佛、过探先、翁文灏、庄长恭、王箴、郑兰华等人。

竺可桢，科学社的发起人之一。竺可桢于 1922 年写给美国各大实业公司的函件，是他在国立东南大学担任地理系系主任期间为筹建地理博物馆而向各有关公司求索矿物样品的记录。

陆钦范，毕业于金陵大学农学院，后到美国明尼苏达州大学留学，获生物化学博士学位。中华人民共和国成立初期，他成功研制出 DDT 农药，后又主持研制生产“六六六”农药的设备获得成功，使当时美国卜内门公司获知消息后马上对中国市场降价。这样一位在工程领域功名成就的科学家，却“位卑未敢

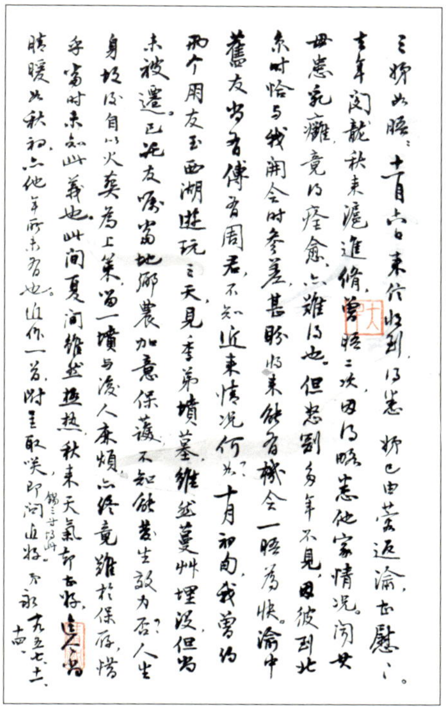

任鸿隽致三姐的家书

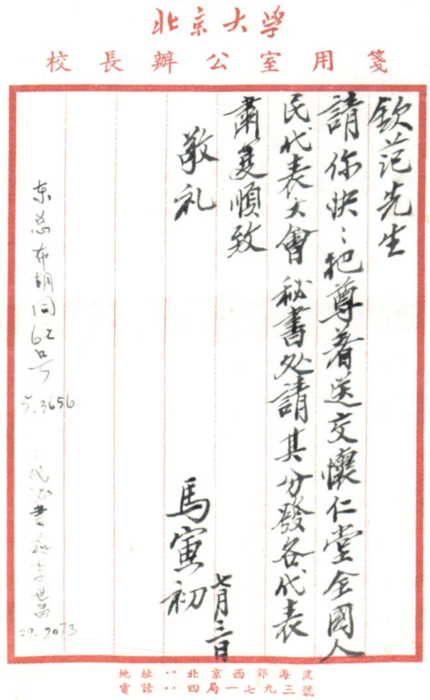

北京大學
校長辦公室用箋

欽范先生
請你快快把尊著送交懷仁堂全國人民代表大會秘書處請其分發各代表
肅覆順致
敬礼
馬寅初

地址：北京西郊海淀
電話：四局一七九三號

马寅初致陆钦范的信

忘忧国”，1957 年初，他自费三百多元印刷了《人口问题抛砖集》，建议每户只生两个孩子，是我国第一个提出节育指标的人。他将该书送了一册给一直关注人口问题的马寅初，本次展览中展出了马寅初的回信，要陆钦范“快快把尊著送交怀仁堂全国人民代表大会秘书处，请其分发各代表”，兴奋之情跃然纸上。同年，马寅初完成了他人口理论的重要著作《新人口论》。

也许现在可以回答本文开始提出的问题。中国能够在 20 世纪初短短的二三十年迅速建立起现代化教育体系，是一代学人抱着教育救国理想，呕心沥血，勠力同心，共同奋斗的结果。这段由一张张泛黄的手稿编织成的教育史，也具有嘉慧后学、励志前行的动力。今天，南京师范大学随园校区博物馆内，先师巨子手泽俱在，宛如超越时空相聚一堂，函丈之教，如坐春风。我们应铭记前辈们筚路蓝缕之功，从而薪火相传，赓续前行。

（作者：陆军，江苏四方文化实业集团董事长，南京师范大学 1976 级校友，南京师范大学博物馆“百侣三江 毓秀金陵——四方文化集团捐赠近现代教育文献展”全部藏品捐赠者）

目录

手稿索引

以德树人

专业与学术为本

蔡元培的治校理念及实践

刘　建

蔡元培先生是我国近代著名的思想家、教育家，中华民国首任教育总长，“影响中国历史的十位教育大家”。蔡先生一生致力于中国教育改革，特别是在1916年至1927年任北大校长期间，革新北大，开“学术”与“自由”之风，在教育管理方面付出了艰辛的努力。他推行系列改革，主张消除学校管理领域内部的官僚形式与作风，减少与祛除官僚体系在学校管理中的表现和影响，强调专家治校，实现学校管理专业化，取得了巨大的成就，为当下我国高等学校内部管理提供诸多启示与思考。

南京师范大学博物馆收藏的蔡元培致萧友梅的信，写于1933年1月28日，当时蔡元培任中央研究院院长，他应邀为俞诚之的《政略学稿》（即《中国政略学史》）作序。信中提到此事，将已写好的序言奉上，请萧友梅转交。同时，蔡元培对俞诚之所提供的负责运输的文件表示感谢，并请萧友梅代为转达谢意。信末，蔡元培表达了祝愿。这封信中，蔡元培提到两位人物，一位是萧友梅（1884—1940），中国首位音乐博士，上海音乐学院创始人之一，现代专业音乐教育的开拓者与奠基者，被誉为“中国现代音乐之父”。另一位是俞诚之（1895—1969），著有《中国政略学史》《中国文化起源辨》等。俞诚之在研读《鬼谷子》后创设“政略学”术语，撰写了《中国政略学史》。

蔡元培在序中写道：“政略学者，俞诚之先生所创设之术语也。古者谓之纵横家者流，近于西洋人之雄辩术。”从蔡元培所作的序中可以看出，他学贯中西，既拥有深厚的中国传统文化功底，又精通西方文化与思想，这与他早年接受中国传统教育以及之后留学欧洲的经历是分不开的。蔡元培格局开阔，思想包容，善于将中华传统文化与西方文化做比较，并吸收借鉴西方先进经验，指导中国的教育改革实践。在任北京大学校长期间，蔡元培的治校改革理念与实践有德国教育家洪堡兴办柏林大学的影子。当然，蔡元培的治校改革理念与实践并非对西方经验的照搬照抄，而是将中西方文化的合理成分糅合，结合中国实际，创造性地改革。

一、“兼容并包”延揽各方人才

办一所好的学校需要一流的师资，为达此目的，蔡元培想方设法延聘各类人才，他循“思想自由”之通则，取“兼容并包”之主张，在人才的选择上不受政治流派与意识形态等干扰。在他看来，只要是专业与学术方面的优秀人才，都可以入校任教治校。他认为，大学办学成功与否的关键在于“囊括大典，网罗众家”。他指出，无论哪一个国家的大学，只有涵括各类学派的各类知识，方可谓之大学。他举例说，如哲学上的唯心论与唯物论，文学、美术上的理想派与写实派，计学的干涉论与放任论，伦理学的动机论与功利论，宇宙论的乐天观与厌世观，彼此并立于大学中，遵循思想自由之通则，大学才能称之为大学。[1] 1917 年他出任北京大学校长后，不仅积极聘请李大钊、陈独秀、鲁迅和胡适这样的新派人物，而且对守旧派人士也不回避，只要其在学术上有造诣便可。例如，蔡元培积极寻找刘师培并请其入北大任教，“刘申叔学问渊深，通知古今，前为宵人所误，陷入樊笼。今者，民国维新，所望国学深湛之士，提倡素风，任持绝学”[2]。

而后针对一些人对这一做法的不满，他进一步解释说：“对于学说，仿世界各大学通例，循‘思想自由’原则，取‘兼容并包’主义。无论为何种学派，苟其言之成理，持之有故，尚不达自然淘汰之运命者，虽彼此相反，而悉听其自由发展。对于教员，发学诣为主。在校讲授，以无悖于第一种之主张为界限。其在校外之言动，悉听自由，本校从不过问，亦不能代负责任。”[3] 基于此，北大教员来源颇为复杂，例如有拖长辫而持复辟论者，蔡元培以其教授英国文学，而与政治无涉。也有筹安会的发起人，蔡元培以其教授古代文学，也与政治无涉。他认为，国家业已如此不堪，人才至为难得，如若求全责备，则学校殆难成立。蔡元培不仅积极延聘各类人才，还为他们提供与创设良好的学术氛围与环境，1925 年 4 月 3 日，他在《中国现代大学观念及教育趋向》中总结，研究者进行学术研究要有绝对的自由，丝毫不能受政治、宗教、历史纠纷或传统观念的影响，即使观点不同，也应作出正确的判断和合理的说明，避免混战。[4]

二、改变学风，学生以学业为重

蔡元培认为，凡事应求背后之原理，故大学的主要任务是学术研究。蔡元培曾多次表明大学的学术

1 中国蔡元培研究会 . 蔡元培全集（第 3 卷）［M］. 杭州：浙江教育出版社，1997：451–452.
2 中国蔡元培研究会 . 蔡元培全集（第 2 卷）［M］. 杭州：浙江教育出版社，1997：5.
3 中国蔡元培研究会 . 蔡元培全集（第 3 卷）［M］. 杭州：浙江教育出版社，1997：576.
4 中国蔡元培研究会 . 蔡元培全集（第 5 卷）［M］. 杭州：浙江教育出版社，1997：313.

研究性质，1917 年 1 月 9 日他就任北京大学校长时就明确指出，大学就是研究高深学问的地方。[1]1917 年 2 月 5 日他对《大公报》记者说："大学生向来最大之误解，即系错认大学为科举进阶之变象，故现在首当矫正者即是此弊，务使学生了解于大学乃研究学术之机关。"[2]1918 年 9 月 20 日他在《北京大学一九一八年开学式演说词》中提到，大学是纯粹研究学问的机关，不能被视为养成资格之所，"学者当有研究学问之兴趣，尤当养成学问家之人格"[3]；1918 年 11 月 10 日他在《〈北京大学月刊〉发刊词》中再次指出，所谓大学，其功能并非仅仅是为多数学生按时授课，使毕业生取得毕业资格，其实质应是为共同研究学术的机关。[4]

北京大学的前身是京师大学堂，当时学校保留着浓厚的官僚习气。为改变学风和学生观念，蔡元培对学生的学业与在校行为要求十分严格，强调学生当以学业为重，不能以任何政治理由来逃避学习。五四运动之后，面对如潮的学生运动，教育部曾就学生游行示威运动连续发了十几道指令，布告学校加以管制。蔡元培虽然痛恨政治腐败，并多次作保状请当局释放关押之学生，但对于学生之学业，蔡元培的观点也相当明确，他反对学生过多参与政治运动而影响学习。他指出，学生动辄罢课，反反复复，几无平静之日，这样长久下去，学校便形同虚设，学生亦徒有空名。据蔡元培的意见，在 1919 年 7 月 24 日的北京大学评议会上，评议会委员一致强调"不能以爱国换文凭"[5]。1920 年，在《去年五月四日以来的回顾与今后的希望》一文中，蔡元培毫不回避这一观点，在他看来，学生的主要任务是学习，学生政治运动的效果止于唤醒国民注意，如此而已。他说："现在学生方面最要紧的是专心研究学问，……前程远大的学生，要彻底觉悟：无论何等问题，决不再用自杀的罢课政策。专心增进学识，修养道德，锻炼身体。如有余暇，可以服务社会，担负指导平民的责任。"[6]

此后，他在多种场合都表达这一观点，譬如，1920 年 10 月 20 日的《在北京大学话别会演说词》[7]，1921 年 2 月 24 日他在湖南"长沙讲演会"讲演的《对于师范生的希望》[8]，1926 年 2 月 4 日他对《国闻周报》记者的说话[9]中也有相同或相近的表述。1927 年 3 月 12 日，他在《读书与救国，在杭州之江大学演说词》中进一步强调这一观点："盖学生究在'学'的时代，不宜多问外事。至若现在有一班学生，借着爱国的美名，今日罢课，明日游行，完全把读书忘记了，像这样的爱国运动，是我所不敢赞同的。"[10]即使在迫不得已的情况下，蔡元培也对学生参与政治运动持保留意见。1926 年 12 月 19 日在反对奉、鲁

---

1 中国蔡元培研究会 . 蔡元培全集（第 2 卷）［M］. 杭州：浙江教育出版社，1997：8-9.

2 同上，第 36 页。

3 中国蔡元培研究会 . 蔡元培全集（第 3 卷）［M］. 杭州：浙江教育出版社，1997：382.

4 同上，第 451-452 页。

5 中国蔡元培研究会 . 蔡元培全集（第 18 卷）［M］. 杭州：浙江教育出版社，1998：295.

6 中国蔡元培研究会 . 蔡元培全集（第 4 卷）［M］. 杭州：浙江教育出版社，1997：140.

7 同上，第 210 页。

8 同上，第 321 页。

9 中国蔡元培研究会 . 蔡元培全集（第 5 卷）［M］. 杭州：浙江教育出版社，1997：385-386.

10 中国蔡元培研究会 . 蔡元培全集（第 6 卷）［M］. 杭州：浙江教育出版社，1997：19-20.

军南下，提倡江浙独立的背景下，蔡元培在《在浙江协会成立大会上的演说词》中还是强调，学生最好不要去管社会上的事，他希望学生安心读书，不致大材小用。[1]

三、成立教授会，学校管理专业化

蔡元培认为，大学的性质不同于其他，要想真正提高办学成效，非调动教授之积极性不可。在《大学教育》一文中，蔡元培强调了大学教授之重要性，他指出，虽然大学是为教授、学生而设立，但是，相比学生而言，大学教授则更为重要。正如他在《学校是为研究学术而设》一文中所强调的，即便大学没有了学生，仅靠学术研究也是可以称之为大学的，“如讲座及研究所之设备，既已成立，则虽无一学生，而教员自行研究，以其所得，贡献于世界，不必以学生之有无作辍也”[2]。

成立教授会是学校管理专业化的最好方式。1917 年 1 月 18 日，他在复吴稚晖函中强调教授对于解决学校存在问题的作用。他认为，大学之所以不令人满意，主要在学科之凌杂，补救的办法在延聘纯粹之学问家，一面教授，一面与学生共同研究。[3] 任北京大学校长期间，随着改革的深入，他逐步打破原有之学长制体制，实行民主管理，成立教授会管教治校。他希望学校以教授为各种办事机关的中心点，学校工作不能因为校长一个的去留而大受影响。[4] 不仅在北京大学如此，他在其他大学的创办与管理中也多采用这一制度。如 1923 年 1 月 18 日蔡元培在《筹办杭州大学大纲》中指出，我国学校办学，一向比较重视校长的作用，而不重视教员的作用，但是，一个学校的学术成果，是出自教员而不是出自校长的。“故同人等主张以学校行政与学术之权，畀诸全体教授。校长由全体教授互选，所以选教授治校之目的也。”[5]

在组织制度上，蔡元培专门制定了教授组织法，用法规的形式保障教授治校的顺利进行。在 1917 年制定的《北京大学学科教授会组织法》中，规定了北京大学的重要学科各自归为一部，每部设立一个教授会。在具体运行上，教授会主要负责各部课程与教学等业务方面的工作，“本部教授会，每月开会一次，商议本部应办事宜。议决或参与讨论教授法良否，教科书之采择，学科之增设及废止，应用书籍及仪器之添置”[6]。

1　中国蔡元培研究会 . 蔡元培全集（第 5 卷）［M］. 杭州：浙江教育出版社，1997：438.
2　中国蔡元培研究会 . 蔡元培全集（第 6 卷）［M］. 杭州：浙江教育出版社，1997：597.
3　中国蔡元培研究会 . 蔡元培全集（第 10 卷）［M］. 杭州：浙江教育出版社，1998：285.
4　中国蔡元培研究会 . 蔡元培全集（第 4 卷）［M］. 杭州：浙江教育出版社，1997：188.
5　中国蔡元培研究会 . 蔡元培全集（第 5 卷）［M］. 杭州：浙江教育出版社，1997：21.
6　中国蔡元培研究会 . 蔡元培全集（第 18 卷）［M］. 杭州：浙江教育出版社，1997：230.

四、设评议会，实行集体领导

蔡元培任职北京大学期间，创设评议会，实行集体领导，尽量消除行政官僚对学校的影响。北京大学于 1917 年设评议会，并制定评议会规则。[1] 1920 年 4 月 1 日，北京大学通过评议会规则修正案，主要组织精神如下：评议会由校长和教授间互相选出的评议员构成；评议员任期一年，名额为全部教授人数的五分之一，任期届满后必须再次选举产生；评议会主要商议各系科的设立、废止及变更，各种规则，各行政委员的委任，学校的预算情况等；评议会如果认为学校内一切设施有不适当者，可以议决呈请校长取消。[2]

北京大学评议会集体领导的作用得到了很大的发挥。譬如，1920 年 9 月 18 日评议会修正通过《国立北京大学现行章程》，其中明确规定评议会为学校的立法机关。[3] 通过《北京大学学系教授会通则》，指出教授会有改良教授法，采择教科书之权。1922 年 2 月 11 日，北京大学评议会十年度第五次会议议决《教员保障法案》中提出，凡是已经获得聘书的各系再聘教授，如果要辞退他们，应该由该系教授会开会讨论，并且要经该系教授会五分之四成员通过，报请校长认可后，才能办理辞退手续。[4]1922 年 12 月 7 日，北京大学评议会十一年度第一次特别会通过《本校各系各组及教务会议组织大纲》，其中就各学系之组织，各学系教授会与系主任的职责，各学系教授会之职权及学校学系分组等做了详细的规定。[5]

1919 年 5 月 10 日，蔡元培辞职南下，他在天津车站对送行人群说："自任北京大学校长以后，校务已日不暇给，而校外各方面之牵帅，又多为半官僚性质之国立大学校长所义不容辞者，忽而开会，忽而演说，忽而征文征序，忽而担任募捐，忽而为会长，忽而为董事，忽而为干事，忽而穿常礼服，忽而穿大礼服，甲处答应，则乙、丙处不便推却，一次答应，则二、三次更不便推却，以我所最不耐烦之事，而纷至沓来，又迫以不得不承认，终日忙于应付。"[6] 可见蔡元培任职北京大学校长及其他各职之艰辛与无奈，但即便如此，蔡元培上述各项学校管理去行政化措施也取得了非凡的成绩。他积极实行兼容并包、来去自由，允许和鼓励不同学派发展的办学方针，倡导"百花齐放，百家争鸣"，解放了思想，开拓了民主自由的学风；同时，实行民主管理、教授治校，对学校领导体制进行民主化改革，祛除了制度上的壁垒，使北大生机焕发，成为人才辈出的高等学府。

1　中国蔡元培研究会 . 蔡元培全集（第 18 卷）［M］. 杭州：浙江教育出版社，1997：228.

2　同上，第 321–323 页。

3　同上，第 349–350 页。

4　同上，第 389–390 页。

5　同上，第 434–436 页。

6　中国蔡元培研究会 . 蔡元培全集（第 3 卷）［M］. 杭州：浙江教育出版社，1997：630.

结语

蔡元培的学校管理实践以专业化与学术化为思想基础，他强调学校管理需探求背后之原理，以专业化管理来体现原理，以学术精神作为大学立身之本，最终通过专家践行专业化管理，来实现学术治校。这就是蔡元培学校管理的内部逻辑。蔡元培在北大任校长期间，对学校内部管理的上述系列改革，对当下我国高校内部管理仍有借鉴意义。我们要加快建立现代学校制度，坚持以专业和学术为本的管理理念，尊重学校的专业与学术，尊重教职工的专业权力，防止大学出现专业人员的失语和专业领域的沦陷。通过专业人员组成专业力量实现对学校教育事务、学术事务的民主决策和专业治理，起到学术权力与行政权力的合理制约。蔡元培毕生致力于教育，以文化人的专业素养与学术精神研究中国教育，其一生都在教育救国的道路上不懈探索，其教育管理思想为我们办学治校提供了实践典范，其为人、为学、为政皆为吾辈之师范，鞭策我们努力前行。

（作者：刘建，南京师范大学附属实验学校校长，教授，博士生导师）

元培

附：

蔡元培[1]致萧友梅信札

1　蔡元培（1868—1940），中华民国首任教育总长，“影响中国历史的十位教育大家”。清光绪年间进士。1916年至1927年任北京大学校长。1928年至1940年专任中央研究院院长。1933年，蔡元培倡议创建南京博物院，并亲自兼任第一届理事会理事长。1940年3月在香港病逝。

2　俞诚之（1895—1969），别名薇生，广东番禺人，毕业于广东高等师范学校，曾任广东《中原报》、香港《国是报》、汕头《民报》记者，北京交通部路政司主事，奉天营口电报局局长，广州大本营财政部、北京交通部、司法部秘书，上海文史馆馆员等职。擅长铁路管理、史学。著有《中国政略学史》《中国文化起源辨》等。

释文

友梅先生大鉴：前承俞诚之[2]先生以《政略学稿》见示，属作序，今序已写出，奉上乞转致。又承俞先生赐示关于负责运输之文件，尤感之。代致谢忱，专此并祝日绥。弟元培荷启。一月廿八日。

按语

1933年1月28日，蔡元培致信萧友梅，信中提到收到俞诚之的《政略学稿》并应邀为之作序，现将已写好的序言奉上，请萧友梅转交。同时，蔡元培对俞诚之所提供的负责运输的文件表示感谢，并请萧友梅代为转达谢意。信末，蔡元培表达了祝愿。

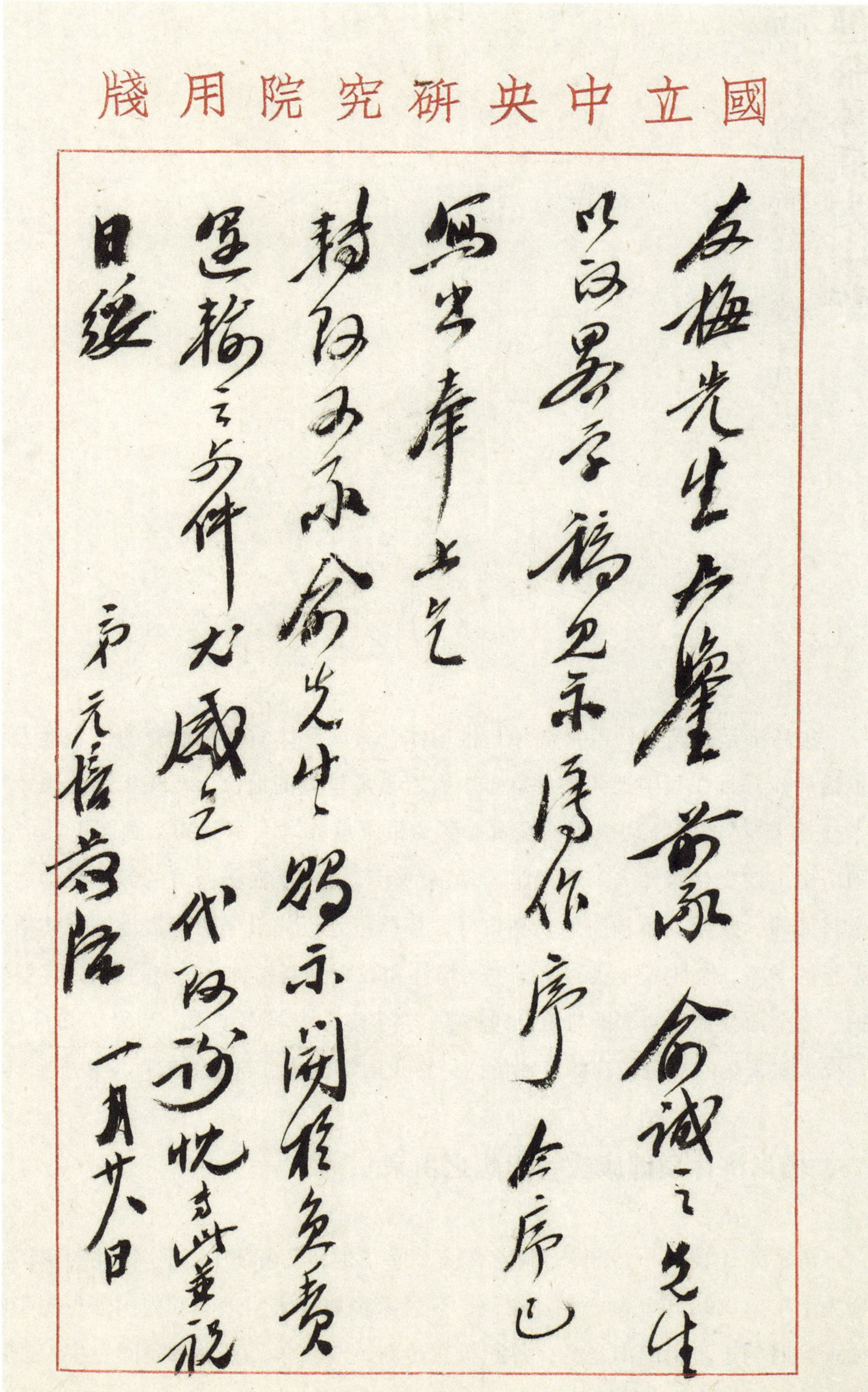
國立中央研究院用牋

友梅先生大鑒：前承命識之先生以所著字稿見示，屬作序，今序已寫出，奉上，乞轉致爲荷。俞先生明示關係負責選輯之各件，尤感之，代致謝忱。並此奉祝日綏。

弟元培敬啓 十一月廿八日

健强体质为中华

杨昌济的体质健康教育思想

李冲　史曙生

杨昌济是我国近代以来倡导与推动体育救国和体质健康教育的代表性人物之一，其诸多思想充满进步精神，并且在我国近代学术思想中有着举足轻重的地位。杨先生始终秉承“强避桃源作太古，欲栽大木拄长天”[1]的崇高理想，甘愿做一名为祖国培养“大木”的辛勤园丁，培养出了毛泽东、蔡和森等中国历史上的史诗级伟人。在黑暗、动荡的年代，正是在杨昌济的谆谆教诲之下才有了毛泽东的那句“野蛮其体魄，文明其精神”的响亮口号。杨昌济是近代最早明确提出“强体质”与“促健康”并重的教育思想的学者，他具有强烈的爱国主义情怀和教育创新精神，提出的德、智、体并重的“训练”“教授”“养护”之全面教育观，积极与消极并重的“养护论”体质教育观，以及“知行合一”的体质健康促进理念，在今天看来仍然具有较高的实践价值，在我国学校体育与健康教育发展史上具有重要的影响与地位。

一、杨昌济体质健康教育思想之由来

杨昌济（1871—1920），辈名宏荣，字华生，又名怀中，册名昌济，湖南长沙东乡板仓人，人称“板仓先生”。1898 年就读于岳麓书院，受儒家经典、宋明理学和曾国藩思想影响，青年时期的杨昌济毅然加入当时的进步组织南学会，并积极宣传新政与新学，高举谭嗣同先生“以民为主”的先进民主政治思想。中日甲午战争中国战败对其思想产生极大震动，杨昌济认识到想要改变中国积贫积弱之国家颓势“非

1　李沛诚 . 杨昌济教育实践与教育思想［M］. 长沙：湖南教育出版社，1998：186.

改革不足以图存”，决心到海外去寻求救国救民之真理，从此走上了教育救国的道路。

1903年，杨昌济东渡日本留学，正值日本社会盛行军国民主义思潮，全民尚武之精神，主张全民皆兵，大兴军事体育训练，其教育思想深受影响与启发。1906年，杨昌济从弘文学院毕业，顺利升入东京高等师范学校，其教育思想逐渐由资产阶级改良主义转变为民主主义。1908年，在章士钊、杨毓麟等好友的极力推荐下，清政府调杨昌济去英国继续深造。1909年，杨昌济进入苏格兰的爱丁堡大学哲学系，主修哲学、伦理学和心理学。在此期间，杨昌济十分注重研究英国教育的状况和英国国民的各种生活习俗，以及健康与卫生方面的经验，并逐渐接受了庸俗进化论的观点，对“以强欺弱”的“生存竞争”原理极为赞同，并用来解释教育的目的，这对其归国之后提出体育救国论、积极与消极并重之“养护论”、体育与健康教育观等教育思想打下了坚实的理论根基。1913年，杨昌济学成归国后回到湖南，任湖南一师教员，也正是在此时期，先生以其敏锐的思想、渊博的学识、独到的见解，给予毛泽东、蔡和森所代表的一大批湖南进步青年以巨大的精神力量与启迪。1917年，先生向《新青年》推荐发表毛泽东的《体育之研究》一文[1]，这篇文章以辩证唯物主义的哲学观，通过对古今中外的具体事例进行分析，对体育的目的与本质、地位和功能及练习方法等进行较为系统深入的论述，成为我国近代体育史上具有重要意义的文献。1918年，先生应蔡元培先生之聘，任北京大学伦理学教授，并开始其探寻教育救国之真理的全新篇章。

先生出版了《杨昌济文集》《达化斋日记》《论教育上之养护》《治生篇》《劝学篇》等论著。详细剖析、述评先生的所有论著可发现，彰显“健康第一”理念的“强体质”与“促健康”并重的体质教育思想无不隐匿于其中。自近代以来，时至今日，国人才开始逐渐意识到体育与健康教育并重才是改变国民体质的根本办法，先生所倡导的体质教育思想对我国当代学校体育改革与发展仍然具有重要的参考价值。

二、杨昌济的体质教育思想

（一）强健国民体质的体育救国论

天下兴亡，匹夫有责，民强才能国强。清朝末年，四万万国人纤腰细骨，白面柔弱如病夫，纵是满腹经纶、学富五车又奈何洋枪、洋炮？甲午战败后中国签订了丧权辱国的不平等条约，西方列强肆意践踏祖国领土，国人萎靡不振、逆来顺受，国家满目疮痍，这深深刺痛了杨昌济的神经。梁启超在《新民说·论尚武》中大力倡导斯巴达、德意志、日本的尚武教育，尖锐地抨击了当时中国“重文轻武”的传统教育，这对杨昌济产生了极大启发。1913年，杨昌济从国外留学回国之后不禁感慨道：欲救国家之危亡，必先救人心之陷溺，欲为生存之竞争，不可不强健其体质。在国家危亡之际，先生以其敏锐的洞察力，深深体会到以体育强健国民之体质才是扭转国家颓势之当务之急。

1　余万予．试论杨昌济的体育思想及其对《体育之研究》的影响［J］．体育文史，1989（3）．

先生在《论教育上之养护》中明确指出“国家之兵力，国民之生产力，无不关系于体育”[1]，表达了先生对体育是“强兵之本”“富国之基”的进步思想。他认为，当今社会之国民没有强健的体魄就没有勇毅的精神，国民体质直接关系到国家军事和经济的发展，决定着国家民族的兴盛与衰亡。杨昌济十分重视和关注体育在教育中的地位，在他看来，强健的体魄是抵御恶劣环境的根本，是在学业中获得优异成绩的前提。他纵观历史后指出：“唐人有尚武之风，故能挫制外族，为汉族极盛时代。而宋之国势，乃弱于唐。立国不可无野蛮之精神，即此可见。”[2]由此，杨昌济极为赞同学习日本的武士精神和德国日耳曼民族的尚武精神，并主张政府在学校、社会开展军国主义教育，大力实行全民皆兵制。而后，先生在《教育学讲义》中又详细介绍了西方发达国家重视体育、广泛开展军事体育训练的情况，他指出：“日本师范教育之提倡运动（实施军事上之训练）如此。良以维持国家之独立，全赖陆海军；而陆海军之强，源于国民之体力。”[3]

（二）“教育不可不置重于体育”之教育观

杨昌济高声疾呼“教育不可不置重于体育”的教育口号。先生认为国人不好户外运动，而偏好下棋、斗牌等各种户内之游戏，是国民文弱之所由来。[4]他极力倡导国人在身体上的主动改造，强身健体理应成为当下社会改造的根本，而当今最重要的教育目的是要形成基本的生存能力，即“养生存于社会之能力”。在此能力形成的过程中，应“强健其体质，且授以生活上必要之智识技能”。青年时期的毛泽东正是在杨昌济先生的谆谆教诲中，开始重视体育对坚强体魄的重要作用的，并提出“欲文明其精神，必自野蛮其体魄”的先进主张。[5]

“身不死”就要锻炼身体，保持身体健康。学校教育更要将体育视为教育之先导，没有健康的体魄作为支撑，所有教育的目的只能沦为一纸空谈。杨昌济主张当时学校教育应借鉴英国、德国、日本等国的学校体育教育经验，并根据其多年留学的所见所闻，结合国家体育教育的实际情况提出了独到的方法与见解。他说：“英国学生之运动甚盛，午后全体出发，每人务择一门，不许规避，从事各种之运动，殆无在书房中静坐读书者。”对于体育教育而言，杨昌济十分注重教育过程中的因材施教，并根据学生身体条件的不同而采取不同的教学手段与方法。首先，先生在实际的体育教育中提倡根据每个学生不同的身体状况，理应采取不同的教学手段，施加不同的难度，即“用同一体育手段之时，不可不大异其宽急”。其次，先生十分注重体育教育中的德育方法，注重在教学中对学生良好品德的塑造。除此之外，杨昌济结合多年的国外见闻和自己对体育原理的理解，躬行实践，创编了“每日坚持做”的七节徒手体

---

1 王兴国. 杨昌济集［M］. 长沙：湖南教育出版社，2008：369.
2 同上，第 88 页。
3 同上，第 371 页。
4 同上，第 372 页。
5 二十八画生. 体育之研究［J］. 新青年，1917，3（2）.

操活动[1]。

（三）智、德、体并重的“教授”“训练”“养护”之全面教育观

主张德、智、体并重的“教授”“训练”“养护”之全面教育是杨昌济教育思想的重要内容。先生曾在《教育学讲义》中指出，“自来论教育者，往往分为智、德、体三部”，体育是“教育上之养护”，没有体育就没有其他教育可言。对此，先生又将与智、德、体三部相对应的教育方法细化为“教授”“训练”“养护”，他把与智育相适应的教育称为“教授”，即传授知识与技能，发展学生智力水平。“训练”主要是端正学生意志和塑造性格，使学生养成好品德，此即为“德育”。此外，先生还指出学生智育发展方面的“教授”与德育方面的“训练”有着极为密切的内在关联，他把学校体育教育的方法称为“养护”，又将其进一步划分为积极的养护和消极的养护。为了使智、德、体三种教育有机结合，先生对西方古代教育直至近代资产阶级普通教育开设的课程内容、教学方法与教学效果等进行了详细的研究，并提倡将学校课程分为知识的教科、基础的教科与技能的教科三类，把以体操为主的体育类课程视为必修课，归为基础的教科。先生认为身体素质和精神素质的统一，就是学生智、德、体的全面发展。后来，毛泽东在《体育之研究》中专门就此进行过深入论述，提出了“体者，为知识之载而为道德之寓者也”这一精辟论断。

（四）彰显“健康第一”、积极与消极并重之“养护论”

“养护论”的体育教育观是杨昌济体育与健康教育思想中最核心的部分。先生指出“养护则体育之事也”。养护有积极的养护和消极的养护两类。积极养护助身体之发育，消极养护防身之损害[2]。从先生对“养护论”体质观的理解不难发现，体育与健康教育并重对学生体质健康的影响极为重要，他的这种“健康第一”的教育思想散见于其各个时期的论著之中。

他指出体操对于身体的影响“既使之强壮，又使之优美，又使之敏捷，三者毕备，体育之目的可谓已达矣”[3]。据《达化斋日记》记载，杨昌济自创了诸多简易体操项目：手指伸缩运动、运目运动、足尖画圈运动等。此外，在学校教育中，先生鼓励开展各式体育游戏，培养学生学习兴趣，注重体育教育资源开发，拓宽体育的多元价值。先生在论述体育游戏的价值时认为，“游戏有体育上之价值之外，更有训练上之价值”[4]。体育游戏不仅可以使学生养成遵守纪律、服从领导、果断选择的习惯，而且还可以培养互爱、热心、礼让等美德。

“体育者，养生之道也。”先生指出，消极的养护意在防儿童身体之损害，身体之损害，有猝来者，有徐至者，一防意外之危险，一防疾病之缠身。先生在比较中外卫生状况之后极为震撼，鲜明地提出以

1　杨昌济．达化斋日记［M］．长沙：湖南人民出版社，1978：73.

2　杨昌济．论教育上之养护［J］．湖南教育杂志，1914，3（8）.

3　王兴国．杨昌济集［M］．长沙：湖南教育出版社，2008：370.

4　同上，第354页。

身体改良为微观起始的社会改良，他指出："吾国人有一极大弊病，即不洁是也。衣服不洁，口齿不洁……随地唾涕，当道便溺……而欲改良习惯，不可不赖卫生教育。"[1]个人卫生方面，杨昌济极力倡导学生要注意自身卫生，经常洗澡，换洗衣物，同时，先生还教育学生读书时眼睛与书要有适当距离，学校教学中不应让学生在光线暗淡的地方看书、写字。环境卫生方面，先生指出学校要保障学生运动的场所干净整洁，严禁吐痰和乱扔纸屑，学校需备痰盂、纸篓等物品，要经常打扫教室课桌椅和地面，经常开窗保持室内空气流通，扫地前要勤洒水，用湿布涂擦黑板以防污染屋内空气。此外，杨昌济还特别注重学生的饮食卫生，他提倡把当时学校的"会食制"改革为"分斋制"，以各个斋舍为师生的饮食场所，学校鼓励私人制饮食，多设小厨房以供师生用餐。

（五）倡导"知行合一"的体质健康促进理念

所谓"知行合一"，即理论与实践相结合。杨昌济指出："知则必行，不行则为徒知，言则必行，不行则为空言……故学者尤不可不置重于实行也。"[2]把促进学生健康作为体质教育乃至学校教育的首要任务，学生的健康必须履行"知行合一"的健康促进认识观——不仅让学生懂得健康知识，更应该使其养成身体力行的健康习惯，通过健康行为改变健康状况。在全面调查英国、日本、德国的学校体育，并结合自己对体育的理解之后，先生认为冷水浴对体质有很好的促进作用，还可使人意志坚强，他坚持冷水浴、游泳、远足、静坐、登山等生活习惯，体现了其"知行合一"的态度。[3]

先生还认为，保护学生健康和强健学生体质，不仅是学校教师的重要责任，也是社会与家庭的义务。有多年从教经历的杨昌济发现，传统教育方式会对青少年与儿童的健康产生不利影响。先生在《教育学讲义》中指出："学校教育最足以伤儿童之身体者，为钟点太多，负担过重。"[4]因此，他提倡学校要减轻学生负担，极为反对学校搞突击战、疲劳战和长期战，认为过多的家庭作业会使学生脑力过损、疲于应付、体力下降；并主张改变家庭传统教育观念，鼓励学生在家庭中获得更多自由玩耍的时间，以促进学生智力与体力正常发育。学校、家庭、社会三位一体的健康促进理念充分彰显了杨昌济思想的超前性。

三、杨昌济体质教育思想的当代价值与启示

（一）基础教育阶段体育与健康教育并重，不断促进学生体质健康发展

未来国际社会的竞争本质是人才的竞争，是德、智、体全面发展的人才的较量。先生从强国保种的目的出发，指出只有保证青少年体质的健康，才能为国家发展提供最坚实的支撑。近代历史证明，国家贫

---

1 杨昌济 . 杨昌济文集［M］. 长沙：湖南教育出版社，1983：47–48.

2 杨昌济 . 杨昌济文集［M］. 长沙：湖南教育出版社，1983：365–366.

3 周世钊 . 毛主席青少年时期锻炼身体的故事［M］. 北京：人民体育出版社，1978：17.

4 王兴国 . 杨昌济集［M］. 长沙：湖南教育出版社，2008：373.

弱只能任人摆布，国民羸弱只能受人欺凌。进入 21 世纪，面对国民体质不断下降的现实，提高国民体质仍然是当今中国亟须解决的现实难题。早在 100 年前，先生就已经意识到“国家欲图强，教育不可不力求进步”[1]，强健的体魄是一切发展的根基。因此，现阶段，基础教育中学校体育教学方法的改革和教学模式的探索，符合时代发展要求和社会现实需要，我国应继续将基础教育中的体质健康教育放在国家发展的重要战略地位，通过改革创新，推动基础教育阶段体育教育事业发展，提升青少年体质健康水平，为新时代中国梦的实现提供有力支撑。

（二）体育要回归以学生体质健康为本的本质功能

杨昌济认为：“有目的、备方案，予人以意识的感化，乃谓之教育。”教育的根本目的在于“救人心之陷溺”“倡民族之精神”“图社会根本之革新”，并最终达到感化人的终极目标。使体育回归于人本身，强健体质、促进健康始终是体育最本质的功能，这与当前我国教育界一直在大力倡导的“以人为本，健康第一”的教学理念如出一辙。先生还认为，学校教育必须注重培养学生“生存竞争”的原始能力，教师要指导学生认识社会与自然环境，使学生懂得社会与自然的生存原则，“修身”既是人对自身生命的观照[2]，也是主体回归人身体的关键。然而，当今社会的人们热衷于探索体育的多元价值取向，盲目延伸体育的政治、商业功能，此时我们更应深刻反思：是否做好了体育增强体质、促进健康的本质工作，是否让体育真正回归于人本身？

（三）不断探索体育与健康教育并重的新型课程体系

基础教育课程改革后，原有的体育课被更名为“体育与健康课程”，“健康第一”逐渐成为体育课程改革的核心理念。课改后体育被赋予了更多的职责，作为现代教育者的我们是否应该以一种全局的观念冷静思考？杨昌济“强体质”与“促健康”并重的教育思想以增强体质为主旨，仍然适用于当今社会。“强体质”与“促健康”并重，就是以体育教育促进学生体质发展，促进学生身体素质、身体形态和某些生理机能的发展；以健康教育完善学生健康状态，使学生远离生理与心理疾病，避免生活中意外伤害事故的发生。由此可见，现阶段我国的体育与健康课程涵盖的内容甚多，而教育师资投入与学校课时安排根本无法完成体育与健康课程的教育任务。换言之，“健康第一”的目标绝非以体育一己之力便可达成。因此，现阶段我国的学校体育教育仍然要继续加大力度探索符合国情、符合体育与健康教学规律、有利于促进学生体质健康发展的新型课程体系。

---

1 杨昌济．教育与政治［J］．湖南教育杂志，1913，2（16）．

2 张玉兰．体育教育中的生命本质与体现［J］．河北体育学院学报，2013（3）．

（四）推进体育教师角色转换和教育模式创新

杨昌济"知行合一"的健康促进理念蕴含着深刻的哲学思想。健康促进绝非只是学习健康理论知识，而是要身体力行，运用健康知识去管控健康行为与生活方式。因此，作为当下学生健康促进主力军的学校体育教师，不仅要提高理论与教学实践水平，更应该注重创新教育理念，丰富知识理论体系，在做好体育教学工作的同时，更要注重培养学生生活中的健康行为习惯。体育教师最终要发展成为学生体质的建造师与学生健康的管理者。此外，要注重构建学校、家庭、社会三位一体的体质健康促进模式[1]，将学生体质健康促进科学化、生活化、持久化。此种将学校、家庭与社会密切联系、互为补充的体育与健康教育模式将成为未来社会研究的热点。最后，为了适应当今社会多学科交叉互融的发展趋势，学校体育与健康教育更要与时俱进，注重借助多学科理论构建我国学生体质健康促进新模式，探索更多富有成效的体质健康促进策略。

结语

杨昌济把教育救国作为毕生信念，他以超前、敏锐的教育眼光洞悉了中国的前途，把"强体质"与"促健康"作为教育救国的根本。为中华之崛起，先生把体育与健康教育并重的体质教育思想放在重要位置，进行理论研究、实践探索，并积极倡导，在当时的历史背景下具有划时代的意义。他的体育与健康教育思想兼蓄了我国传统养护理论、西方近代体育理论和具体实践，对我们探索具有中国特色的体育与健康教育之路具有重要的现实价值。

（作者：李冲，南京理工大学讲师；史曙生，南京师范大学体育科学学院院长，教授，博士生导师。原题为《杨昌济体质教育思想对当代学校体育的启示》，载《河北体育学院学报》2019 年第 2 期）

1　李冲，史曙生 . 我国青少年体质健康促进政策评估现存问题及改进思路［J］. 体育学刊，2018（4）；张朋，杨麟，王莉莉 . 青少年体质健康促进的合力研究［J］. 河北体育学院学报，2015（1）.

附：

杨昌济致章士钊[1]明信片

释文

章行严君 静安寺路 沧州别墅第二号 上海

久未通候，想无恙也。弟与倜君[2]在此一切如常，差可告慰。《民立报》[3]仍用苏格兰[4]住址，到著甚迟，请属贵发行部改正为荷。

行兄 弟昌济顿首

按语

1912年9月16日，杨昌济写明信片给章士钊，问候他并报告自己和李倪在柏林一切安好。他提到《民立报》仍使用苏格兰的地址，导致邮件到达很迟，希望章士钊能让发行部更正地址。

1 章士钊（1881—1973），字行严，著名民主人士、学者、作家、教育家和政治活动家。曾任中华民国北洋政府段祺瑞政府司法总长兼教育总长，中华民国国民政府国民参政会参政员，中华人民共和国全国人大常委会委员，全国政协常委，中央文史研究馆馆长。

2 李倪（1884—1965），名文生，字倜君，湖南湘潭人。历任中南军政委员会参事室参事，湖北省政府参事室副主任。彼时在柏林大学深造。

3 《民立报》，清末资产阶级革命派的著名报纸，抨击封建专制制度，报道各地资产阶级民主革命运动，提倡国民的独立精神。1910年10月创办于上海，系于右任继《民呼日报》被禁后创办。

4 清宣统元年（1909）春，杨昌济留学英国，进入苏格兰的阿伯丁大学哲学系。1912年夏，杨昌济从阿伯丁大学毕业。随后，他前往德国进行了为期九个月的考察，还去瑞士游览了一番。此明信片写于杨昌济从阿伯丁大学毕业后，在德国考察期间。

E1583
157 — Am Ufer des Grunewaldsees — FR. Phot.

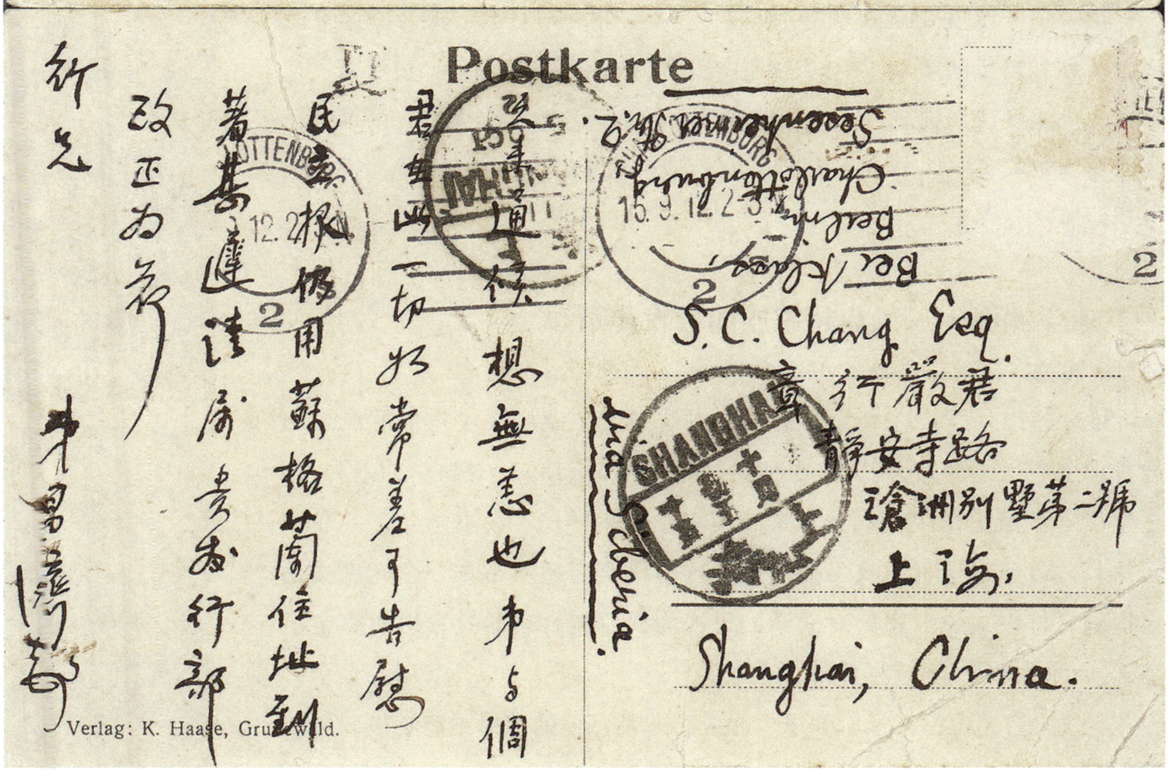
Postkarte
Bei Haase
Berlin
Charlottenburg
Seesenheimer Str. 2.
S. C. Chang Esq.
章行嚴君
靜安寺路
滄洲別墅第二號
上海
Shanghai, China.
via Siberia
SHANGHAI
Verlag: K. Haase, Grunewald.

家书传世育群贤

梁启超的教育智慧

宋 健

梁启超（上）和梁启勋（下）

梁启超（1873—1929），字卓如，一字任甫，号任公，又号饮冰室主人，清朝光绪年间举人，中国近代思想家、政治家、教育家、史学家、文学家，戊戌变法领袖之一，中国近代维新派、新法家代表人物。南京师范大学博物馆藏有一件1918年梁启超写给他弟弟梁启勋的家书，笔力遒劲，方正峻厚。

一、家学渊源——梁启超家族的教育传承

梁启超出生于广东新会县的一个书香世家，家庭环境对他的成长和教育理念产生了深远的影响。祖父梁延后（1815—1892）是村中的老秀才，一生严守儒家道德规范。父亲梁宝瑛（1849—1916）读书多年，并在乡间执教。母亲赵氏也出身书香门第，这使得梁启超从小在一个充满文化氛围的环境中成长。家族对儒学的重视为梁启超日后的教育思想奠定了基础。

不仅梁启超自己在学术和思想界成就非凡，他的弟弟梁启勋也以文学研究闻名。梁启勋（1876—1965）曾留学美国，专攻中国文学，特别是在词曲研究上有很高的造诣，后任青岛大学教授，并成为中央文史研究馆馆

员。兄弟两人不仅在学术领域各有建树，更是在教育理念上互相交流，形成了独特的家族教育风格。

梁启超的教育影响不仅体现在兄弟关系上，在他对子女的培养上更展现得淋漓尽致。他的九个子女个个才华横溢，堪称“一门三院士，九子皆才俊”。其中，长女梁思顺是诗词研究专家，曾任中央文史馆馆长；长子梁思成是中国近代建筑学的奠基人；次子梁思永则是中国考古学的开拓者。此外，梁思忠、梁思庄、梁思达、梁思懿等也在各自领域卓有成就。这一人才辈出的现象与梁家一脉相承的家学渊源和严谨的家庭教育密不可分。

二、言传身教——梁启超的教育智慧

梁启超非常重视通过家书与家人交流学术与生活，尤其在教育子女以及与弟弟梁启勋的沟通方面。南京师范大学博物馆收藏的梁启超 1918 年写给梁启勋的信件中，梁启超谈到了他为子女讲授“学术流别”和《孟子》。“彼辈如何能解，不过予以一模糊之印象，数年以后，或缘心理再显之作用，稍有会耳。”他深知孩子们的理解能力有限，但相信通过长期的耳濡目染和熏陶，子女们会在未来某一刻领悟到这些思想的深刻内涵。[1]

左起梁思忠、梁思成、梁思庄、李蕙仙、梁思达、梁思永（1918）

梁启超的教育理念并非急功近利，而是注重孩子们内在成长的积累。他花费大量时间陪伴子女学习，在日常生活中通过言传身教，潜移默化地影响他们。这封信中不仅展现了梁启超对教育的独特见解，还体现了他与弟弟之间的亲密交流。他在信中一方面与弟弟寒暄家常，另一方面也谈论学术问题，显示出兄弟二人共同关注学术研究与教育的重要性。这样的学术与生活交融的家风深深影响了梁家的后人。

梁启超对子女的培养方式与他在信件中所透露的思想是一致的。他并不追求子女短期内取得学术上的成功，而是通过长期的思维引导，让他们逐步形成独立的学术观和人生观。这种耐心和远见，成为梁家子女日后在各自领域中脱颖而出的关键。

1　此信亦载于汤志钧、汤仁泽．梁启超家书：南长街 54 号梁氏函札［M］．北京：中国人民大学出版社，2016.

三、承学鼎新——梁思成与梁思永的卓越成就

梁启超的子女中，梁思成和梁思永是最具代表性的两位，他们继承了父亲的学术精神，在各自的领域开创了新天地。

梁思成（1901—1972），梁启超长子，中央研究院第一届院士，被称为中国近代建筑之父。他毕业于宾夕法尼亚大学，回国后积极投入到对古建筑的保护中，曾主持故宫文渊阁修复工程。1937 年起，他与妻子林徽因遍历中国，记录了两千多件古建筑遗物，在记录和保护中国古建筑方面做出了杰出贡献。

梁思永（左）和梁思成（右）

南京师范大学博物馆藏有梁思成写给陶孟和的一封书信。陶孟和是天津人，中国科学院图书馆创始人，曾任北京大学文学院院长、中国科学院副院长。1931 年，梁思成在东北大学建筑系任教时的学生夏致一，因共产党嫌疑被北平宪兵逮捕。梁思成请求好友陶孟和向当局代为疏通，他在信中写道："东北大学学生夏致一，近因共产嫌疑，被宪兵第三团逮捕……恳祈吾兄向当轴诸公代为疏通。"这封信展示了梁思成不仅在建筑学方面水平卓越，还具备高度的社会责任感，为学生的命运而奔走呼号。

梁思永（1904—1954），梁启超次子，曾在北京大学、清华大学任教，主持并参与了河南安阳殷墟遗址等多个著名的考古发掘，判定了仰韶文化、龙山文化和商文化的相对年代关系，1948 年当选中央研究院第一届院士。他主持的河南安阳殷墟遗址的发掘工作，标志着中国考古学进入了一个全新的阶段。

梁思永的学术严谨与耐心同样继承自父亲的教诲。梁思永在 1933 年写给李光宇的信中提道："热河遗物全部找出，预备运北平；后周遗物全部找出，预备运北平（注意两次分运后，不要遗漏）。"他对考古工作的细致和专注从这封信中可见一斑。

梁启超对梁思成和梁思永的培养，充分展示了他作为教育家的远见。1914 年，瑞典地质学家、考古学家安特生受聘来华进行地质调查，发现了周口店遗址和仰韶遗址等，随后各国考古学家纷纷来华进行研究。梁启超看到世界各国考古学迅猛发展，而在号称有 5000 年文明史的中国，从事考古工作的人竟都是以各种名义来华的外国学者，颇为不平。1926 年秋，万国考古学会会长、瑞典王储古斯塔夫·阿道夫访问中国，梁启超参加了接待工作，并在演讲中说："以中国地方这样大，历史这样久，蕴藏的古物这样丰富，努力往下作去，一定能于全世界的考古学上占有极高的位置。"

正是基于这样的眼光与信心，以及对孩子们兴趣的了解，梁启超让爱好美术的长子思成赴美国学习建筑，让性格沉着稳重的次子思永学习考古。这两个学科在当时的中国都是极冷僻的。然而，正是这种对孩子兴趣的尊重和鼓励，让他们在各自领域中脱颖而出，成为专业领域的先驱。

梁启超的教育不仅改变了他的子女，也成就了整个家族的学术传统与社会贡献。从梁启超、梁启勋到梁思成、梁思永，家书承载了父辈对后代的期望与智慧。通过言传身教，他们的思想得以传承与发扬。梁家的家学渊源和教育理念，不仅造就了人才辈出的家族，也为中国现代教育提供了宝贵的启示。

（作者：宋健，南京师范大学博物馆馆员）

附：

梁启超致梁启勋[1]信札

1　梁启勋（1876—1965）字仲策，梁启超长弟。近代著名词学家，留美哥伦比亚大学，回国后曾任青岛大学教授等职，致力于中国文学特别是词曲的研究，1951年受聘为中央文史研究馆馆员。

2　孝觉，为黄文开字，清代南海人，光绪癸卯举人，曾任陆军部郎中。

3　瘿公，为罗惇曧（1872—1924）号，字孝遹，以号行，又号瘿庵，晚号瘿公，广东顺德大良人。晚清名士，与梁鼎芬等并称“岭南近代四大家”。

4　曼宣，为麦仲华（1876—1956）字，笔名玉瑟斋主人，清代戏曲作家，广东顺德人。康有为弟子和女婿。

释文

书悉。孝觉[2]凶问，昨晨瘿公[3]书来已报，世法无常，我佛不我欺也。死者解脱，生者难为怀耳。不审其家景况如何，妻子可免冻馁否，瘿当略知耶？可询之。旅葬若有需，我当任也。为群儿讲“学术流别”，三日后当了，更拟为讲《孟子》（非随文解释，讲义略同学案也）。彼辈如何能解，不过予以一模糊之印象，数年以后，或缘心理再显之作用，稍有会耳。吾每日既分一半光阴与彼辈，亦致可惜。弟能来听极善，但讲《孟子》亦总须两旬乃了，弟安能久住耶？曼宣[4]有书画等托孝觉带来，若沪上有人来，能了此，亦佳。请告瘿。

两浑　二日

按语

这是梁启超1918年写给弟弟梁启勋的家书。梁启超在信中告知弟弟，他已得知孝觉的死讯，并对世事无常表示感慨，认为死者解脱，生者难过。他询问孝觉家庭的情况，建议向瘿公了解详情，并表示愿意承担旅葬费用。梁启超还提到他正在给子女们讲“学术流别”和《孟子》，并邀请梁启勋来听，但表示课程需要二十天时间，问他是否能久留。

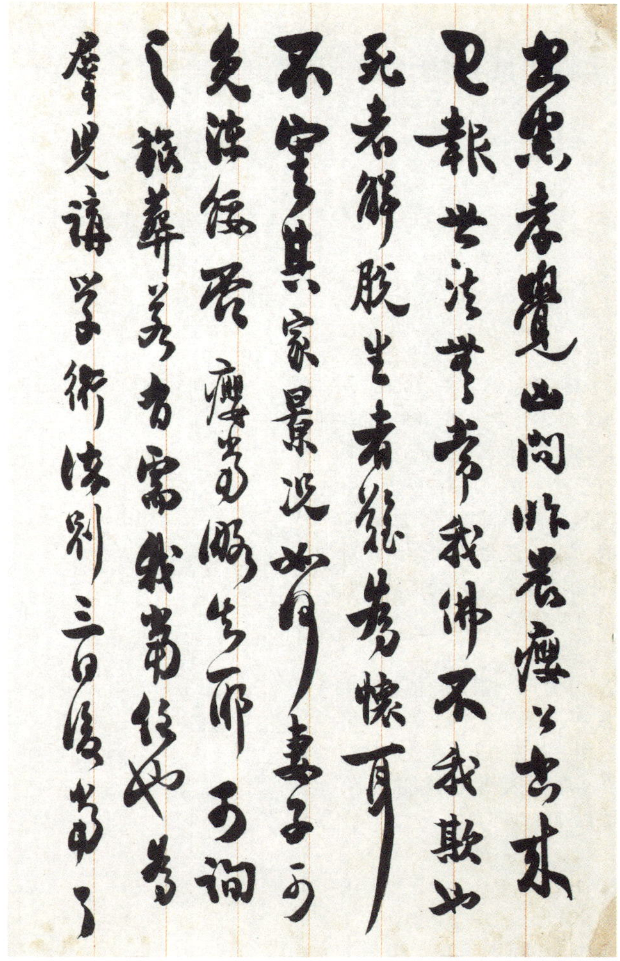

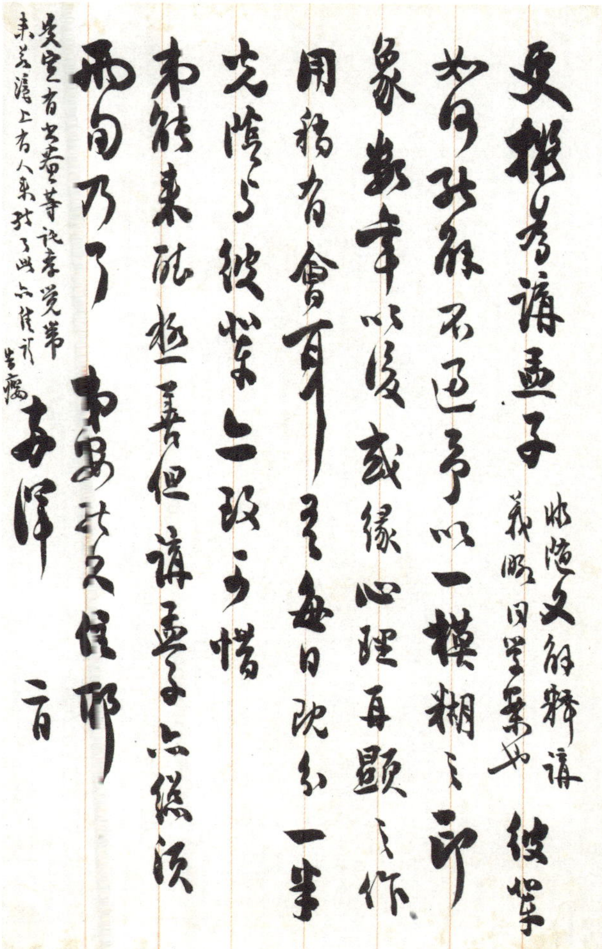

附：

梁思成致陶孟和[1]信札

1 陶孟和（1888—1960），原名履恭，字孟和，以字行，祖籍浙江绍兴。社会学家、教育学家、中央研究院院士、中国科学院学部委员。1931年时，正担任北平社会调查所（中国社会科学院经济研究所前身）所长。

2 1931年，国民党创办宪兵教练所，于苏州成立宪兵第三团，首任团长蒋孝先。1933年3月，宪兵第三团移驻北平，大肆逮捕共产党员。

3 1928年8月，梁思成回国后在沈阳东北大学任教，创立了中国现代教育史上第一个建筑系。1931年日本侵占中国东北后，梁思成回到北平。

释文

孟和我兄：

东北大学学生夏致一，近因共产嫌疑，被宪兵第三团[2]逮捕。查夏君当弟在东北任教[3]时，为建筑系学生，成绩甚佳，且家境丰裕，当不致有“不轨行动”。恳祈吾兄向当轴诸公代为疏通，使复自由，则弟亦感同身受也。面谢，即颂著安。

弟思成拜恳。十一月十六日

按语

此信是1931年梁思成致陶孟和的求助信，内容提到东北大学学生夏致一因被怀疑与共产党有关而被宪兵第三团逮捕。梁思成解释夏致一在校期间成绩优秀，且家庭富裕，不太可能从事“不轨行动”，恳请陶孟和帮助疏通关系，争取让夏致一恢复自由。

孟和我兄：東北大学学生夏致一，近因共
產嫌疑，被憲兵第三團逮捕。查夏
君當弟在东北任教時，為建築系学生，
成績甚佳，且家境豐裕，當不致有不
軌行動。懇祈吾
兄向當軸諸公代為疏通，使復自由，
則弟亦感同身受也。預謝，即頌
著安。

弟 思成 拜懇。十月十六日

附：

梁思永致李光宇[1]信札

1　李光宇（1904—1991），字启生，湖北钟祥人，1930年进入史语所担任书记，又转任助理员，后担任考古馆主任管理员直至退休。其一生的精华岁月皆投入于史语所的考古发掘工作。曾参与山东城子崖、安阳殷墟发掘，后转为室内整理工作。

2　吴巍，字亚农，江苏松江（今属上海市）人，曾担任史语所事务员。

释文

启生兄：以下诸事请多多费心代办：

① 热河遗物全部找出，预备运北平

② 后冈遗物全部找出，预备运北平（注意两次分运后，不要遗漏）

③ 弟私人书两箱，请先存弟之办公室，将来与热河、后冈古物一齐运北平。如古物一时不能起运，即请商同吴亚农先生[2]寄北平。寄费由弟担任。

劳驾，谢谢。

思永启　九月十三日

按语

1933年，梁思永致信李光宇，请他协助找出热河和后冈的遗物运往北平，同时托其保管两箱私人书籍，待条件允许时一并寄送北平，费用由梁思永承担。

中華民國廿三年九月拾五日收到

敬生先生：以下諸事請多多費心代辦！

(1)熱河遺物全部提出，預備運北平

(2)後園遺物全部提出，預備運北平（請立[illegible][illegible]節運時不要遺漏）

(3)弟私人書兩箱請送存弟之辦公室，與古物（保案熱河後園）一齊運北平。如古物一時不能起運，即請商同吳玉農先生寄北平，寄費由弟担任。

為盼，謝謝。

志承

九月十三日

笃行实学育英才

张伯苓实学教育思想及其践行

金国　胡金平

世人对张伯苓多有评价，如胡适评价张伯苓为“中国现代教育的创造者”；颜惠庆称赞张伯苓为“办教育的状元”；梁启超虽未直接评价张伯苓，但从侧面赞许了南开，肯定了张伯苓的历史贡献，梁氏说道：“南开为我教育界之一元气。”[1]诸如此类的褒扬不一而足，但都未道出张伯苓办学成功之关键。在众多的评价中，张伯苓的一位朝鲜朋友对其评价极其质朴中肯且“一语道破天机”：“张伯苓是一个极其简单的人，不能跟同时代的杰出人物争一日之长短，但是他脚踏实地苦干，在他的工作范围里，成就非凡。”[2]从评价中不难发现有两点造就了私立南开大学的办学声誉：一是苦干；二是脚踏实地。这两点，在今天看来，毫不起眼，甚至略显“寒酸”，但其所包含的力行不懈、笃实践履的实学精神是促使南开能够在近代中国20世纪教育史上写下浓重一笔的关键所在。考察张伯苓的实学教育，不难看出其实质是继承和发扬了晚清实学精神，但在具体实践中有着自身的特色，透过这些具体实践依然能找到值得借鉴的地方，这是拙作目的之所在。

1　梁吉生．允公允能　日新月异——南开大学校长张伯苓［M］．济南：山东教育出版社，2003：2.

2　高荣生，高源．张伯苓先生纪念集［M］．台湾：文海出版社，1975：41.

一、“出生于晚清　创业于民国”：张伯苓实学教育思想的滥觞

（一）张伯苓实学教育思想继承了晚清实学精神

乾嘉盛世以降，清政府日益衰败，社会矛盾日趋激化。在内忧外患的夹击下，清政府最终签订了近代史上第一个不平等条约——《南京条约》。这一不平等条约不但开启了中国近代史，也加速了中国传统士大夫、仁人志士的学术转向：从考据学转向经世之学，从皓首穷经转而关注现实。从某种意义上来讲，鸦片战争既是我国历史的分水岭，也是有识志士面对家国存亡时主动求变的分水岭。亦如梁启超所言：“‘鸦片战役’以后，志士扼腕切齿，引为大辱奇戚，思所以自湔拔；经世致用观念之复活，炎炎不可抑。”[1]经世致用为晚清实学的基本内涵之一。

随着清朝的灭亡，民国的建立，晚清实学思想作为一种封建意识形态虽已踪影全消，但经过现代转换之后，其精神仍在。按照葛荣晋教授的观点，晚清实学经过现代转换之后，其实学精神包括四个方面：一是实事求是的崇实精神；二是追求真理的科学精神；三是“兴利除弊”的改革精神；四是放眼世界的开放精神。[2]

追根溯源，晚清实学作为一个范畴宽广、内涵丰富的思想体系，其实学精神体现在各个方面，教育是其非常重要的一个方面。1912 年 7 月 10 日在北京召开的全国临时教育会议上，以首任教育总长身份出席会议的蔡元培提出了“五育并举”的教育方针。除“世界观教育”未被通过之外，会议形成了“注重道德教育，以实利主义、军国民教育辅之，更以美感教育完成其道德”的新教育方针，并于同年 9 月 2 日公布实施。该方针以“养成共和国民的健全人格为目标，通过德、智、体、美四育，造就既有资产阶级思想又有近代科学技术知识的人”[3]为目标。此民国教育方针体现了晚清实学精神。在此方针的统领之下，作为生于晚清、创业于民国的教育家的张伯苓“力行不懈、笃实践履”，继承并发扬了晚清实学精神。其提出的“知中国、服务中国”的教育宗旨、“土货化”的教育方针以及“三育并进而不偏废”的人才培养目标等令世人耳目一新，并且取得了耀眼的成绩，其背后所包含的实学教育思想与晚清实学精神一脉相承。

（二）张伯苓实学教育思想滥觞的影响因素

张伯苓实学教育思想形成的影响因素主要有以下几个方面。

1. 时代背景

第二次鸦片战争以后，根据《北京条约》，天津被迫开设通商口岸。1870 年，工部尚书毛昶熙在天

1　梁启超．清代学术概论［M］．上海：上海古籍出版社，2005：60.

2　葛荣晋．中国实学思想史（上）［M］．北京：首都师范大学出版社，1994：21–24.

3　李国钧，王炳照．中国教育制度通史（第七卷）［M］．济南：山东教育出版社，2004：11–13.

津处理“天津教案”时提出设北洋通商大臣，认为“天津地方在京师肘腋之间，华洋杂处，易滋事端，一或不靖，所关匪细”[1]。在清政府的重视下，李鸿章坐镇天津，筹办水师学堂、武备学堂、电报学堂、医学堂等，大举兴办“洋务”近20年，使得天津成为北方“洋务”的中心。随着“洋务”的推进，天津民用工业，诸如采矿、冶炼、纺织，以及航运、铁路、电讯等得以迅速发展，在客观上促进了天津工商业的发展，为私立南开大学的创建奠定了基础，为其专业设置、培养目标的设定提供了现实参考。

2. 师道传承

就张伯苓父亲张久庵的期望来看，张伯苓进入北洋水师学堂，不是理想选择，实则是其家庭经济困难，加之水师学堂的入学条件十分优渥使然（从北洋水师学堂章程中可知：考取学童，除给饭食外，第一班每月给赡银一两，第二班每季给衣履费银二两，第三班每季给衣服费银一两。俟学业进益，再为递加。后又改为新生每月赡银四两，且学成之后荐报二三品官阶[2]），而这使张伯苓的人生轨迹发生了重大转折。北洋水师学堂由洋务派中坚人物李鸿章于1880年奏请清廷设立。时任水师学堂的总教习为刚从英国格林威治海军学院学成归来的严复。严复重西学，提倡新式教育，其翻译的《天演论》以“物竞天择、适者生存”的观点激发着国人救亡图存的勇气。

不管是李鸿章，还是严复，都对张伯苓的早期教育起到了关键性的影响。他不仅从北洋水师学堂学习到了先进的西方科学知识，也继承了实学教育思想，形成了雷厉风行、果敢的处事风格，这段经历还塑造了其独特的个人魅力。这种由军人出身带来的个人魅力对于张伯苓结交各类军阀、寻求办学经费有百利而无一害。

3. 严修对张伯苓的影响

亦师亦友的严修对张伯苓的影响不可或缺，主要体现在两方面：一是对张伯苓办学理念的影响。与一般封建官吏不同的是，严修虽受传统教育，饱读经籍，但对新式教育“情有独钟”，在担任贵州学政期间，曾奏请朝廷设“经济特科”。严修倡导实学，南开不负严修期望，在早年开设的为数不多的科目当中，就有商科、矿科等“经济特科”。可以这么说，私立南开大学的创办即是严修教育理想的再现。二是在办学过程中，严修对张伯苓多有指导。张伯苓在1934年秋季入学典礼上表达了对严修的感激之情：“个人万幸，遇到严先生……我个人真万幸，在严先生的指导下作事。”[3]除了工作上的指导，严修在人力、物力、财力上更是对张伯苓支持有加。当然，严修这样的支持，不仅是为了张伯苓，更是为了严、张二人共同的理想。

在诸多方面的影响下，张伯苓开展了独特的实学教育实践，在同时代教育家中，具有鲜明的个人特色。

---

1 来新夏 . 天津近代史［M］. 天津：南开大学出版社，1987：101.

2 高时良 . 洋务运动时期教育［M］. 上海：上海教育出版社，1992：437–444.

3 王文俊，杨珣 . 张伯苓教育言论选集［M］. 天津：南开大学出版社，1984：185.

二、“力行不懈　笃实践履”：张伯苓实学教育实践

张伯苓的实学教育实践主要体现在教育方针、教学内容、学生的培养目标，以及关于学校规模和师资上，具体如下。

（一）教育方针：“土货化”教育方针的提出

私立南开大学在草创时期，以西学为“主体”。1917 年，张伯苓远赴美国哥伦比亚大学师范学院学习考察。归国以后，遂以哥伦比亚大学为模板，全盘推行美式教育。“所用教材除国文和历史外，一律是美国中学或大学的英文教材”[1]，甚至在校园内开设美国书店——伊文斯书店，便于学生购买美国书籍。当然，这样的全盘西化招致传统派人士的责骂，当年就学于南开的周恩来对此也有“批评”，“五四时期，我跟张伯苓先生说过，我从中学三年级起，耳朵里就不大听中国话了。除开国文课，还有一个中国先生讲中国话外，英语、代数、三角、几何、历史、地理、物理、化学……都是用英文教，用英文教本。直到现在，还有一些科学术语，要我说中国名字，我还说不出来。你们看，把一个青年搞成这个样，还有什么办法跟中国的实践相结合呢！”[2]除此，真正促使南开大学走上跟“中国的实践相结合”道路的是 1924 年商科学生宁恩成在《南开周刊》发表《轮回教育》一文所引发的“轮回风波”事件。文章尖锐指出南开大学在课程设置、学术研究上的过度“西化”，脱离了中国的实际情况。这一风波，使得张伯苓开始深入思考如何引进、消化国外的教材和课程设置，使之适应国情，也即思考什么样的教育最适合国内的现实环境。

就认识本身的规律而言，需不断摸索。张伯苓在教育如何立足国情、服务国情方面也在不断地尝试。如 1926 年设“社会观察”课，即通过走访企事业单位，实地考察使得学生充分了解工作的对象、环境，为将来走上社会、服务社会做足准备。经不断改革探索，终在 1928 年的《南开大学发展方案》中明确提出南开大学要以“土货化”为今后的教育方针。所谓“土货化”即以中国历史、中国社会为学术研究背景，以解决中国问题为教育目标。为避免研究范围过于宽泛，特设置三个标准加以规束：一是各种研究必须以一具体的问题为主；二是此问题必须为现实社会所急需解决者；三是此问题必须适宜于南开之地位。[3]此外，1929 年张伯苓远游欧美，目睹各国的发展情形，对比国内的满目疮痍，愈加认识到中国的落后在于教育的落后，而教育的落后即在于不能使教育“土货化”。这次远游，使张伯苓坚定信念，在南开大学力推“土货化”教育方针。

这以后，南开大学在课程设置、教材编写、培养目标等方面与国内的实际情况结合得越来越紧密。

1　郑致光．张伯苓传［M］．天津：天津人民出版社，1989：5.

2　转引自郑致光．张伯苓传［M］．天津：天津人民出版社，1989：54.

3　王文俊，梁吉生，等．南开大学校史资料选（1919—1949 年）［M］．天津：南开大学出版社，1989：39.

（二）教学内容：注重基础知识的传授以及实用技能的培养

张伯苓在办学实践中注重基础知识的传授和实用技能的培养，主要体现在以下几个方面。

1. 学科及课程设置偏重实用技能、应用知识的掌握

南开大学在筹备伊始即注重实用能力的培养，在科目、经费“简单而微小”的情况下，设置了以实用技能培养为主的理科与职业科。[1]这样的学科设置基本奠定了南开大学今后的发展格局。1919年，私立南开大学正式成立，由于条件所限，设置的科目为文科、理科、商科。1921年受李组绅捐助开设了矿科。1930年春，应当时教育部要求设置学院制度，将文、理、商三科改为文、理、商三学院，分设历史、政治、经济、数学、物理、化学、生物、商学、会计、统计、银行等十一系。是年又添电气工程及医预两系。1932年，经整合，新增经济学院，内设农业经济系、工业管理系、运输学系、经济史系，以及统计学系等五个系。

此外，在课程设置上也多以传授应用知识为主。以1923年商科为例，该年度商科共开设了19门科目，其中基础学科有经济学原理、商法、商业历史、投资学、商港学等，其他均为实践性、操作性很强的科目，如广告学原则、商业英文、银行运用、商业组织及管理等。除此，还设有银行实习部、统计实习部、会计实习部等，专供学生实习具体操作而用。除却商科，文科的课程设置更能直观说明南开大学的教学内容和目的。1927年，时任文科主任的黄钰生在《采集中精力政策以振兴文科计划书》中表明了文科在集中精力和政策之后应培养“应用上、学理上之中坚人才”，然而“无论其为应用，为学理……其研究对象，当然以中国的政治、经济为主体，为实用计”[2]。

从学科设置以及课程安排来看，私立南开大学注重实用技能、应用知识的学习，以培养适应社会需要的应用型人才为主。值得一提的是，南开同时还设有自己的工厂，设有铁、木二科，自制桌子、文具等用品。当然，作为民办高校来讲，办学经费是“永远的痛”，好在张伯苓能够到处“化缘”，维持学校的正常运转。设工厂一方面是为了增加办学经费，另一方面也是为了给学生提供更多的动手机会，增强实际操作能力。这也从侧面反映南开大学在教育上重培养技能型人才，而不是“四体不勤”的旧式读书人。

2．拥有完备的教学、实验设施

对于以培养实用人才为主的大学来讲，教学、实验设施的完备与否至关重要。按常理，理科、商科相比文科而言，所需办学经费甚巨。于私立南开而言，即使在草创时期，经费不充裕的情况下，依然开设理科、商科，为社会培养有能力“服务中国”的年轻人。当然，为完成这样的目标，仅开设理科、商科是不够的，还需要与之配套的各类设施。私立南开大学虽办学经费有限，但在教学、实验设施方面投入良多，为人称道。

以1934年的图书馆为例。截至1934年9月底，图书馆共藏书139 623册，其中西文书24 080册，

1　王文俊，梁吉生，等．南开大学校史资料选（1919—1949年）［M］．天津：南开大学出版社，1989：2.

2　同上，第203页。

占总数的 17.25%；西文书共 10 大类，其中自然科学、社会科学的图书最多，占西文书总数的 61.52%。[1] 此外，作为最新学术成果的重要载体，南开非常重视杂志的订购。馆内中日杂志约有 230 种，累计 7000 余册；西文杂志刊物约 320 种，累计 5000 余册。[2] 对于学生不足 500 人的大学来说，在资源相对匮乏的年代，这样的藏书量难能可贵。另外，中西文书籍比例以及引进西文书籍的侧重点，可以佐证南开课程设置的价值取向———以实用性课程为主。

再者，具体到各系，同样可以看出私立南开教学、实验设施的完备。如物理系，该系设普通物理实验室，电学、光学、热学实验室，以及发电室、无线电室等，所需设备多来自美国，务求“学者能应用各种最新之重要仪器，以养成实验技能”[3]。再如数学系，1930 年教育部曾有官员视察南开时说道：“（南开）数学系购有 13 种曲面及曲线数学标本，为国内其他大学所不经见者。”[4] 这样的“不经见”不仅在数学系如此，在化学系依然如此。当时国内化学实验中需要的燃料均为酒精，但酒精火力不够，于是南开首创用瓦斯替代酒精作为燃料，其他高校得知，争相效仿。这些条件，相比国外一流高校，尚有一定的距离，然从当时现代科学尚处萌芽状态的国内环境来说，已属不易。

南开在教学、实验设施上的投入，有力保障了学生牢固掌握知识的需求。这些完备的设施在全国私立大学乃至国立大学都非常罕见，这也是众多南开学子回忆求学生涯时引以为傲的地方之一。

3. 鼓励学生走向社会，了解社会

围绕办学目的，在如何培养对社会有切己感受的现代国民方面张伯苓做了两方面的尝试。一是加强校企合作，如 1929 年南开与塘沽久大、永利、黄海三家公司合作，彼此约定定期互访、调查；[5] 二是于 1926 年开设“社会观察”课，经张伯苓指定，由赵漠野先生负责一切具体事务。“社会观察”课的设立，有如下几个目的：培养学生实际观察能力；谋学校生活与社会生活之联络；注重以客观的事实作为学术研究之根据；作将来课程改造之科学的基础；引起学生兴趣作将来择业之准备；将研究观察结果，报告社会，供将来解决问题时的参考。[6] 观察范围囊括了政治、司法、交通机关、工业、商业、教育等几乎社会上所能涉及的所有机构团体。不管是校企合作还是设立“社会观察”课，其目的一致，即让学生更多地了解国家、社会，当然最现实的是了解今后的工作环境、工作内容，为将来谋事提供见习的机会。

（三）培养目标：三育并进而不偏废，强调学生的全面发展

对于培养什么样的人才，张伯苓有着自己的思考。“知中国、服务中国”的前提在于要知晓当下社会

1 王文俊，梁吉生，等 . 南开大学校史资料选（1919—1949 年）［M］. 天津：南开大学出版社，1989：297–298.
2 同上，第 299 页。
3 同上，第 218 页。
4 同上，第 46 页。
5 同上，第 285 页。
6 同上，第 46 页。

状况，并在此基础上掌握一技之长，从小处说是谋生，从大处说是服务并促进社会发展。如果仅从这个角度来理解张伯苓的实学教育，则显得偏狭，误读了张伯苓实学教育的真义。这也是张伯苓被同时代的教育家们讥讽为“只配做职业学校校长”的原因所在。若对张伯苓的办学实践足够了解的话，可以发现张伯苓不单纯要培养学生将来谋事的技能。事实是，张伯苓对于学生培养有着更高的追求，即培养具有现代意识，且适应社会发展的现代国民。1930 年，张伯苓在与全校学生谈话中提到这一点，明确表示南开今后教育的目标当注重三点：（一）造成量大、眼光远之青年；（二）造成真正之领袖人才；（三）养成勇敢、果断、有远见、有魄力之国民。[7] 为达此目标，张伯苓坚持“三育并进而不偏废”，且“特别注重于人格教育，道德教育”[8]，使之德智体全面发展。

1. 注重道德养成教育

张伯苓虽注重实学，但重“技”而不轻“道”。张伯苓跟同时代的多数教育家们一样，对于道德教育养成的看法大体一致，即都认为道德乃修身之本。1925 年，张伯苓在南开大学商学会成立大会上明确指出，对于商学会的学生而言，“研究学问，固然要紧，而熏陶人格，尤其是根本。‘君子不重则不威，学则不固’，个人人格是很要紧的”[9]。虽诸位教育家们对于道德教育的看法大体相似，但教育方法则因人而异。于张伯苓而言，修身课为其标志性的做法，这在《张伯苓先生纪念集》中被南开学子多次提及，原因在于，南开的修身课不同于以往晚清强调的“三纲五常”“明人伦”式的修身教育，有其新颖之处。

其一，南开的修身课多以讲座的形式进行，不同于传统“读经”式的教条传授。课程由校长张伯苓亲自开讲，讲课不带书，所讲内容涉及“为人作事、处事治学”，更加贴近日常生活。

其二，除了张伯苓亲自开讲外，南开还广泛邀请知名学者、社会名流、贤达人士来校演讲，如梁启超、范源濂、胡适、杜威、陶行知、蔡元培、全绍清等都曾在南开演讲过。南开的讲座不仅质量水准有保证，而且数量也非常“可观”，以至于有学子在回忆当时的讲座“盛况”时，特别说到在四年里共听了上百次演讲。[10]

其三，为更好地开展道德教育，学校设学生指导委员会。委员会由教务长、秘书长、斋务指导员以及由校长指定的另外三位教授组成，负责学生良好品格的养成。然而，单纯说教不能解决所有问题，惩戒变得非常必要，《私立南开学则》中明确规定：学生有品行不良者，令其退学。[11]

尽管有些规定今天看来略显苛刻，修身课所讲内容也以“实用性”为主，但这些凝结心血的措施足以说明张伯苓对于道德教育的重视。

7　王文俊，梁吉生，等 . 南开大学校史资料选（1919—1949 年）［M］. 天津：南开大学出版社，1989：46.

8　郑致光 . 张伯苓传［M］. 天津：天津人民出版社，1989：14.

9　梁吉生 . 张伯苓的大学理念［M］. 北京：北京大学出版社，2006：20.

10　高荣生，高源 . 张伯苓先生纪念集［M］. 台湾：文海出版社，1975：121.

11　王文俊，梁吉生，等 . 南开大学校史资料选（1919—1949 年）［M］. 天津：南开大学出版社，1989：144

2. 提倡自治

学生自治为中国20世纪早期高校学生管理的一种“流行风潮”[1]。在这种风潮的浸染下，南开也不例外，在学生管理中积极引入学生自治。1921年，南开因疫停校，校长张伯苓率师生数人，前往香山京西慈幼院商讨校务（简称“香山会议”）。这次会议确立的学校组织方针有三：一是校务公开；二是责任分担；三是师生合作。[2]该方针从指导思想上明确学生在校务中扮演的角色，为学生自治提供了“理论基础”。在随后的提案中，明确提出要发扬学生自治精神，理由有四：一是造成合于共和国之国民；二是养成自由独立的人格；三是发达个性；四是实行互助。[3]在学校的倡导下，许多爱好、志趣相合的学生纷纷成立自治组织，诸如学生会、女同学会、青年会等。

然而，学生自治毕竟是舶来品，存在着吸收、消化，进而适应本国国情的转化问题。从20世纪初学生自治在各高校中的表现情况来看，可谓“乱象丛生”，时有干预校政、扰乱教学秩序之举。对于学生自治，张伯苓不是空喊口号，而是要让学生自治在实际操作中真正起到效用。“香山会议”除了通过“学生自治案”以外，为让学生自治具有可操作性，特设辅导员以辅助自治；废除班长，改设值周生，每周轮换。看似简单的措施，却最大限度地还原了学生自治的本质，取得了很好的效果。类似北大的“讲义费风波”、国立东南大学的“易长风波”等事件，南开始终没有发生。

3. 倡设学生社团

南开社团可谓丰富多彩。以1924年为例，当年私立南开大学学生共325人，[4]常设的学生组织有学问组织（教育研究会、文学会、政治学会、经济学会、商学会等）、事业组织（毕业同学会、平民学校、各省同学会等）、娱乐组织（音乐会、唱歌会、新剧团、旧剧研究会等），以及运动组织（年级运动会、全校运动会、各球会等），总数达26个之多，此外还有其他临时组织，如国语竞赛会、教育考察团、商业考察团等。从个人来讲，张伯苓乐于支持社团建设。1944年，其在回顾南开四十年来所走的历程时提到，南开为了更好地培养“应用型”人才，主要做了五个方面的事情，其中就有“团体组织”一项。张伯苓之所以提倡社团，主要目的在于使得学生有练习做事，增长才干，锻炼能力的机会。事实上，经张伯苓的努力，南开社团确实也培养了一批优秀人才，如著名戏剧家曹禺、周恩来总理都曾经是话剧团的主要成员。

当然，作为教育家，张伯苓对于社团“情有独钟”有两方面的考虑。一方面，如前所说，社团能带给学生更多练习做事和参加活动的机会；另一方面，也是基于对国民性的深刻思考。张伯苓曾借胡适之口，认为当下中国人存在“五大恶魔”：穷、乱、愚、弱、私。张伯苓尤其强调“私”为“五大恶魔”之首。而“私”的问题，唯有通过团体组织来学习和养成公共生活的习惯，才能发达民治，培养健全之人。也只有这样的人才能更好地适应并推动社会发展。

---

1 金国．中国近代高校学生管理中的“自治”与“他治”述评［J］．高校教育管理，2013（2）．

2 梁吉生．张伯苓的大学理念［M］．北京：北京大学出版社，2006：10.

3 王文俊，梁吉生，等．南开大学校史资料选（1919—1949年）［M］．天津：南开大学出版社，1989：124.

4 同上，第426–427页。

4. 注重体育

张伯苓对于体育的重视没有停留在章程设计层面，而是将重视落到实处。如南开有为人称道、配备完善的体育设施。1925 年，教育部专员刘百昭视察南开大学，并在随后的记者谈话中提道：南开体育场面积宽广，篮球、网球及各项体育器具均系新式。[1] 再以 1932 年为例，当时南开在校生共 422 人，[2] 体育设施如下：大运动场 1 个，田径场、足球场各一；篮球场 4 个，排球场 2 个，网球场 3 个。[3] 在今天看来，这样的设施对于 400 余人的学校而言也堪称完备。关于张伯苓与体育，孙海麟于 2007 年、2008 年分别出版了《中国奥运先驱张伯苓》与《中国奥运第一人：张伯苓的故事》，书中对张伯苓之于体育的重视、贡献做了详细的叙述，本文不再赘述。

张伯苓对于体育的重视源于其教育背景。培养海军的北洋水师学堂对于张伯苓的影响是深远的，军人出身的张伯苓对于体育的重视不言而喻。尽管张伯苓之前的众多教育家们亦有不少人提及对于体育的重视，比如严复提倡“鼓民力”、蔡元培倡导“军国民教育”等，但究其重视程度、取得的成效及社会反响而言，张伯苓首屈一指，堪称近代教育史上提倡体育教育的先驱。

（四）学校规模与师资：严格控制学生数量、延请名师

私立南开大学在办学中始终脚踏实地，不好高骛远，严格控制学生数量。1930 年张伯苓对教育部派往南开视察的官员说道：“南开在十年之内，大学生决不扩大至 500 名以上。”[4] 即使经费紧张，也不随便多收学生。私立学校办学经费是至关重要的，张伯苓为了办学经费四处奔波，自称化缘和尚，主张“欠债办学”的理念。在此情况下，张伯苓也不会因为经费问题多招生，增加收入。他在 1934 年致南京政府教育部《天津私立南开大学申请补助书》中写道：“高等教育，重质不重量。属校创立之始，即限定学生人数，15 年来，无论经费困难若何，亦不肯以多招学生、多设大班为解决困难之办法。”[5]1934 年 6 月，他在分致罗家伦、郭任远的信函中也说道：“敝校以私立学校，既不肯多收学费，广招学生，以增收入，又不肯多设大班，减轻设备，以省开支。理工各科无论矣，即文、商各科，亦必班限其小，误求其勤，以与理工同切实。”[6]

在严格控制学生数量的同时，张伯苓亦广泛延请名师讲学，使之形成的氛围如萧公权所说，“学生专心向学，教员认真授课。教员的人数不多，但多有实学专长”[7]。1987 年，吴大猷在台湾《中央日报》上发表《南开大学和张伯苓》一文，文中列举了部分南开教员，从名单来看，可谓网罗一时俊彦，诸如：

---

1 王文俊，梁吉生，等 . 南开大学校史资料选（1919—1949 年）［M］. 天津：南开大学出版社，1989：36.

2 同上，第 117 页。

3 同上，第 314 页。

4 同上，第 46 页。

5 梁吉生 . 允公允能　日新月异——南开大学校长张伯苓［M］. 济南：山东教育出版社，2003：34.

6 梁吉生，张兰普 . 张伯苓私档全宗（中卷）［M］. 北京：中国档案出版社，2009：879.

7 王文俊，梁吉生，等 . 南开大学校史资料选（1919—1949 年）［M］. 天津：南开大学出版社，1989：68.

邱宗岳（化学）、姜立夫（数学）、饶毓泰（物理）、蒋廷黻（历史）、何廉（经济统计）、薛桂轮（矿）、李济（人类学）、杨石先（化学）、黄钰生（心理）、汤用彤（哲学）、陈礼（物理）、李继侗（生物）、谢明山（化工）、张克忠（化工）、陈序经（经济）等。当然，这其中也有教员后因各种原因离开南开，别就他校的。最让人关注的是 1929 年三位知名教授（蒋廷黻、肖蘧、李继侗）相继离开南开他就清华大学。宋秋蓉教授在其《1929 年私立南开大学教授流入国立清华大学的分析》一文中对此有深入分析，其中经济是非常重要的原因之一。[1] 这一事件从侧面反映，作为私立大学的南开，相比经费充裕的清华、燕京、北大，以及同城的国立北洋大学等诸大学在延揽师资上处于劣势，但即使如此，张伯苓在师资引进上仍不遗余力，网罗方家。

在经费有限的情况下，严格控制学生数量，尽其所能聘请优秀教员是学生掌握技能、学有所成的重要保障。

三、“绩著南开、垂范后世”：张伯苓实学教育评述及现代启示

甲午战争之后，国家孱弱，张伯苓及同侪不得不思考何以救中国。“教育救国”是知识分子们的普遍想法，尽管有人批评“教育救国”过于迂腐，但对于 20 世纪初的教育家们而言，“教育救国”的确是能从根本上改变国家现状的路径。张伯苓“弃戎从教”类似于鲁迅先生“弃医从文”。鲁迅弃医从文是想通过改造国民性，重塑国民精神。而张伯苓以及同辈教育家们则更进一步，在改造国民性的同时更强调“受业”，注重实学教育，使得学生毕业之后能用自己的实际行动“服务中国”，进而逐步改变国家贫穷落后的现状。

“土货化”教育方针的提出，是张伯苓实学教育走向成熟的关键一步，明确教育宗旨在于“知中国、服务中国”，在此教育方针和宗旨的统领下，私立南开展开了一系列的改革，诸如在课程设置上，更加偏重基础知识的传授及实用技能的培养；在教材的编写和选用上，更加立足国情，以解决当时国内所遇到的各类问题，认为教育不应该与社会脱节；[2] 在学生培养上，重“技”而不轻“道”，注重道德教育，“三育并进而不偏废”，强调学生的全面发展，培养适应社会发展、具有现代民主意识的应用型人才；此外，还严格控制学生数量，延请名师执教，这是实学教育思想得以贯彻的重要保障。

综观私立南开大学的办学实践，可知张伯苓的实学教育在诸多影响之下，继承和发扬了晚清实学精神。当然，经其“力行不懈、笃实践履”的努力，私立南开大学在办学实践中形成了特点鲜明的实学教育理念和做法，值得后人学习，所取得的成绩让世人称道。“绩著南开、垂范后世”是其真实写照和总结。

岁月如滔滔江水，张伯苓的时代一去不复返。今天重温和回顾张伯苓实学教育的意义在于从中国近代

---

1 宋秋蓉 .1929 年私立南开大学教授流入国立清华大学的分析［J］. 现代大学教育，2012（3）.

2 高荣生，高源 . 张伯苓先生纪念集［M］. 台湾：文海出版社，1975：17.

大学的发端找寻高等教育改革真正有价值的地方。尽管事过境迁，但张伯苓的实学教育实践，依然有值得资鉴的地方。

1. 坚定的教育信念

张伯苓之所以要创办私立南开大学，其本质在于对“教育救国”信念的坚持。“教育救国”是目的，“经世致用”是方法。张伯苓对于实学的重视是毋庸置疑的，并且终其一生为社会培养了无数人才。南开大学之所以能够蜚声海内外，与张伯苓对于教育信念的坚持不无关系，教育信念既是其一切具体办学实践的内在动力，也是前提和基础。当然，时代不同，教育信念的内涵有别。但不管时代如何更迭，对于执掌大学的校长们而言，教育信念坚定与否至关重要。对于现今亦步亦趋，更倾向于迎合社会发展需求的大学来说，所谓教育信念，即坚信通过教育可以引领或改变当前社会风气的信念。

2. 开放的心态

张伯苓在实际办学过程中，也曾遇到各式各样的困难和挑战，也曾迷惘和困惑过，但始终没有动摇过。对于如何办好高等教育，张伯苓没有故步自封，而是走出国门，考察日本、欧美等先进国家的办学方法，吸取经验，为私立南开大学的创办、发展提供参照。在办学的过程中，与同时代的教育家们一样，他也面临着如何吸收、转化国外教育经验以适应国情的困惑。在此过程中，张伯苓始终保持着开放的心态，不回避问题，正视不足之处，“土货化”教育方针的提出，是其开放心态的客观体现。较张伯苓的时代，今天的大学依然会遇到各种各样未曾遇到过的挑战，面对这些挑战的时候，能否用一个更加开放的心态来迎接挑战，则关乎大学的未来。

3. 立足现实，遵循教育规律

立足现实、遵循教育规律是私立南开大学得以取得成功的关键。就立足现实而言，对于目前面临就业压力的高校来说，张伯苓提出的“知中国、服务中国”“三育并进”“允公允能”的办学理念值得研究和借鉴。就遵守教育规律而言，张伯苓有着清醒认知，即高等教育“重质不重量”，不在于培养数量的多少，而在于培养的质量如何。尽管办学经费紧张，张伯苓始终不愿意通过盲目扩招来扩充经费。如前所述，张伯苓曾在 1930 年表达过这样的决心：南开大学十年之内，学生人数决不扩大至 500 名以上。对于扩招与否的问题，2008 年 11 月 6 日，中国科技大学原校长朱清时接受《中国青年报》采访时也表达了同样的看法，他说：“我们科大的使命就是培养国家尖端的科学技术人才。我们的任务是尽可能提高学生的水平，而不是学生的人数。”[1] 当然是否扩招取决于高校自身的定位以及对于教育规律的认知。张伯苓和朱清时所反对的是无视教育规律的盲目扩招。

4. 开拓创新精神

私立南开大学在发展过程中有很多创举，比如加强校企合作；比如以演讲的方式开展修身课，不但张伯苓自己讲，而且广邀一时俊杰，一同参与修身课的讲授；再比如南开的“全教育体系”，1937 年以前，

1　黄冲 . 朱清时院士：学校是净土，社会才有希望 [N]. 中国青年报，2008-11-06.

南开已经形成了从小学、中学到大学的完整教育体系，这是同时代的教育家们所不及且称羡的地方。类似的例子还很多，此处不再一一枚举，所举这些足以说明张伯苓在教育上的开拓创新精神，这也是现代大学校长们所必须具备的品质之一。

［作者：金国，苏州大学教育学院副教授，硕士生导师；胡金平，南京师范大学教育科学学院教授，博士生导师。原题为《张伯苓实学教育思想及其践行》，载《河北师范大学学报（教育科学版）》2013年第1期］

附：

张伯苓致孔祥熙[1]信札

1 孔祥熙（1880—1967），字庸之，号子渊，山西太谷人，祖籍山东曲阜，是孔子的第七十五世孙。孔祥熙长期主理国民政府财政，任中华民国国民政府行政院长兼财政部长。孔祥熙的妻子是宋霭龄，他与宋子文、蒋介石为姻亲关系。

2 指九一八事变，又称奉天事变。

3 1934 年 11 月 1 日，南京国民政府财政部撤销河北省财政特派员公署，设置冀晋察绥统税局，宁恩承、关吉玉担任正副局长。局下设四课，管理卷烟、棉纱、麦粉等项统税的稽征事务，以及保管、发放统税单照及凭证等事宜。

释文

取信人：孔部长

住址：南京财政部

事由：介绍黄恕鉴

发信日期：二十五年八月二十日

附记：黄恕鉴面呈

庸之大哥左右：自违教语，思与时积，入秋追维，政履凝釐。

勋祺笃祐。兹有恳者。敝校学生黄君恕鉴，于东北变[2]起入关，就事于大部所属冀晋察绥区统税局[3]内。颇著成绩，人极诚笃，勇于任事，操守尤极可信，弟所深知。此次辱承大部税务人员任用审核委员会考核，认为合格通过，并经吾哥批准候用。弟复为介一言者，素审吾哥为国家留意廉洁有为之材，故敢渎恳尽先录用，弟素不肯轻予人以推毂，吾哥当谅其非随便说项也。附呈黄君自具节略一纸，敬希赐察，秋凉百惟为国保爱，专肃奉恳，敬颂勋绥。

拜启　八月廿日

按语

1936 年 8 月 20 日，张伯苓致信孔祥熙，信中介绍其校学生黄恕鉴，称其在东北变故后入关，在冀晋察绥区统税局内工作表现优异，诚笃可靠，勇于任事。黄恕鉴通过税务人员任用审核委员会考核，已获孔祥熙批准候用。张伯苓特为其推荐，希望孔祥熙优先录用，并强调自己不轻易推荐他人。信末，张伯苓附上黄恕鉴的简历，并表达对孔祥熙的敬意和祝愿。

11

編號 NO.

南開大學經濟學院函件稿紙

收信人	孔部長	住址	南京財政部
事由	介紹黃然堂		
發信日期	二十五年八月二十日	負責人簽名	
附記	黃然堂面呈		

庸之吾兄左右：自違
教誨，忽忽時積，入秋遙維
政履綏釐。
茲謹瀆者，敝校學生黃君然堂，於東
北變起入關，就事於
大部所屬冀晉察綏區統稅局內，頗著成績，人
極誠篤，勇於任事，操守尤極可信，弟所深知。此次
應承
大部稅務人員任用審核委員會考核，認為合格通
過，並經吾
兄批准候用，弟謹為介一言者，素審吾
兄為國家留意廉潔有為之材，故敢瀆懇

第　頁

【印件III】

12

編號 NO.

南開大學經濟學院函件稿紙

收信人		住址	
事由			
發信日期	二十　年　月　日	負責人簽名	
附記			

儘先錄用。弟（次2）素不肯輕予人以推轂，吾
兄當諒其非隨便舉說項也。附呈黃君自具
節略一紙，希即
賜察。秋涼，百惟
為國保愛。專肅奉懇，敬頌
勛綏

弟 廉 八月廿日

第　頁

【印件III】

口字房大火钩沉

百年前南高师郭秉文校长的校园重建

缪瀚宇

一、南京高等师范学校的发展与郭秉文的教育改革

郭秉文

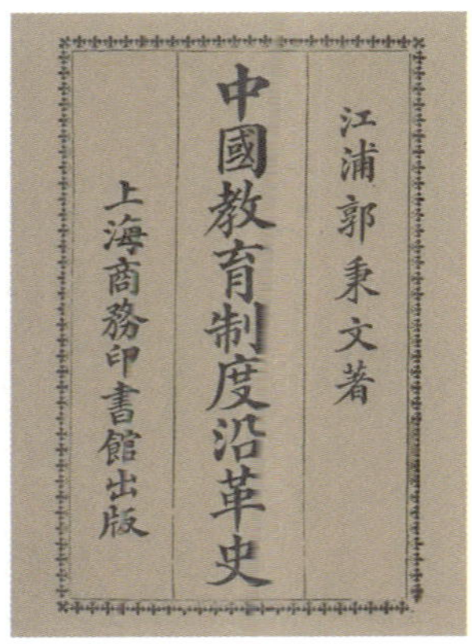
江浦郭秉文著
中國教育制度沿革史
上海商務印書館出版

《中国教育制度沿革史》书影

郭秉文（1880—1969），字鸿声，江苏江浦人，生于上海青浦，早年毕业于上海清心书院，1908 年远涉重洋，1911 年入哥伦比亚大学攻读教育学，在校期间凭借《中国现代学校的教师》获得硕士学位，1914 年又以《中国教育制度沿革史》一文获博士学位，成为中国最早的教育学博士。

归国后，他参与了南京高等师范学校的筹办，先后担任教务主任、代理校长、校长，复任国立东南大学首任校长。20 世纪 20 年代，郭秉文曾连续三届当选世界教育会副会长兼亚洲分会会长，于抗战胜利后出任联合国远东救济总署副署长兼秘书长。郭秉文先生之手迹，无论公私收藏，均较为罕见，现在就让我们一同走近大师手泽，发掘其背后的校史，感念那段难忘的岁月。

南京师范大学的办学渊源可以追溯到时任两江总督的刘坤一、张之洞于 1902 年创办的三江师范学堂。在学堂监督李瑞清的主持下，学堂发展势如破竹，于 4 年后更名为两江优级师范学堂，至 1914 年又改为南京高等师范学校，继而由郭秉文担任校长。

凭借着对教育事业的热诚与毅力，郭秉文对学校进行了轰轰烈烈的教学改革，曾先后邀请任鸿隽、杨杏佛、过探先、陶行知、陈鹤琴等留美学者加

盟以支持学校建设。学校一时名师荟萃，俊彦云集。在郭秉文任职期间，实施“训育、智育、体育”并举和“通才与专才、人文与科学、师资与设备、国内与国外”平衡的办学方针，推动了大学的教育改革，实现了“寓师范于大学”的理想规划，南京高等师范学校成功转型为一所具有现代意义的综合性大学。

二、南京高等师范学校行政中心建筑——口字房百年前的那场大火

作为南京高等师范学校的行政中心，口字房建造于1906年，因外观轮廓型如“口”字而得名。其样式为西式风格的二层楼房。该大楼屋顶设有通风口，四边连接，围合而成庭院，中间为广场，楼内同时设有监督室、教务长室、庶务长室、齐务长室等办公室，以及教室、实验室、仪器馆和图书馆等。据《农学求新会月刊》记载，各系预备室及图书馆，如教育科、农科之生物系、农业系、畜牧系之预备室、棉作研究室、物理实验室等皆设在此处。

自辛亥革命爆发以来，两江师范学堂被军队先后占据，即遭停办，校舍和学校设备受到严重破坏，共有192间校舍被焚毁，其中口字房受损稍轻。1914年，南京高等师范学校在两江师范学堂原址上筹备建立，随即对口字房进行了大规模的修葺。

1923年12月11日夜晚11时，跨越两江师范学堂、南京高等师范学校历史的校园主体建筑——口字房因漏电失火，楼上下120间房屋遭到焚毁，现场灾情严重。

据当年《东方杂志》20卷24期记载：“火灾，发生于十二月十一日夜半十一时，延烧至二时三十分而熄……十二时，西南面楼上走电起火，霎时上下四周，均已延烧，校内校工，尽力施救，各消防队，亦闻警驰至。惟天气亢旱，风势甚紧，加以南京地方，尚无自来水，建筑形式，复易于延烧，不及三时，全部俱尽。”

南京高等师范学校口字房

关于起火原因，《申报》1923 年 12 月 16 日报道："为西南角廊檐前电灯走火，加以当时风势猛烈，火焰分两道燃烧，一由南而东，一由西而北，至东北角相遇适成一对角线，楼上下各科系之图书仪器标本，付之一炬……"

虽然学校及时组织学生、校役合力拉倒与学生宿舍及化学药品储藏室、实验室相连的走廊，以切断火势，但教务部、藏书室、物理仪器室、生物标本室、农业仪器室、棉业仪器室，以及文理农工教育各科的办公室、各系的预备室等为全校精华之区，全部一炬成灰，故而当时国内学者无不有闻而短气之感。

口字房西面倒墙及碎砖瓦之状，物理仪器室即在此处

三、郭秉文校长的火灾善后与校园重建

五十年后，南京师范大学文学院老教授段熙仲先生回忆起当年的火势，仍心有余悸："1923 年夜中口字楼竟付一炬。我亲眼看着柳诒徵、陆志韦两位学者各由两位同学扶着，望火痛哭。另外有两位同学，一是欧阳翥，一是蒋希曾，不畏烈火冲入大火熊熊的口字房正在焚烧中的注册组，抢救出全校学生的学习成绩表，学校中最重要档案性文件。"

这场大火，虽经及时扑救，但学校损失惨重。郭秉文校长及时制定了五条善后方案：

一、召集全体教职员会议报告善后方法，分发损失调查表，由各科系主任填写，二两日内收集齐，损失三四十万金，除一部分为保险金补偿，其他募集；

二、师生一律上课，凡课程不在口字房上课者，十四日起，照常上课，原在口字房的，教务部设法支配，在体育馆、图书馆、一字房等处，定十七日一律上课；

三、定购书籍仪器；

四、规划新建筑，新校舍计划因火体建设建筑科学馆；

五、同学捐款，设法筹款。

从这场火灾的善后工作中，足以反映郭秉文校长在校园重建过程中乐观进取的厚生精神以及不畏艰辛的奉献精神。下面引用两位南京高等师范学校毕业生关于这场大火的回忆，说明这种乐观进取的厚生精神是如何影响学生的。

南高师学生吴俊升曾言：公以乐观进取精神感召学生，于口字房遭回禄时表现尤为深刻。忆火起后师生群集广场，群情未免沮丧。公在场犹态度安详镇静。向众表示口字房建筑原已陈旧不适用，现既然毁于火，此正改建之机会，将筹款另建更适用之楼宇，并宣布翌日照常上课。当时群情变沮丧为希望，颇获安慰。

另一位南高师学生宋兆珩回忆道：1923 年底口字房失火时，他曾冲进图书馆和地学系办公室，打开窗户，将重要图书仪器抛出窗外，由同学接运至安全地带。正忙碌间，被郭秉文校长见到，要他立即停下来。次日清晨，郭秉文巡视现场，见到他时微笑着向他解释说：救火、抢运图书，是好事，但学校已保有火险，青年人健康安全最为重要，所以命你停止。“抚余以示勉，其言蔼如，予我以极深印象。”[1]

在口字房大火时，郭秉文曾走上高坡高声勉之：“祸会福所依，火能毁之，我能建之……乌云过去，必大放光明，赖吾人自立奋斗。”事后，学生自治会倡议每位学生捐款 20 银圆，柳诒徵、邹秉文两教授提倡教职员捐薪一月，各地校友会闻讯召开专门会议，每人捐款 20 至 40 银圆。

南京师范大学博物馆收藏的南高师徐州同学会与郭秉文先生往还的信函即还原了当时的历史。1924 年 3 月 23 日，南高师徐州同学会致信表明希望将自捐及代募之款全数用于建筑南高院以留永久纪念。郭秉文在回信中表明“此次自捐及代募之款，将来集有成数，即以此款建筑南高院，永留纪念。具见诸君爱护母校之感心。已将来函交与全校建筑计划委员会细加讨论，大约须俟结束时核计毕业生部分捐款，究有若干，方能定夺耳”。此后，郭秉文又辗转向洛氏基金会筹得 20 万美元捐款。在不畏艰辛、不屈不挠的精神指引下，经过其多方努力奔走，募集重建款项，最终获得了成功。正如郭秉文夫人夏瑜对其评价：“他总尽最大的努力，做他应做的事。”

（作者：缪瀚宇，南京师范大学博物馆研究员）

1 耿有权 . 郭秉文教育思想研究［M］. 南京：东南大学出版社，2014：249.

附：

郭秉文与南高师[1]同学会徐州分会往还信札

1 1920年4月7日，郭秉文校长在南高师校务会议上提出，就南高师校址及南洋劝业会旧址建立一所国立大学的议案，得到与会者一致赞同。随即着手筹备。12月7日，国务会议通过，在南京建立国立东南大学。12月15日，东南大学筹备处正式成立。1921年8月24日至26日，东南大学、南高师同时招生，国立东南大学招收新生130人，南高师招收新生119人。1922年南高师停止招生，其最后一批学生17人，于1926年毕业。

2 1906年，徐州府尹袁大化创办徐州师范学堂，1913年2月，江苏省议会根据《壬子学制》和《师范教育令》在徐州设立省立第七师范学校，仍在徐州师范学堂原址办学，属中等师范，乃江苏最早省立师范之一。

3 冯策（1895—1958），字竹侯，江苏省建湖县上冈镇人，曾入南京高等师范学堂，受教于陶行知先生。毕业后赴日本考察，1920年回国后在南京高等师范学校任助教，后曾任徐州师范校长。

释文

鸿声校长先生尊鉴：

母校口字房前遭回禄，生等骤闻之下，悼惜殊深。昨奉毕业同学会通告，募款兴复，为意良善。生等受母校之甄陶，敢不量力输助，以观厥成。顷经旅徐同学会议，佥谓南高既并于东大[1]，则母校将消灭于无形，应将高师同学暨毕业同学自捐代募之款，全数建筑南高院以留永久之纪念，且留表深切之关系。

即于募款规程亦无不合之处。先生手创两校，备极苦辛，知源之议，必荷赞同也。敬布区区，伫候明教。专颂筹绥，惟察不一。

南高毕业同学会徐州分会十七人同叩

三月二十三日

覆寄徐州省立第七师范[2]冯竹侯[3]代收

按语

1924年，南高师毕业同学会徐州分会的17名同学联名致信郭秉文校长，表达对母校前遭火灾的深切悼惜。他们收到毕业同学会的募款通知，决定贡献力量支持复建。信中提到南高师已经并入东南大学，担心南高师的独立地位会因此消失，建议将南高师同学和毕业同学募得的款项用于建设南高院，以永久纪念并表达对母校的深切情感。信末表示希望校长能赞同此提议，并请校长明示。

鴻聲校長先生臺鑒母校口字房前遭
回祿生等驟聞之下悼惜殊深昨奉
畢業同學會函告募欵興復爲意
良善生等受母校之甄陶敢不量力
輸助以覩厥成頃經旅徐同學會議
僉謂南高既併於東大則母校將消滅
於無形亟將高師同學暨畢業同学
自捐代募之欵全數建築南高院以
留永久之紀念且留表深切之回像

中華民國十三年叁月廿七日

即於募欵規程亦無不合之處
先生手創兩校備極苦辛知源之議必
荷贊同也敬佈區區佇候
明教專頌
籌綏惟
察不一

南高畢業同學會徐州分會十七
人同叩 三月二十三日

覆寄徐州省立第七師範馮竹侯代收

释文

复计划建筑南高院

迳复者，来函浅悉南高毕业生此次自捐及代募之款，将来集有成数，即以此款建筑南高院，永留纪念。具见诸君爱护母校之感心。已将来函交全校建筑计划委员会细加讨论，大约须俟结束时核计毕业生部分捐款，究有若干，方能定夺耳。此复南高毕业同学会徐州分会。

郭〇〇

十三年三月廿七日

按语

这封信是由郭秉文秘书起草的底稿。郭秉文代表学校回复徐州分会，感谢南高师毕业生的捐款和爱护母校之心。信中提到已经将来函交给全校建筑计划委员会讨论，并表示待募款有一定数量后，将用于建筑南京高等师范学院，以永久纪念南高师的存在。具体计划要等募款结束并核计总额后再做定夺。

复计画建筑南高东院

建习舍、书画、讲堂、南高毕业生此次自指及代募之款，将来集

有成数，即以此款建筑南高院，永留纪念，足见

诸君爱护母校之盛心，已将来函交全校建筑计画委

员会细加讨论，大约须俟结果时校计毕业生即于指数完有

数年方能实举事。此复

南高毕业同学会徐州分会

郭〇〇启

十二年六月廿七日

孤独狂飙先行者
胡适的文学革命与文艺复兴

余晓明

一、胡适的思想革命与思想自由的演讲稿

1929 年，胡适在一次演讲中，讨论了“精神的建设”问题，强调“思想革命”和“思想自由”的重要性，要以思想的自由和革新来应对社会和文化建设的需求，呼吁青年在知识、学术和道德上积极探索（见后文所附胡适《建设时期中的根本需要及其应付方法》手稿）。

从该手稿可以看出，胡适的书法以简洁、平实、清秀见长，风格接近于他的文风，少有华丽修饰，追求自然流畅的线条，整体给人一种朴素、大方的感觉，带有现代文人的审美倾向，体现了他与中国传统若即若离的关系。

胡适在书法源流上主要受到颜真卿的影响，尤其注重结体平衡、骨力内敛。他仰赖传统的书法技巧，以辞达而已，内容和形式自然统一。因此，他的书法兼具了文学和书法的双重意义。

胡适的语言风格朴素自然，简洁明了，深受老师杜威的哲学思想与英美实验主义的影响。他倡导的文学革命，推动了汉语向白话文的革命性转变。他反对晦涩的文言文，以及文言文背后的传统思想与懒惰思维。胡适提倡以通俗易懂的白话文进行写作，使文字能够为普通大众所理解。在行文上，他逻辑清晰，结构严谨，善于运用简单、精准的词语表达复杂的思想。他的文字往往具有亲和力和启发性，带有浓厚的个人思考和独立精神，体现了他对现代思想和自由表达的追求。

二、胡适的文学革命与文艺复兴

胡适将“文学革命”视为中国的“文艺复兴”，旨在用白话文和新文学的方式推动思想启蒙、文化革新以及社会进步。他认为，文学的变革不仅仅是文体的创新，更是思想和精神的解放，通过倡导白话文，

他希望打破古典文言文的桎梏，使知识和思想传播更加广泛易懂，促进普通民众的思想觉醒。

胡适的文学革命带来了以下几个重要贡献：

1. 倡导个性解放，推动思想自由。胡适的“大胆假设，小心求证”方法论推动了个人独立思考和理性批判风气的形成，使人们逐渐从传统思想束缚中得到解放，开启了对真理的探求和对现实问题的思考。这一观点推动了中国人批判意识的发展，培养了开放、独立的精神。

2. 提倡白话文，促进了知识向大众普及。胡适通过提倡白话文，使得文学和思想传播不再局限于受教育的精英阶层，而是面向大众。他让普通人能够接触新思想，这种推广极大地拓宽了新文化的受众群体，也为思想革新奠定了群众基础。

3. 重新建立了中国现实主义文学谱系。胡适认为文学不仅应描写个人情感，还应关注社会现实问题，以推动社会进步。通过文学作品反映社会问题，使文学成为启发、激励和警醒人们的重要工具，这一思路深化了文学的社会功能和意义，使文学成为思想建设的一部分。

4. 提倡以实用主义理念指导教育改革。胡适认为，教育的根本目的是培养独立思考的人。他提倡以实用主义的教育理念取代传统的应试教育，强调学习中的思考能力和创新精神，推动了中国教育理念的现代化转型。

胡适的文学革命不仅是文学形式的创新，更重要的是它带动了思想、文化、教育等方面的全面变革，帮助中国人走向现代化，开启了新一轮的思想建设，堪称中国现代思想启蒙的里程碑。

胡适受到了以其弟子为代表的民国知识界的赞扬。傅斯年是胡适的得意门生之一，深受胡适实证主义和科学方法论的影响。傅斯年指出，胡适的讲课与演讲风格严谨又富有逻辑性，鼓励学生质疑一切传统观点。他曾称赞胡适“教会了我们一双科学的眼睛”，启发学生用理性、实证的态度看待问题。

罗家伦回忆胡适的课堂时，特别提到胡适对“实验主义”和“自由精神”的阐述，他称胡适的课不仅是哲学教育，更是思想启蒙。罗家伦认为胡适的教学特点在于引导学生独立思考，并重视表达能力，提倡用白话文清晰地表达哲学概念，这种讲课风格对新文化运动中的许多知识分子产生了重要影响。

胡适的一生虽不缺乏热闹与颂扬，但是，作为中国思想界的先行者，在心灵的深处，他是孤独的。他和陈独秀政见不同，但在陈陷于缧绁之时，总是犯险相救。他的特立独行常常是不合时宜的，因此，他特别钟情于白居易的《东城桂三首》：

> 子堕本从天竺寺，根盘今在阖闾城。当时应逐南风落，落向人间取次生。
>
> 霜雪压多虽不死，荆榛长疾欲相埋。长忧落在樵人手，卖作苏州一束柴。
>
> 遥知天上桂花孤，试问嫦娥更要无。月宫幸有闲田地，何不中央种两株。

（作者：余晓明，江苏警官学院中文系教授）

附：

胡适《建设时期中的根本需要及其应付方法》手稿[1]

1 这批手稿共30张，因篇幅有限，本书只展示4张。全30张内容俱见释读文字。

释文

建设时期中的根本需要及其应付方法。（从知识、学术、道德上）

Ⅰ. 贵会正把这问题概括称为“精神的建设”的问题。这个问题就成了“精神的建设的根本需要是什么？立该怎样应付这需要？”

我的答案是：根本需要是思想革命。应付方法是思想自由。

至于思想习惯，则全然没有改变。口号变了，偶像变了，衣服变了，花样变了，而思想的方法习惯还是老样子。仍是武断的武断，盲从的盲从，浅薄的浅薄，做梦的做梦。

思想革命的意义有两方面：

①是尽力扫除不适宜的旧思想。

②是尽力革除不适宜的思想习惯。

Ⅱ. 有人说，思想革命是破坏，不是建设；今天请你来讲建设，不是请你来讲破坏。这话错了。建设就是革命，革命就是建设。革命是除旧布新，建设也是除旧布新。没有不布新而可称为革命的；也没有不除旧而可以建设的。

譬如割治一个大肿毒，挖去腐烂的肉，是革命也是建设；消毒防腐是革命也就是建设；决没有单指生肌长肉为建设的。

Ⅲ. 为什么根本需要思想革命呢？

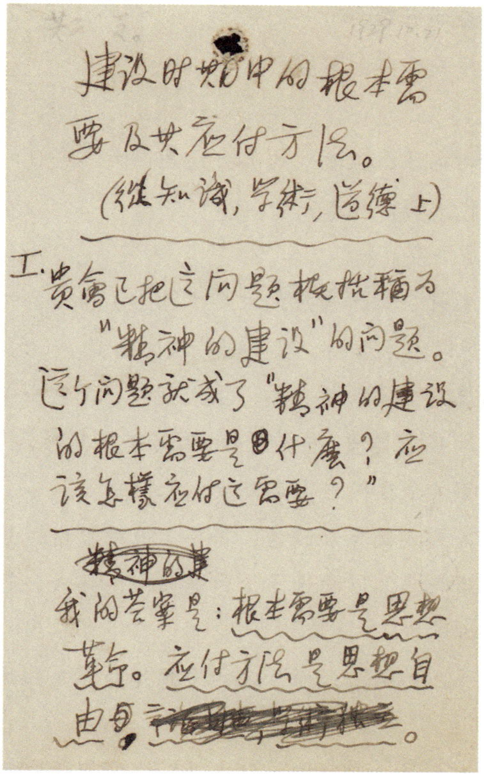
建设时期中的根本需要及其应付方法。

(从知识，学术，道德上)

I. 贵会已把这问题概括称为"精神的建设"的问题。这个问题就成了"精神的建设的根本需要是什么？应该怎样应付这需要？"

我的答案是：根本需要是思想革命。应付方法是思想自由。

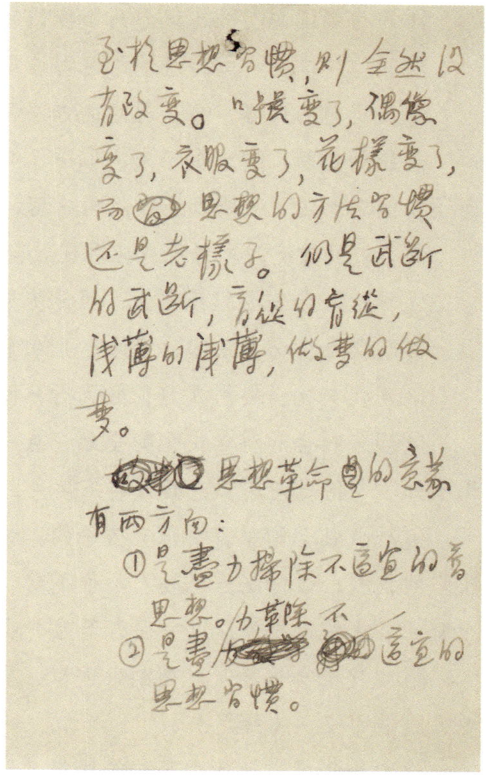
至于思想习惯，则全然没有改变。口号变了，偶像变了，衣服变了，花样变了，而思想的方法习惯还是老样子。例是武断的武断，盲从的盲从，浅薄的浅薄，做梦的做梦。

思想革命的意义有两方面：

①是尽力扫除不适宜的旧思想。

②是尽力革除不适宜的思想习惯。

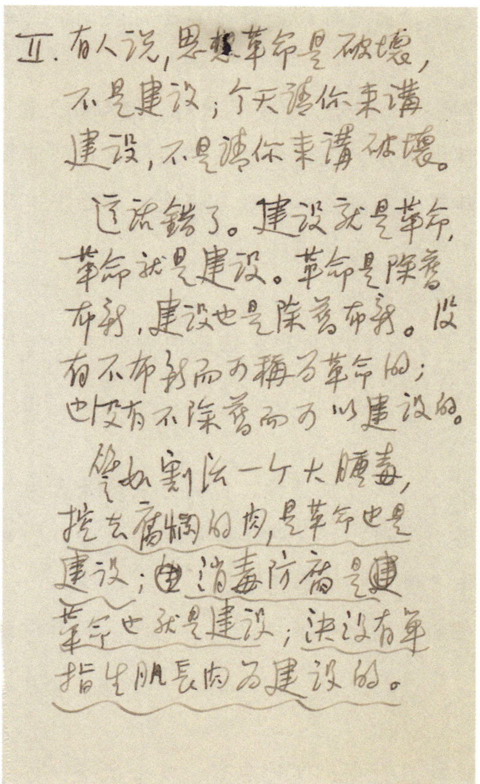
II. 有人说，思想革命是破坏，不是建设；今天请你来讲建设，不是请你来讲破坏。

这话错了。建设就是革命，革命就是建设。革命是除旧布新，建设也是除旧布新。没有不布新而可称为革命的；也没有不除旧而可以建设的。

譬如割治一个大肿毒，挖去腐烂的肉，是革命也是建设；消毒防腐是革命也就是建设；决没有单指生肌长肉为建设的。

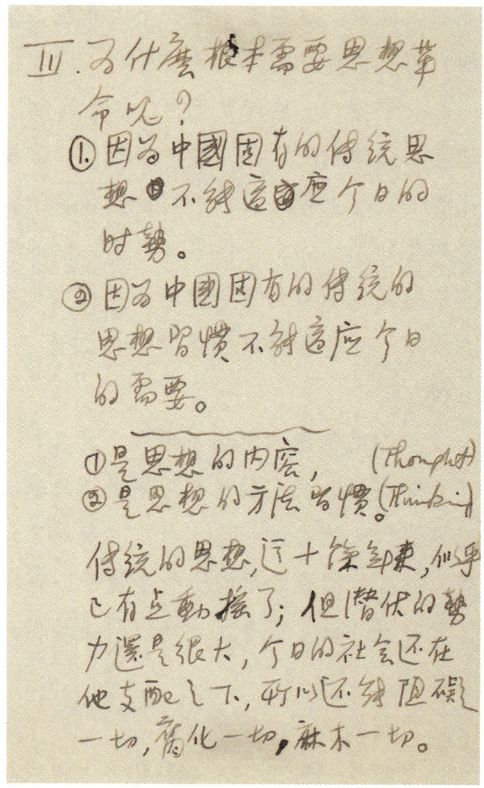
III. 为什么根本需要思想革命呢？

①因为中国固有的传统思想不能适应今日的时势。

②因为中国固有的传统的思想习惯不能适应今日的需要。

①是思想的内容，(Thought)

②是思想的方法习惯。(Thinking)

传统的思想，这十余年来，似乎已有点动摇了；但潜伏的势力还是很大，今日的社会还在他支配之下，所以还能阻碍一切，腐化一切，麻木一切。

①因为中国固有的传统思想不能适应今日的时势。

②因为中国固有的传统的思想习惯不能适应今日的需要。

①是思想的内容，②是思想的方法习惯。

传统的思想，这十余年来，似乎已有点动摇了；但潜伏的势力还是很大，今日的社会还在他支配之下，所以还能阻碍一切，腐化一切，麻木一切。

Ⅳ.先说传统的思想不适应现代社会的几个要点：

①现代社会需要积极作为，而传统思想崇拜自然，崇拜无为。（无为）

②现代社会需要法律，纪律，而传统思想以无治为治，以不守礼法为高尚。（无治）

③现代文化需要用人力征服天行，而旧思想提倡顺从自然，乐天安命。（信命）

④现代社会的科学文化完全靠一点一滴地寻求真理，发见新知，而传统思想教人“不识不知”“何思何虑”，教人装痴装呆，说痴呆是福！难得是糊涂！（无知）

⑤现代社会国家需要正直公平的舆论，需要人民参加政治，需要人民爱自由，爱护正当的权利；而传统思想教人不争不辩，不谴是非，以和光同尘为美德，以身入公门为大耻，以吃亏为积福，以唾面自干为美谈。（不争）

⑥现代社会需要时时刻刻求进步，需要不断的努力；而传统的思想处处要人知足，要人随遇而安。（知足）

这六大点是道地的中国传统思想。他的中心虽是道家的自然主义，而儒家佛家都是他的大同盟。这是整个的一个大系统，顾之是道，面之都到，最不容易打破。这是革命的大阻力，建设的大敌人。

你要建设，他却要无为；你要革命，他却要安命安分。你要有政府，他却要无政府；你要有法律制度，他却要一切自然。你要人参加政治，他却要劝人“闭门自扫门前雪，休管他人瓦上霜”。你要舆论监督政治，他却要人不辨是非，教人糊涂。你要求进步，他却要知足。你要提倡学术思想，他却要人不思想，无知识。

故思想革命的第一方面军是根本划除这些传统思想。

Ⅴ.但是思想革命最重要的方面还是第二方面军，就是要革除旧有的不良的思想习惯。

我们的传统的思想习惯是个什么样子?

老实说，我们的思想习惯是不思想。如果有什么方法可说，他的方法便是无为的思想方法。说的玄妙一点，叫作“寂然不动，感而遂通”。又叫作“廓然而大公，物来而顺应”。他们最爱用的比喻是镜子，可以叫作“镜子式的思想”。

自己不肯用力费神去想，只希望做到镜子一般的光明清净，什么东西一到面前便都明白了。

这是懒惰人的思想方法。

思想是一件工作，是要费力去搜求材料，搜求证据，实地观察，实地试验，方才可有结果的。我们的懒人却只把思想看作眼睛映一映，像照妖镜一照，便算思想过了！

什么结果呢？结果是什么事都不肯思想，只会盲从，只会武断，只会信而不会疑；只会拢（笼）统而不会分析；只会浅而不会深；只会谈主义而不会研究问题；只会有影像而不会有思想。

镜子里除了影像，还有什么？

我们说一个思想是对的，或不对的，并不是"对症下药"的对，乃只是"对镜子"的对。镜子是不用费神费力、动手动脚的。

人家的思想是多少年考察研究试验的结果，我们却只把他们当作一个抽象名词，一句口头禅，一个标语，一句口号！

譬如"进化论"，是Darwin几十年考察试验的结果，我们却只认作一个纸上的新名词。

譬如Marx的"资本论"是他几十年观察当日英国工业情形的结果，我们也只把他的结论认作一个纸上的天经地义！

试问今日许多人要打倒"资本主义"，有几个人知道资本主义是什么？许多大叫"民主义"的人，有几个人知道民治的国家是个什么样子？

南方一个省党部提出一个"根本划除封建势力案"，说族谱是封建势力，同乡会同学会也是封建势力。

北方一个党员演说"封建势力是什么？"，说军阀是封建势力，政客是封建势力，西洋留学生也是封建势力！

无论是革命，无论是建设，都是要用思想的。思想是解决问题的唯一工具。思想错误了，问题便引上了错路，不但不能解决，有时还弄的（得）更糟。

（例一）科举的废止。问题不在制度本身，而在考试的内容与方法。今因不满意于内容与方法，而并考试制度而废之，是因噎而废食。解决的方法是用学校代替科举，不知学校是养人才之所，而不是用人之法。

结果：二十五年无考试制！

（例二）各省高等学堂的废止。看错了问题，以为教育重在小学，重在师范，而不知高等教育更重要。

结果：十八年各省没有学术思想的重心，人才不能回到本省，各省不但无建设人才，也无破坏人才。

以浙江之文化，而十余年来，浙江教育界之领袖全在中学校长！

省立大学到最近始产生，然而十七年的光阴白白送掉了！

毛病都在不肯思想。你说"废八股"，他听了也说"废八股"，但是你觉得"废八股"不时髦了，爽性说"废科举"罢。久而久之，"废科举"成了时髦的口号，于是科举废了。而国家用人行政的问题，始终没有人去做具体的、分析的研究。这是盲从，这是武断，这是拢（笼）统，这是用口号代替思想，这是回避具体的问题。

这种懒惰的思想不打倒，革命也不可能，建设也不可能。

“吸外国纸烟的是丧心病狂的人。”

“如果再买呢绒哔叽等洋货，便是情愿去做外国人的奴隶。”

最明显的例子是今日杭州提倡国货的广告和标语。你们都看见了：

“吸外国纸烟的是下流人物。”

“穿哔叽洋绸的便是不爱国。”

他们不去想想怎样改良制造，抵制苛捐杂税，消弭工潮，减轻成本，却只会在墙上画个乌龟骂人！！如果吸外国纸烟的都是下流人物；那些坐外国汽车的都是些什么？

改良制造是一个专门技术的难问题。消弭工潮是一个难问题，抵抗苛捐杂税又是难问题。但是在墙上画乌龟骂人，是他们的拿手好戏，既不费力，又不用心思，所以我们都挨骂了！

这样的思想习惯不彻底革命，那（哪）有建设可说？

Ⅵ．所以我说，今日建设的最大需要是思想革命：一方面努力划除传统的不良思想；一方面努力划除传统的懒惰的思想习惯。

怎样应付这需要呢？我说是：思想自由。

“凡是负责任的人发表负责任的思想，都应该有自由。这叫做思想自由。”为什么呢？

思想是一件工作，是一件繁难的技术，很不容易起源，更不容易养成正确思想的习惯。平常人都是懒惰的；能不用思想时，最好是不去思想。

极力鼓励人去思想，还怕思想不出来。如何可以摧残他呢？如何可以压迫他呢？

人说，压迫愈甚，则反动愈烈。

其实不然。压迫思想则思想无从产生。思想本是难事，须要深深的培养，殷勤的保护，让他自由发展，让他在自由的日光空气之中生长发达。

自由之下，思想也许有错误，但错误的思想往往可以引起别人的纠正。往往可以引起正确的思想。大家自由思想，可以自由互相纠正。

但不准人思想，人就不去思想了。譬如我本要做十来篇论政治的文字，做了三篇，就引起了许多无谓的闲气，一班好朋友就来说，“何必呢？人家不要你说话，就少说几句罢。这个年头，何必呢？”政府的警告也许不足怕，但朋友的好意是难应付的；老婆的劝告是更难应付的！

故在自由之下，思想不妨错误，因为错误有被纠正的机会。而不自由之下，思想自然压迫下去，错误的思想不出来，正确的思想也不会有了。不自由之下，有的只是奴隶的思想，鹦鹉学舌的思想，阿谀谄媚的下流思想，不思想的思想。此外呢，压迫之极，只有牢骚，只有怨愤，而不是平心静气思想过的思想。

今日正是这个现状。今日那有思想？一方面只有口号，有标语，只有党八股，一方面只有牢骚，只有怨愤。

党八股是救不了国家的，解决不得什么问题的。牢骚和怨愤也救不得国，解决不得问题的。只有自由的思想里也许有一点半点光明，也许有一条半条生路。

今日最大的危险是一班没有现代知识又没有现代训练的人，统治一个没有现代物质基础的大国家。四面八方都是困难的问题，都要待思想来解决。只有井底观天的人，只有不肯思想的人才敢说一切问题的解答都包括在三民主义建国方略之中了。国家的事是要合群力群策来解决的。革命不是谁能包办的，建设也不是谁能包办的。没有思想自由，革命是不彻底的革命，建设也只是散沙上的建筑。

有了思想自由，才可有思想革命。

然而思想自由不是今日所谓的思想自由。可以批评上帝，而不可以批评孙中山，这不是思想自由。可以推翻孔子耶稣，而不可以批评建国方略，这也不是思想自由。思想自由的试验全看我们可不可以批评孙中山与国民党。

思想是只认真理，只问是非，而不认人的。

今日不敢批评孙中山的人，正是当年不敢批评传统思想的人；今日不敢自由思想的人，今日畏惧压迫自由思想的人也正是当年受传统思想支配的人。

只有真正的自由思想才可以做到思想革命。只有思想革命才可以算是革命，才可以算是建设。

十八，十，十一夜

按语

本文后被整理收录进王维骃《近代名人言论集》（中外学术研究社 1932 年版），以及胡适《胡适的理想国》（湖南人民出版社 2012 年版）。

永远的金陵女大

吴贻芳『厚生』精神之传承

宋健

“正德厚生，笃学敏行”，南京师范大学如今已走过了120多年的辉煌历程。吴贻芳是金陵女子大学的老校长，是“厚生”校训的倡导者。南京师范大学与金陵女子大学百年渊源，如同一江清波，涵养着教育之源。

1920年代的金陵女子大学

一、南京师范大学与金陵女子大学的百年渊源

金陵女子大学简称金女大，成立于1913年，是中国女子教育史上的里程碑，同时也是南京师范大学的源流之一。1930年，金女大更名为金陵女子文理学院，1951年与金陵大学合并，成立公立金陵大学。1952年全国院系调整后，原金陵女子文理学院校址改为南京师范学院校址，现为南京师范大学随园校区。

在这座被喻为“东方最美丽的校园”中，有一栋历史悠久的建筑——11号楼，曾经是金陵女子文理学院的图书馆，后来成了南京师范大学的华夏图书馆，它见证了这所学校的辉煌历史，承载着无数南师学人的书香记忆；如今，它是南京师范大学博物馆，保存着无数斑斓的历史印记。南京师范大学随园校区11号楼的一楼南侧，目前还保留着吴贻芳校长办公室，面积仅7平方米，却承载着无尽的历史情怀，也成了南京师范大学的重要文化遗产之一，激励着南京师范大学的师生们继续前行，为教育事业献出更多的力量。

二、吴贻芳的“厚生”精神：个人修行与社会关怀

吴贻芳

南京师范大学博物馆收藏有一封时任金陵女子大学校长的吴贻芳女士写给金陵大学教务处的信件。经考证，这封信件并非吴贻芳校长亲笔，而是由秘书代笔书就（见文后所附）。

这封信写道，原先就读于金陵女子大学的范益之女士转到金陵大学，在转校前所修历史、英语两门课的上半部成绩只有 E，下半部成绩只有 F，没有达到给予学分的标准，需要从头开始重修。她在转校之后只修完了下半部，可任由金陵大学给予下半部学分，但金陵女子大学并不能给予她上半部的学分。吴贻芳校长严谨认真、坚持原则和负责任的性格特点跃然纸上，同时也不难看出其对学生学习质量的高度重视和严格要求。这种精神有助于维护学校的学术声誉和教育质量，也有助于培养学生的严谨学风和责任感。

吴贻芳校长办公室

吴贻芳校长的严谨认真并非不近人情。她对学生人格培养的重视正是她对学生的关怀和爱护的体现。她所倡导的“厚生”精神，要求学生既拥有独立思想，又具备负责的态度。

吴贻芳是这样解释“厚生”的：“人生的目的，不光是为了自己活着，而是要用自己的智慧和能力来帮助他人和社会，这样不但有益于别人，自己的生命也因之而丰满。学校用这个为目标来教导学生，并通过学校生活的各个方面以潜移默化的方式引导学生向这个方向努力。” 吴贻芳的“厚生”精神不仅是对个人的要求，也是对整个社会的期望和寄托。厚生即丰满的人生，不仅自己的人生要丰满，同时也要使别人的人生丰满。想要给予他人，首先需要自爱。这与儒家经典《礼记・大学》中的一段话不谋而合：“物格而后知至，知至而后意诚，意诚而后心正，心正而后身修，身修而后家齐，家齐而后国治，国治而后天下平。”

“厚生”精神强调了个人修养和社会责任的重要性，以及从个人到社会、从知识到行动的逐步递进过程。这种理念对于当今的教育和社会发展仍然具有重要的指导意义。

三、范益之的“厚生”精神：个人坚守与社会传承

范益之女士是湖北光化（今老河口）人。离开家乡时，她想的是自立自强。1928 年对于范益之女士来说，是人生中一个重要的转折点。她自南京中华女子中学毕业后，选择了金陵女子大学作为继续深造的学府。正是在这里，她第一次接触到了吴贻芳女士及其所倡导的“厚生”精神，并被它深深打动。两年后她转

读于金陵大学文学院教育学系，本文提及的这封信，就写于这一时期。

吴贻芳在教育教学中提出“人格教育的实现，因习惯贵在‘慎之于微’，而学校尤当注重慎微的陶冶，方能使整个人生有良好的发展”。同时她还指出：“要使学生能够人格完全与否，全在教职员方面平时所与以耳濡目染的模范之良否。”在吴贻芳对范益之的严格要求中，我们也可以看到这种人格教育的理念。虽然范益之在学业上遇到了困难，但吴贻芳并没有因此而放松对她的要求。相反，她坚持原则，严谨认真地对待范益之的学业，这也是通过自己的行为向学生传递一种严谨、认真、负责的态度和价值观。这种严格要求，不仅有助于范益之在学业上取得进步，更有助于她在人格上得到陶冶和塑造。

范益之在金陵女子大学的学习过程中，虽然曾遭遇过挫折，历史与英文两门课程的成绩未能达到给予学分的标准，需要重修，但她并未因此怨恨吴贻芳女士。相反，她从中看到了吴校长对教育质量的严格要求和对学生的殷切期望。这种严爱相济的教育方式，让范益之更加坚定了对“厚生”精神的认同和追求。在金陵女子大学上学期间，范益之被金女大提倡的“厚生”精神深深打动。走出金陵女子大学时，她的目标是不仅要自己好，还要为他人和社会服务。[1]

1933 年 6 月，范益之从金陵大学毕业并获得文学学士学位，次年 7 月获得纽约州立大学文学学士学位证书。毕业后她留在金陵大学工作。1946 年范益之赴美，先后就读于明尼苏达大学与印第安纳大学，获得文学硕士学位与教育学博士学位。继而在美国国家教育协会华盛顿总部工作，直至退休，曾编著师范学校教科书《视听教育》等。虽多年在远隔重洋的陌土生活工作，范益之始终在践行着“厚生”精神。她的后辈在《南大校友通讯》“纪念金陵大学建校 130 周年专刊”（2018 年第 80 期）上写下专文《不渝的厚生者：我的大姨范益之》，用以纪念她意义非凡的一生。

这不仅体现了范益之女士的个人品质，也反映了金陵女子大学教育的成功。尽管她在学业上遇到了挫折，但母校的教育和价值观在她心中留下了深刻的烙印，使她在面对困难时能够保持坚韧不拔的精神。同时，范益之女士的行为也为我们树立了一个榜样。在面对挫折和困难时，我们应该保持积极的心态并有所行动，而不是沉溺于负面情绪中。我们应该学会感恩和宽容，理解他人的严格和要求是出于对我们的期望和关爱。同时，我们也应该积极践行社会价值观，为社会的发展和进步贡献自己的力量，将“厚生”精神继续传递下去。

百年栉风沐雨，教育之路历经坎坷。然而，“厚生”之道，不仅是个人修养，更是社会传承。愿我们继承先辈遗志，弘扬“厚生”精神，书写出更加绚丽的教育篇章，铸就更加辉煌的明天。

1　孙建英 . 不渝的厚生者：我的大姨范益之［J］. 南大校友通讯，2018（80）.

吳貽芳謹啓

附：

吴贻芳[1]复函

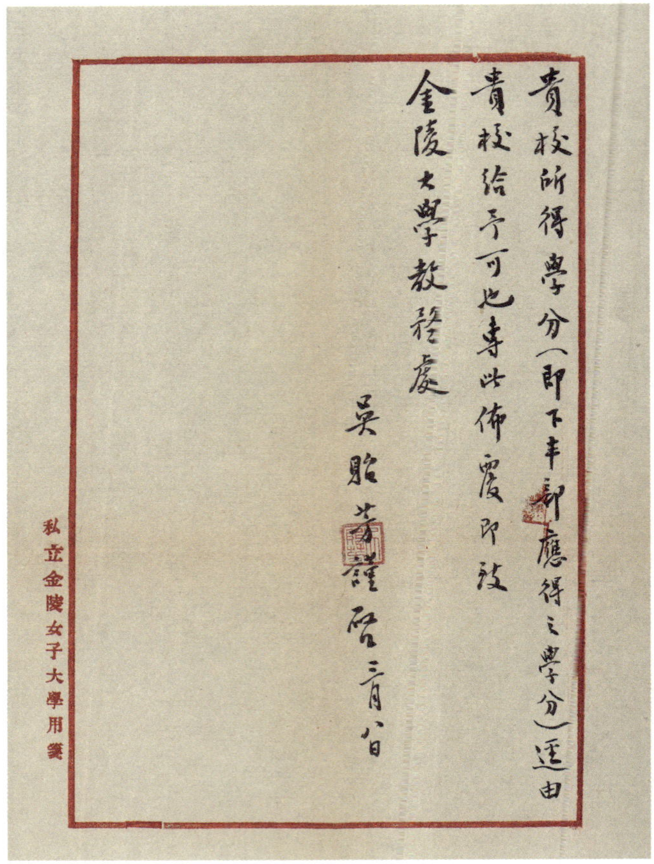
貴校所得學分（即下半部應得之學分）逕由
貴校給予可也專此佈覆即致
金陵大學教務處
吳貽芳謹啓 三月八日
私立金陵女子大學用箋

1 吴贻芳（1893—1985），号冬生，江苏泰兴人，生于湖北武昌，中国第一届女大学生，第二位大学女校长。1928年受聘于母校金陵女子大学，先后主持学校23年。1945年出席联合国成立大会，成为在《联合国宪章》上签字的第一位女性。

2 即金陵女子大学。

释文

迳覆者：接大函并附到范益之女士原信，均悉查，敝校[2]章程E、F为不及格，E可依各该系所规定之方式补考，F则非重读不给学分。按范女士在敝校所修历史、英文两门系学年学程上学期成绩得E，倘能下学期成绩得D以上，则连上学期亦可给予学分。不意范女士下学期所得成绩为F，则此项学程全年不能给予学分。以后重读仍须自上学期起方与敝校章程相符。前致一函，系以此项必修学程既在贵校修毕下半部，则上半部可不因以必修学程而强全重读，故有免修之说。向来提及学分之可以给予与否者，因范女士在敝校之成绩记录已为F，实不能再给学分，及至贵校肄业，又自下半部读起，与敝校重修章程不符，故在贵校所得学分（即

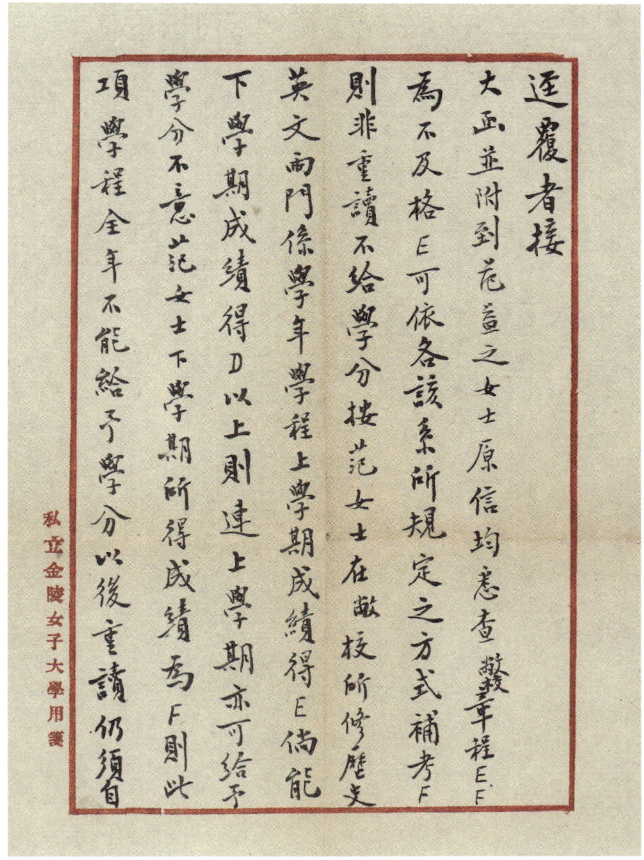

逕覆者接
大函並附到范益之女士原信均悉查敝章程E F
為不及格E可依各該系所規定之方式補考F
則非重讀不給學分按范女士在敝校所修歷史
英文兩門係學年學程上學期成績得E倘能
下學期成績得D以上則連上學期亦可給予
學分不意范女士下學期所得成績為F則此
項學程全年不能給予學分以後重讀仍須自

私立金陵女子大學用箋

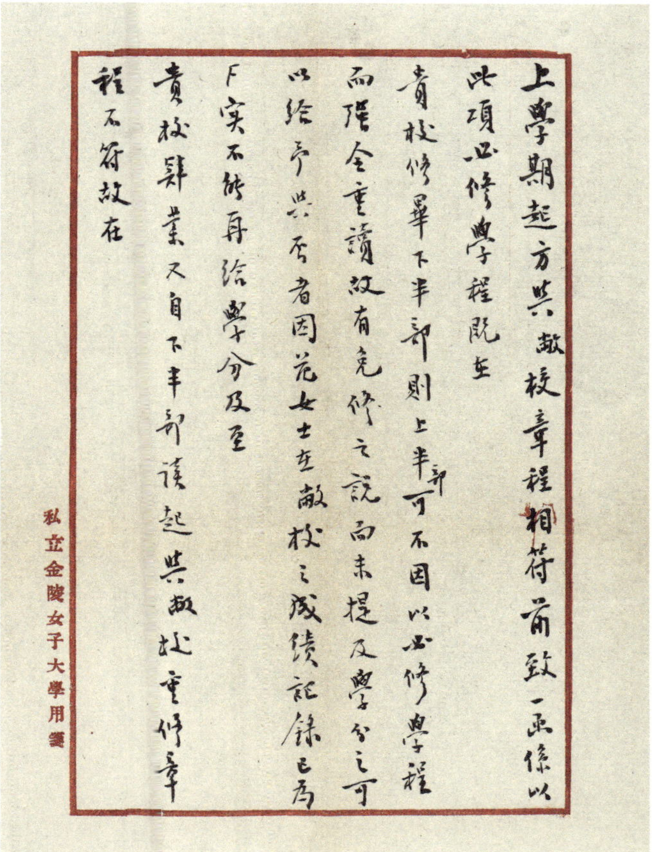

上學期起方與敝校章程相符前致一函係以
此項必修學程既在
貴校修畢下半部則上半部可不因以必修學程
而限令重讀故有免修之說而未提及學分之可
以給予與否者因范女士在敝校之成績記錄已為
F實不能再給學分及至
貴校肄業又自下半部讀起與敝校重修章
程不符故在

私立金陵女子大學用箋

下半部应得之学分）迳由贵校给予可也。专此布覆，即致金陵大学[3]教务处。

吴贻芳谨启 三月八日

按语

此信由秘书代笔书就，是吴贻芳致金陵大学教务处，关于范益之在校期间的成绩处理问题的信。信中提及范益之两门课程在上学期成绩为E，若下学期成绩达到D以上，可获学分，但实际下学期成绩为F，因此全年无法获得学分。根据金陵女子大学规定，若重修仍须从上学期开始，否则与现有章程不符。吴贻芳解释了范益之无法通过补考或免修获得学分的情况，并建议由对方学校授予下半学期学分。

3 金陵大学，清光绪十四年（1888年）美国基督教会美以美会在南京创办的教会大学，同美国康奈尔大学为姊妹大学。1951年，私立金陵大学与私立金陵女子文理学院合并为公立金陵大学。1952年院系调整，金陵大学被撤销建制，文理学院等并入南京大学，其他部分院系参与组建中国其他高校。

先生之风

以文化人

师道传承韵犹存

忆黄侃与章太炎先生

徐复

一九二九年，复就学金陵大学，从春黄季刚先生问业。先生早岁从事革命，创孝义会于乡里，奔走大江南北，为清廷所缉捕，屡濒于危。民国以后，执教南北各大学，以传授中国学术为职志。先生历年所开课程，经史文学，无不擅长，而尤精粹于小学。尝谓小学名书，为读一切经史子集之钤键，故必须先治。又谓治小学须读十书，依时代为次：一、《尔雅》；二、《小尔雅》；三、《方言》；四、《说文》；五、《释名》；六、《广雅》；七、《玉篇》；八、《广韵》；九、《集韵》；十、《类篇》。十书中以前六种为小学必要之书，昔人诠释，皆可用为研读之资。先生旧撰《音略》《说文略说》《音韵略说》《尔雅略说》等，皆为初学入门之书，深入浅出，沾溉无尽。先生遗著则有《尔雅郝疏订补》《说文注》《广韵注》《切韵表》《集韵声类表》以及《古韵谱》等十余种，语皆独创，勤于弋获，堪为后学之楷模矣。

复尝有志治《释名》一书，以请于先生。先生谓《释名》为刘熙未竟之书，其中多有缺文，可根据《四部丛刊》本重加注释，毕沅疏证多妄改，小学汇函本尤不可信。复原拟从音证入手，会时局不宁，未能卒业。先生则一再督促，并移书常州家中，称引"朱泽民云：毋为冠之古文，欢喜赞叹，得未曾有"。（按：语见元朱德润《存复斋文集》。）未一月，先生又书赠朱晦庵"旧学商量加邃密，新知培养转深沉"一联相勖勉，其所以诱迪之者皆类此。

先生尝劝治《集韵》一书，谓清世小学先师多有留心此书者，如段玉裁于《集韵》用功最深，谓《集韵》所用《经典释文》乃陈鹗未经改定之本，此最有识。王念孙亦研治《集韵》，见陈奂所为《王先生述》。陈奂本王氏之教，毕世研治《集韵》《毛诗》二书，往年《诗毛氏传疏》成，而《集韵》竟未勒定，甚可惜也。先生谓今治《集韵》，有四书可以从事：一曰《集韵》校文。清世有瑞安方成珪为《集韵考正》

（在永嘉丛书中），自云得汪远孙校本，内多附严杰语，又得吴钟骏与陈庆镛校本。孙诒让校刊其书，跋称此书有余箫客、段玉裁、钮树玉、严杰、陈奂、汪远孙、陈庆镛诸校本，无虑十余家，今多不传，方氏录得段、严、汪、陈四家，其余无闻焉。诒让又称尝得钱唐罗以智校本，及长洲马钊景宋本校勘记。先生以不见群书为憾事。二曰《集韵》补遗。自汉师为古籍作音以还，《集韵》所载，已有什九，然亦非无遗漏。先生尝取陆氏《经典释文》及孙奭《孟子音义》与《集韵》对勘，见其遗漏者已不下二三百条，则他书之音为《集韵》所遗者亦必不少。三曰辑韵。专辑古籍所载旧音，仿《经籍纂诂》之为，一一胪列，若得数人分途抄撮，则一二年可成，较之编字典、辞源之类，其实用价值殆有过之。四曰通韵。古书通假，必以声韵为邮，近时专考假借之书，如钱坫《十经文字通》之类，亦嫌未备，若有此作，其有助于学者必宏。以上四书若成，皆《集韵》之羽翼也。先生所举小学十书中，可钻研董理者尚多，此姑举《集韵》一书言之而已。而复蹉跎岁月，学无寸进，有愧师门矣。

先生讲课，时时称引余杭章太炎先生之说，以为后学矩范。章先生指示青年必读二十一书，先生以为尚有未备，增益为二十五书。二十五书是：经学十五书，为十三经加《大戴礼记》《国语》 史学四书，为《史记》《汉书》《资治通鉴》《通典》；子部二书，为《庄子》《荀子》；集部二书，为《文选》《文心雕龙》；还有小学二书，为《说文》《广韵》。以上青年必读书二十五种，包括四部中最重要的典籍，可以囊括一切，也是治各门学问的根柢。当时社会上盛行梁任公、胡适之开列的《一个最低限度的国学书目》，先生认为泛滥不切实际，没有揭示出重点，故提出二十五书以纠正此偏向。

先生谓一切文辞学术，皆以章句为始基。讲授《文心雕龙》课，特别重视《章句》一篇，先生写的札记，特为详明。尝谓王先谦《汉书补注》，不知何人为之圈断，每页竟错至五六处之多，此不通小学之过。杨树达先生撰《古书句读释例》，引用先生《史记》《汉书》数例，皆极精审。

先生讲授《说文》，以歹字后出，意为蒙古语，而难得其形义所自，嘱查《元典章》《元朝秘史》诸书，未得确解。抗战时期，复避难蜀中，有机会治蒙古语文，确知歹字源出藏文，尝撰文论歹字形声义及其制作年代，粗堪自信。逮文成而先生不及见矣，为之泫然不止！

九一八事变后，日本侵略军加紧进攻，先生忧国颠危，心情十分沉重。每当上课时，先生面对日本领事馆“膏药旗”（先生以称日本国旗），不禁义形于色，语甚愤激。当即为诸生讲授《诗・小雅・苕之华》一篇，至毛传“治日少而乱日多”一语，即凄怆哽咽，听者无不动容。

一九三五年九月，复再度考入金陵大学国学研究班学习。开学前，专程至蓝家庄谒见先生于量守庐新居，一见即言时局危急，当时时以国家民族为念，顾黄之业绩可师也。以复辞去中学教职，一志向学，慰勉之曰：“何辞尊而居卑也！”而意实欢然。讵知厄遇重阳，先生竟以忧国病逝，山颓木坏，士失仪型，伤哉！

［作者：徐复（1912—2006），南京师范大学文学院教授，博士生导师。原题为《师门忆语》，载《文教资料简报》1981 年第 10 期］

太炎

附：

章太炎[1]《制言》[2]发刊词

1　章太炎（1869—1936），又名章炳麟，浙江余杭人，清末民初民主革命家、思想家、著名学者、朴学大师。其著述甚丰，研究涉历史、哲学、政治等领域。曾与蔡元培等发起光复会，也曾参加张謇统一党，晚年在苏州设章氏国学讲习会，以讲学为业，积极赞助抗日救亡运动。

2　《制言》为章太炎国学讲习会会刊，半月刊，1935 年 9 月创刊，章太炎亲自担任主编。《制言》以保存国学、研究国学为基本特点。

释文

发刊宣言

太炎

今国学所以不振者三，一曰毗陵之学，反对古文传记也。二曰南海康氏之徒，以史书为账簿也。三曰新学之徒，以一切旧籍为不足观也。有是三者，祸几于秦皇焚书矣。其间颇有说老庄、理墨辨者，大抵口耳剽窃，不得其本。盖昔人之治诸子，皆先明群经史传而后为之，今即异是。皮之不存，毛将焉附耶？

其次或以笔记小说为功。此非编治群书，及習于近代掌故者，固弗能为。今之言是者，岂徒于梦溪、鄮阳远不相及，如陆务观、岳倦翁辈，盖犹未能仿佛其一二也。此则言之未有益，不言未有损也。

余自民国二十一年返自旧都，知当世无可为，讲学吴中三年矣。始曰国学会，顷更冠以章氏之号，以地址有异，且所招集与会者，所从来亦不同也。言有不尽，更与同志作杂志以宣之，命曰《制言》，窃取曾子制言之义。先是集国学会时，以金君天翮任襍志，金君好博涉，工文辞，其所包举者广，时有奇觚，轶于绳外，余不暇过而问焉。今为《制言》，义乃有异。曾子云“博学而孱守之”，博学则吾岂敢，孱守则庶几与诸子共勉焉。章炳麟。

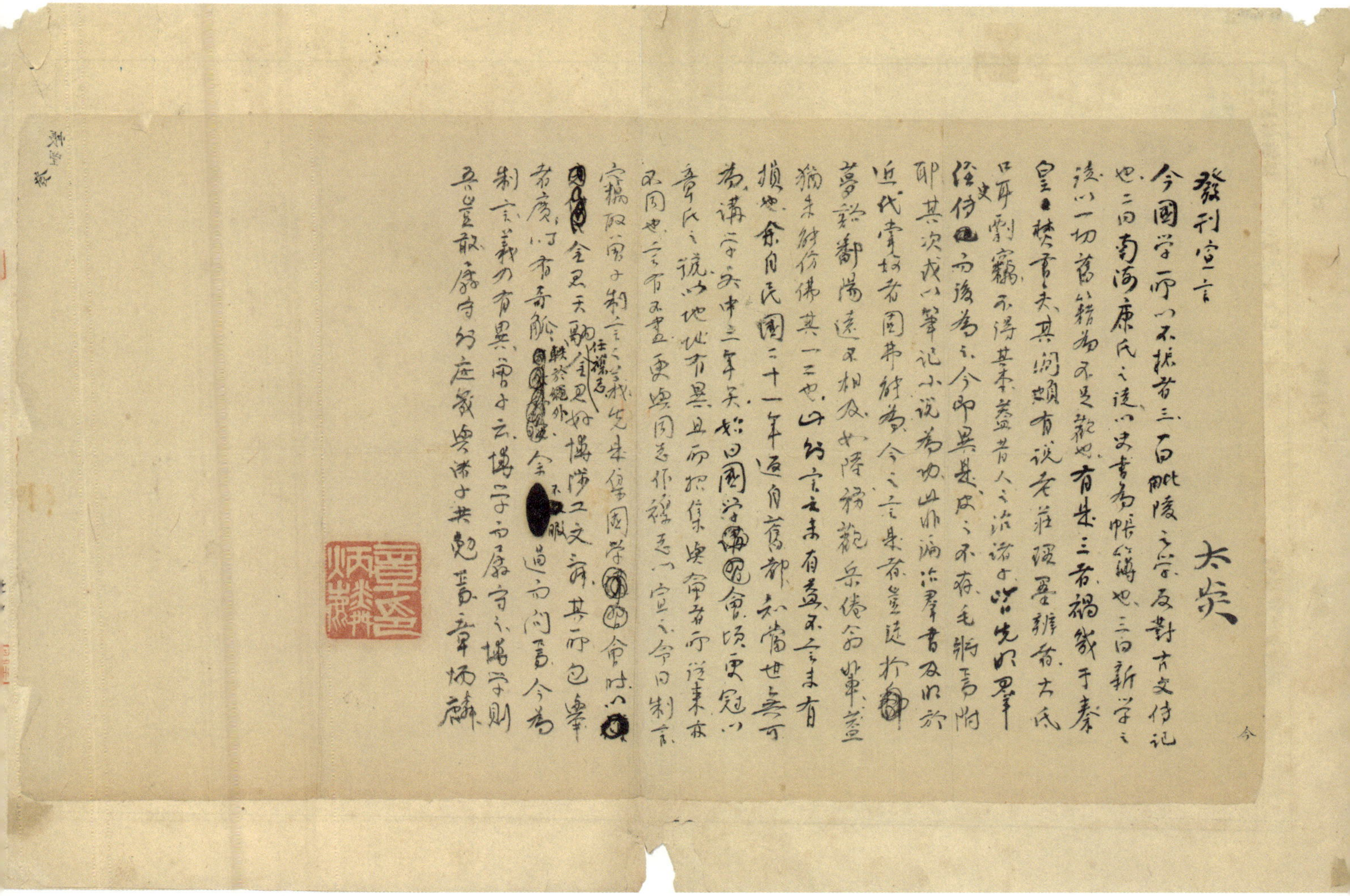

發刊宣言　太炎

按语

1935 年，章太炎在《制言》发刊词中，分析了国学不振的三大原因，批评了反对古文、轻视史书，以及抛弃旧籍的几种学术风气。他强调研究经典和历史传记的重要性，并对当前学术界崇尚笔记小说的现象表示不满。章太炎创办《制言》杂志，旨在补充讲学的不足，号召同仁博学和坚守国学。

附：

章太炎撰文，汪东书黄季刚[1]墓志铭

释文

蕲春黄君墓志铭

黄季刚墓志铭

余杭章炳麟撰文

吴汪东书丹并篆盖

季刚讳侃，湖北蕲春人也。余违难居东，而季刚始从余学，年逾冠耳，所为文辞已渊懿异凡俗。因授以小学经说，时亦赋诗相倡和，出入四年，而武昌倡义。其后季刚教于京兆、武昌、南都诸大学，凡二十年，弟子至四五传。余之学不能进以翱，而季刚芳颖骏发，所得视曩时倍蓰，竟以此终。世多知季刚之学，其志行世莫得闻也。黄氏出宋秘书丞庭坚，自徙蕲春至季刚如干世。考讳云鹄[2]，清四川盐茶道署按察使事，以学行著所。生母周。季刚生十三岁而孤，蕲春俗轻庶孽，几不逮学，故少时读书艰苦，其锐敏勤学亦绝人。既冠，东游学日本，慨然有光复诸夏之志。尝归集孝义会于蕲春，就深山废社说种族大义及中国危急状，听者累千人，环蕲春八县皆向之，众至数万，称曰黄十公子。清宣统三年，武昌倡义，季刚与善化黄兴[3]、广济居正[4]往视，皆曰："兵力薄，不足支北军。"乃返蕲春集义故谋牵制，得三千人，未成军，为降将某所袭，亡去，之九江。未几，清亡。季刚自度不能与时俗谐，不肯求仕宦。尝一为直隶都督赵秉钧所迫，强出任秘书长，非其好也。秉钧死，始专以教授自靖。民国四年秋，仪征刘师培[5]以筹安会招学者称说帝制，季刚雅与师培善，阳应之，语及半，即瞋目曰："如是，请刘先生一身任之。"遽引退，诸学士皆随之退。是时微季刚众几不得脱。初，季刚自始冠已深自负，及壮，学成。好酒，一饮至斗所，俾倪调笑，行止不甚就绳墨，然事亲孝。丧生母哀毁几绝，奉慈母田如母。尝在京兆召宾友会食，北方重蟹羹，庖人奉羹前，季刚自垣一方问母得蟹羹不，母无以应。即召庖人痛苛谴之。世以比茅容、阮籍云。性虽倨异，其为学一依师法，不敢失尺寸。见人持论不合古义，即眙视不与言。又绝类法度士，自师培附帝制，遂与绝，然重其说经有法。

1　黄侃（1886—1935），字季刚，湖北蕲春人。中国近代著名语言文字学家、音韵训诂学家、国学大师。光绪三十一年（1905 年）留学日本，在东京师事章太炎，受小学、经学，为章氏门下大弟子。1927 年后，黄侃任教于南京中央大学，绰号为"三不来教授"，即"下雨不来，降雪不来，刮风不来"。1935 年 10 月 8 日因饮酒过量导致胃肠出血而离世，年仅 50 岁。

2　黄云鹄（1819—1898），黄侃之父。湖北蕲春县青石镇大樟树村人，咸丰三年（1853 年）癸丑科进士，官至清廷二品大员，是晚清著名学者，一生著述甚丰，有多部著作传世。

3　黄兴（1874—1916），湖南省长沙府善化县高塘乡人。中国近代民主革命家，中华民国的创建者之一，孙中山先生知交，辛亥革命时期的先驱和领袖。

4　居正（1876 —1951），湖北广济（今湖北武穴）人。中国近现代民主革命家、政治家、法学家。

5　刘师培（1884—1919），江苏扬州仪征人，经学家。1915 年 8 月，与杨度等发起成立筹安会，作《君政复古论》《联邦驳议》，为袁世凯称帝鼓吹。

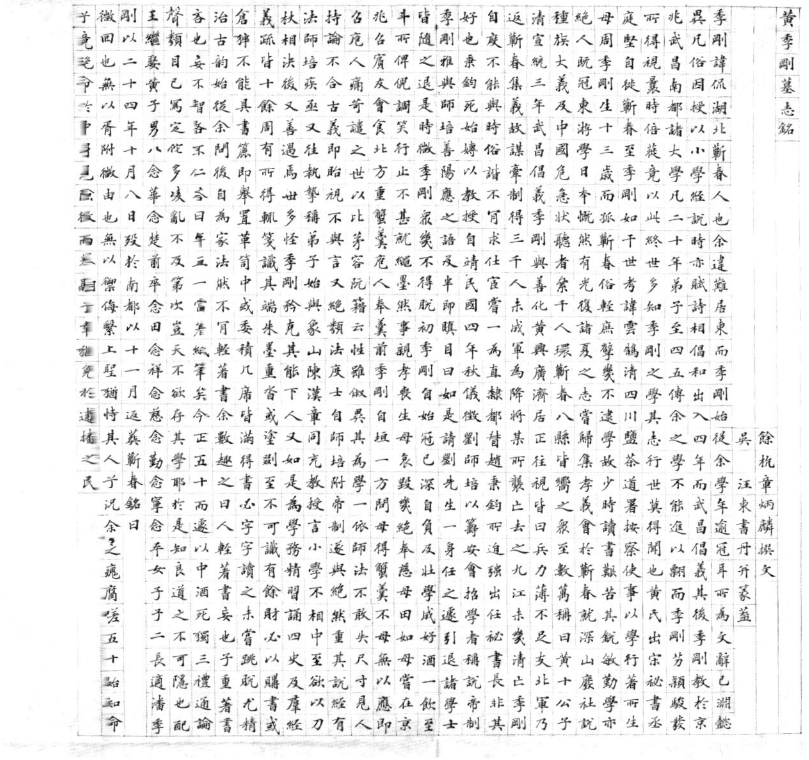

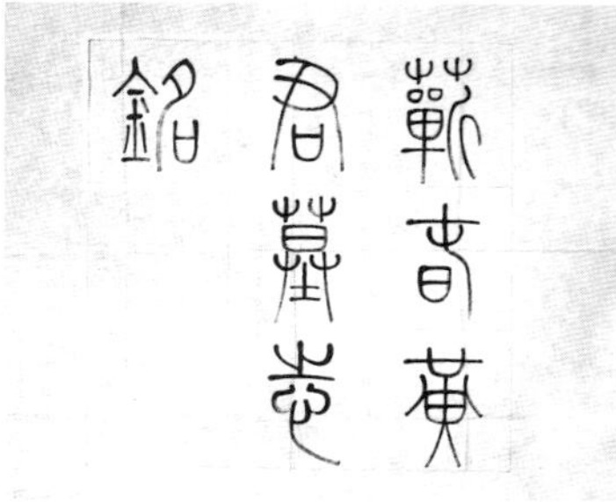

师培疾亟，又往执挚称弟子。始与象山陈汉章同充教授，言小学不相中，至欲以刀杖相决，后又善遇焉。世多怪季刚矜克，其能下人又如是。为学务精习，诵四史及群经义疏皆十余周，有所得辄笺识其端，朱墨重沓，或涂剟至不可识。有余财，必以购书，或仓猝不能具书簏，即举置革笥中，或委积几席皆满。得书，必字字读之，未尝跳脱。尤精治古韵。始从余问，后自为家法，然不肯轻著书。余数趣之，曰：“人轻著书，妄也；子重著书，吝也。妄，不智；吝，不仁。”答曰：“年五十当著纸笔矣。”今正五十，而遽以中酒死。独《三礼通论》声类目已写定，他多凌乱，不及第次。岂天不欲存其学耶！于是知良道之不可隐也。配王，继娶黄。子男八：念华、念楚前卒，念田、念祥、念慈、念勤、念宁、念平。女子子二，长适潘。季刚以二十四年十月八日殁于南都，以十一月返葬蕲春。铭曰：

微回也，无以胥附；微由也，无以御侮。繄上圣犹恃其人兮，况余之瘣腐。嗟五十始知命兮，竟绝命于中身；见险征而举翮兮，幸犹免于逋播之民。

按语

1935年，章太炎为其弟子黄侃撰写的墓志铭，回顾了黄侃一生的学术成就与个人经历。黄侃年少时勤奋好学，后师从章太炎，成为其门下大弟子，学识渊博，尤其精通音韵和训诂学。黄侃不仅积极倡导复兴国学，还曾组织乡民集会，宣讲种族大义。然而，黄侃性情刚烈，言行不拘常规，曾在民国初年拒绝参与政治和出任官职。晚年专注于教学和学术，积累了大量学问，但因饮酒过度去世，享年50岁。

有学问的文艺学

陈寅恪的诗学境界

骆冬青

1938年12月间，是时乃抗战时期，有陈寅恪赴英讲学一事。其相关往来电文，今藏南京师范大学博物馆。此事久为学界关注，盖于战时加强中英文化交流、增强民族自信、树立中国文化形象等均有重要意义。

郭泰祺自伦敦发给王世杰、钱端升电文曰：“牛津大学中国讲座应征者十七人，陈寅恪教授虽未应征而征选委员会破格聘请之，实极推重。顷问彼已拒绝，各方不胜失望。鄙意牛津讲座重要，较剑桥有过之无不及，关系中英文化合作颇巨，务恳彼重加考虑，并希尽力劝驾电覆耳。”南京师范大学博物馆所藏14通电文，反复商讨，可见学术界对于陈寅恪先生的推重。陈寅恪先生所回电文，体现了重然诺、重民族、重事业的人格特点。如：“决应聘，惟此间校课难中辍，可否于明年九月抵英？”“联大之课若骤中辍，愧对学生，殊有困难，谅蒙鉴察。”

此事虽然因故未能成行，但彰显出陈寅恪巨大的学术影响力。作为“国学大师”的陈寅恪，在学术史上，以精通许多门外语著名，更重要的却是他治中国学问的天才，更有对于国学深湛广博的知识。

我认为，陈寅恪乃是中国文化土壤中生长出来的珍奇花果，闪耀在学术天空的耀眼星辰。其光芒所发，底蕴在于诗，成于史，抵于思。

儒生思想、诗人气质、史家学术，是人们对陈寅恪精神世界的体认。作为诗人，陈寅恪有许多名句传世。鲁迅曾赞颂司马迁《史记》为“史家之绝唱，无韵之《离骚》”，陈寅恪的史学著作中，亦渗透着诗意的神韵，尤其是晚年巨著《柳如是别传》，感慨于“夫三户亡秦之志，《九章·哀郢》之辞，即发自当日之士大夫，犹应珍惜引申，以表彰我民族独立之精神，自由之思想。何况出于婉娈倚门之少女，绸缪鼓瑟之小妇，而又为当时迂腐者所深诋，后世轻薄者所厚诬之人哉！”[1]，自有一种抑郁不平之气，借着柳如是这位被

1 陈寅恪．柳如是别传（上）［M］．北京：人民文学出版社，2024：3–4.

侮辱与伤害的女性身世，钩索沉隐，而尽情发抒！其实，凡“史家之绝唱”必为“无韵之《离骚》”。只有倾注诗人的激情，才能从看似坚硬、冰冷的历史中，触摸到仍在汩汩流淌的精神河流，从历史的化石上复原出一个活生生的逝去了的世界。诗、史，最终必凝练为思，是哲思，更是史家诗意的沧桑之思。“史”变成了另一种“诗”。诗人的多情与敏感在历史研究中不仅能成为历史感的重要资源，把历史中那些最能激荡情怀的内容发掘出来，而且还能够切入历史最为敏感的神经与血脉，刺中历史的命穴。

所以，陈寅恪以“国学大师”的身份，从哲学、史学、文化学等领域进入诗学、文艺学的研究，坚守学术本位，保持边缘姿态，形成了独特的文艺学思想。他的文艺美学，贯穿了自由独立的思想与中国文化本位的精神，以创造性的美学阐释学和对于中国古代边缘文艺现象的研究，提高了文艺学研究的学术层次和水平。他所代表的“有学问的文艺学”无论在思想上、方法上都值得珍视。

陈寅恪在总结王国维的学术成就时所说的“取地下之实物与纸上之遗文互相释证”“取异族之故书与吾国之旧籍互相补正”，均是史学上的成就；而“取外来之观念，与固有之材料互相参证”则是“属于文艺批评小说戏曲之作”的文艺美学方法。陈寅恪曰：“此三类之著作，其学术性质固有异同，所用方法亦不尽符会，要皆足以转移一时之风气，而示来者以轨则。”[1]这种对于王国维学术取向的总结，是否在一定程度上也表现了陈寅恪的学思所指？陈寅恪以为，在王国维的学术研究中，“盖别有超越时间地域之理性存焉”，此非哲学而何？

陈寅恪所说的“脱心志于俗谛之桎梏”[2]，确实指出了前期王国维文艺美学中那种独立、自由的追求，确实表现了“独立之精神，自由之思想”。在哀悼王国维时，陈寅恪云：“非所论于一人之恩怨，一姓之兴亡。”[3]王国维的自沉，被赋予了深刻的美学意义。因为王国维所依附的政治实体已没有什么“有形的”“及身的”的价值，而只有从“无形的”“身后的”的文化精神的凝聚来思考。所以投身于“国学”、专心于史学的王国维，与陈寅恪都是从情感和整个心灵上融入这样一种独立、自由的理想，就不足为奇了。

陈寅恪以史学大师名世，但在精神血脉上与王国维息息相通。由于他学兼文、史，思接古今中外，其文艺美学思想尤应引起重视。陈寅恪的政治家姿态更为特立独行，他的“寅恪平生为不古不今之学，思想囿于咸丰同治之世，议论近乎湘乡南皮之间”[4]的表白，固然表现了与王国维相似的某种“不合时宜”的思想，而“吾徒今日处身于不夷不惠之间”的“不”的风骨，更是一种边缘性的生存境界的表现。“复古”或“遗民”式的精神取向，更多的是一种情怀，即以“古”“今”的对照来哀挽某种精神的沦丧。这是无论孔孟、老庄，还是西方的卢梭、海德格尔等诗人哲学家都共有的精神。王、陈精神亦应作如是观。

陈寅恪在精神上对王国维的更深认同并不在于具体的政治信仰，而在于“脱心志于俗谛之桎梏”的学术本位思想。陈寅恪的文艺学思想也在此层面上与王国维息息相通。

---

1 陈寅恪 . 王静安先生遗书序［M］// 金明馆丛稿二编 . 北京：生活 · 读书 · 新知三联书店，2001：247–248.

2 陈寅恪 . 清华大学王观堂先生纪念碑铭［M］// 金明馆丛稿二编 . 北京：生活 · 读书 · 新知三联书店，2001：246.

3 同上，第 246 页。

4 陈寅恪 . 冯友兰《中国哲学史》下册审查报告［M］// 金明馆丛稿二编 . 北京：生活 · 读书 · 新知三联书店，2001：285.

陈寅恪是诗人，因此能够以诗心解读历史；陈寅恪又是史家，因此又能由诗中读出历史。而诗人兼学人的身份，又使陈寅恪对文艺具有了非同寻常的看法。把陈寅恪摒之于文艺学术史之外是不公正的，因为他不仅写出了诸多文学研究专论，而且于精深的学术研究中体现了卓越的文艺美学思想。其中，《元白诗笺证稿》乃"以诗证史"之作，不仅在史学上具有新的方法论意义，也蕴含文艺学创见。晚年《论〈再生缘〉》《柳如是别传》等，则更体现出文史互证、诗心与史心相互阐发的特征。

在陈寅恪诗学之中，首先，其毕生所遵奉的"独立之精神，自由之思想"，占有重要地位。所谓"思想而不自由，毋宁死耳"，"自由思想"乃陈寅恪对文艺家进行品评之根本标准。因此，在论陶渊明时，揭示其自然说与名教说之不同，以及与当时政治现实之关系，特别是对旧自然说的改造与超越："推其造诣所极，殆与千年后之道教采取禅宗学说以改进其教义者，颇有近似之处。然则就其旧义革新，'孤明先发'而论，实为吾国中古时代之大思想家，岂仅文学品节居古今之第一流，为世所共知者而已哉！"[1]这就将哲思作为一个大诗人、大文学家"品节"之第一义，显然，渗透着亚里士多德的诗比历史更有哲学性的西方传统观念。《论〈再生缘〉》也首列"思想"，次及"结构"与"文词"，以为"端生此等自由及自尊即独立之思想，在当日及其后百余年间，俱足惊世骇俗，自为一般人所非议"[2]。这种把自由思想置于文艺首位的观念，从精神哲学上来观照文艺创造，就取得了一种超越的看法。尤应注意者，是陈寅恪于"自由"外，对"独立"的强调。虽独立为自由应有之义，但陈寅恪的强调，是自外于现实政治之"俗谛"桎梏的"边缘"姿态之表现。而陈寅恪之重视"自由思想"，又将其推到文艺美学本体的高度上来认识："故无自由之思想，则无优美之文学""但此种理想能具体实行者，端系乎其人之思想灵活"[3]。陈端生的《再生缘》"所以独胜者，实由于端生之自由活泼思想，能运用其对偶韵律之词语，有以致之也"[4]。思想之自由、灵活、活泼，最终引发了语言的解放，使"在镣铐中跳舞"的对偶韵律之文能达到"融化贯通无所阻滞者"，其实是自由思想带来的人的感性的解放，将语言的感性特征完全解放出来。"灵活""活泼"作为"自由"之引申，其中心在"活"，只有活生生的生命体，活生生的精神，才能最大限度地表达人的自由，才能表现出文艺之自由。陈寅恪之文艺美学思想正由于切中美学中人的生存的关键问题而显得超凡脱俗，具有卓越的见解。

重视"自由思想"的观念，也使陈寅恪对文艺发展从此角度加以论述："六朝及天水一代思想最为自由，故文章亦臻上乘，其骈俪之文遂亦无敌于数千年之间矣"[5]。与人们通常看法不同，陈氏一贯认为中华文化"造极赵宋"，他认为宋代"思想最为自由"；直到晚年的1964年，他仍坚持："天水一朝之文化，竟为我民族遗留之瑰宝。孰谓空文于治道学术无裨益耶？"[6]在陈氏之用法中，"空文"是指抽象的哲学思考。

---

1 陈寅恪．陶渊明之思想与清谈之关系［M］// 金明馆丛稿初编．北京：生活·读书·新知三联书店，2011：229.

2 陈寅恪．论《再生缘》［M］// 寒柳堂集．南京：江苏人民出版社，2020：62.

3 同上，第 67–68 页。

4 同上，第 68 页。

5 同上，第 67 页。

6 陈寅恪．赠蒋秉南序［M］// 寒柳堂集．南京：江苏人民出版社，2020：166.

宋代"新儒学"的发达，正是哲学思考的发达，是"思想最为自由"的一种表现。然而，一般认为，"新儒学"具有某些专制性品质，陈寅恪所崇尚的此种"自由思想"本身其实是压抑人的自由的思想。但是，陈寅恪"儒生思想"在此充分表现，而重视哲学思维的自由灵活与文艺发展的关系，于此进一步表现了出来。

陈寅恪在文艺美学上的另一个贡献是基于其中国文化本位论而对中国文学自身特征的高度自觉与深入考察。在20世纪初，"国人内感民族文化之衰颓，外受世界思潮之激荡"[1]，对中国语言文字都产生了怀疑，兴起了变革之大潮。而陈寅恪在《与刘叔雅论国文试题书》中，虽然是谈以对对子来测试国文水平的合理性，却对汉语的特殊性作了深刻的阐发，思锋所至，涉及中外文学之比较，以及"创造一真正中国文法"的期盼。由于陈氏精通多种语言，所论自具通识通解。这种对中国语言特性的重视，使他对汉语文学的理解与分析具有独特的见地，而不同于那些妄肆比较的做法。如在晚年《论〈再生缘〉》中对中国弹词体与外国史诗的比较，就落实到"文词"的层面上进行。他特别提出："中国之文学与其他世界诸国之文学，不同之处甚多，其最特异之点，则为骈词俪语与音韵平仄之配合。"[2]并对对偶之文"往往隔为两截，中间思想脉络不能贯通"的缺点进行了分析，甚具深心。这种从文化的最为基本的层面来分析文学的做法，实已与现代西方哲人所谓"语言乃存在之家园"的看法相通。而其中蕴含着的以民族文化本身特性为基础吸取外来文化而进行新创造的观念，则是文艺美学尤其所当注意发掘与吸收的。

陈寅恪在文艺美学上的又一重要贡献是形成了颇为独特的美学阐释学理论。《冯友兰〈中国哲学史〉上册审查报告》中有一段著名的话："凡著中国古代哲学史者，其对于古人之学说，应具了解之同情，方可下笔……盖古人著书立说，皆有所为而发。故其所处之环境，所受之背景，非完全明了，则其学说不易评论，而古代哲学家去今数千年，其时代之真相，极难推知。吾人今日可依据之材料，仅为当时所遗存最小之一部，欲借此残余断片，以窥测其全部结构，必须具备艺术家欣赏古代绘画雕刻之眼光及精神，然后古人立说之用意与对象，始可以真了解。所谓真了解者，必神游冥想，与立说之古人，处于同一境界，而对于其持论所以不得不如是之苦心孤诣，表一种之同情，始能批评其学说之是非得失，而无隔阂肤廓之论。"[3]值得重视的是，陈寅恪强调的是文艺美学的"欣赏"眼光与精神，是以感性的投入"设身处地""将心比心"地"神游冥想"而达到的"神遇"与"意会"。其与王国维"境界"说有着深刻的联系，都是让心灵进入超出语言文字之外的世界。"以神遇而不以目视"，超出感性的媒介而达到心灵的沟通。柏拉图论灵感有神灵附体的"迷狂"说，亦与庄子之说"神遇"同义，都是企图经由感性投入而直接与神灵相通，"通灵"而入于"太虚幻境"，才真正进入了"神游冥想"之境界。在论王国维时，陈寅恪也说："神州之外，更有九州。今世之后，更有来世。其间傥亦有能读先生之书者乎？如果有之，则其人于先生之书，钻味既深，神理相接，不但能想见先生之人，想见先生之世，或者更能心喻先生之奇哀遗恨于一时一地，

---

1 陈寅恪．陈垣元西域人华化考序［M］// 金明馆丛稿二编．北京：生活·读书·新知三联书店，2001：270.

2 陈寅恪．论《〈再生缘〉》［M］// 寒柳堂集．南京：江苏人民出版社，2020：67.

3 陈寅恪．冯友兰《中国哲学史》上册审查报告［M］// 金明馆丛稿二编．北京：生活·读书·新知三联书店，2001：279.

彼此是非之表欤？”[1]这里所说的“神理相接”，即是越过语言媒介而直接与作者的灵魂相遇。但于此又进一步强调了“心喻”，强调在知人论世之后与作者的“奇哀遗恨”相感通。由“神理”而至“心喻”，显然是将阐释的“了解之同情”，扩充到整个精神世界，以情感的沟通为最深挚的沟通。这正是美学的阐释——它不是止于对思想的理解，而是要用整个心灵的智慧与意志去拥抱“人”，用情感作最终的体察与验证。

与王国维由“诗”而入“史”不同者，陈寅恪在晚年乃由“史”入“诗”。此固有其生存及治学条件之原因，但更重要的是，晚年陈寅恪凝神于文化美学之维的精神取向。所以，与王国维早期重视小说、戏曲等边缘文体相映成趣的是，陈寅恪晚年对弹词、戏曲、小说等边缘文体，以及柳如是这样的边缘人物大感兴味，倾注了浓厚的激情。“平生所学惟余骨”的诗人，“稍以小说词曲遣日”，寄寓的是一种生存于政治边缘的情怀。所以，他从“婉娈倚门之少女，绸缪鼓瑟之小妇”身上，“表彰我民族独立之精神，自由之思想”，就是一种深思熟虑的文化选择。这些“为当时迂腐者所深诋，后世轻薄者所厚诬之人”，虽然与“天水一朝”的伦理道德观念有很大距离，但陈氏恰恰从陈端生、柳如是这样具有“惊世骇俗”的自由思想、独立精神的女性身上，找到了“心喻”的对象。

窃以为，在一种更为宏阔的眼光下，诗本身也是在历史中产生，并且见证着历史。诗中所使用的词语、叙事方式乃至结构，均具有历史性质。当然，更深层次上，诗歌之叙事，与对于历史的审察密切相关。感应到“诗”与“史”深层次的相通，陈寅恪提出的“以诗证史”，就具有广阔的精神意蕴与深微的学术意涵。

在唐史课程中，陈寅恪对唐诗在唐史中的作用有深切体悟：“唐诗有很多材料可以补充唐史史料的缺乏。隋朝起源的科举制度，至唐演进为进士科、明经科并行。武则天注重进士科，在其时代，依靠作诗作文章便可达于高位，有利于打破南北朝以来的门阀制度。考生投考，时兴以诗文行卷，以获得高位者的认可，向考官推荐。行卷之风需要展示绝代才华，因此促进了诗文写作的出新出奇。唐代识字的人都能作诗，诗可分为摹拟与创作两种。与‘历史’有关的，一定不是摹拟而是创作。唐诗七言居多，与音乐有关。翻译的佛经，也是四句七言。而且七言与饮食、起居、交际，关系甚多。唐诗纪事的价值大于宋代词话。武则天时期的改革，史籍中记录的少，诗里面记录的多。唐诗避讳较少。唐诗证史的好处，一是纠正错误，二是说明真相，三是别备异说，四是互相证发，五是增补缺漏。”[2]

在“元白诗证史”课程中，陈寅恪更将思考扩展到中西比较，在世界性目光下，观察诗、史关系：“中国诗与外国诗的不同，在于中国诗虽短，却包括时间、人事、地理三个要点；外国诗多为宗教、自然而作，时间、人事、地理呈现较为空洞。中国诗有这三个特点，因此与历史发生紧密的联系。唐人有本事诗，宋人有唐诗纪事，但这类记述，事因诗而来，也随诗而去，没有组织，没有系统。人与人之间，事与事之间，从空间到时间，均没有联系，也没有综合，因此对历史无法构成阐释。就白居易的研究而论，需要‘综合起来，用一种新方法，将各种诗结合起来，证明一件事。把所有分散的诗集合在一起，于时代人物之关系、

1　陈寅恪．王静安先生遗书序［M］// 金明馆丛稿二编．北京：生活·读书·新知三联书店，2001：248.

2　关爱和．论陈寅恪的文体辨识［J］．文艺研究，2022（11）.

地域之所在，按照一个观点去研究，贯通起来可以有以下作用：说明一个时代之关系；纠正一件事之发生及经过；可以补充和纠正历史记载之不足。最重要是在于纠正。元白诗证史即是利用中国诗之特点来研究历史的方法’。唐人诗皆可用来证史。之所以取元白诗，一是因为元白诗在中唐，便于联系上之盛唐，下之晚唐；二是以唐诗看社会风俗最好，元白诗反映社会风俗的内容最多；三是元白诗流传者较多。以元白诗证史，要注意两点：一是了解唐朝整体局面，才能进入解释；二是要在变动的历史中观察，联系前后变迁，才能进入解释。”[1]

《元白诗笺证稿》，首篇即以《长恨歌》笺释当时之历史，云：“《长恨歌》为具备众体体裁之唐代小说中歌诗部分，与《长恨歌传》为不可分离独立之作品。故必须合并读之，赏之，评之。明皇与杨妃之关系，虽为唐世文人公开共同习作诗文之题目，而增入汉武帝李夫人故事，乃白、陈之所特创。诗句传文之佳胜，实职是之故。”[2]这是就文体而言，但将唐人诗歌放置在大的“文”之下来观察，尤其见出陈寅恪“国学大师”之风范。

那么，唐人传奇小说之“文备众体”，也牵涉文学本身的价值比较。陈寅恪以为，元、白相较，元稹也有胜出之处，尤在悼亡诗与艳诗。其悼亡诗“抒其情，写其事，缠绵哀感，遂成古今悼亡诗一体之绝唱。实由其特具写小说之繁详天才所致，殊非偶然也”[3]；艳诗“抒写男女生死离别悲欢之情感。其哀艳缠绵，不仅在唐人诗中不可多见，而影响及于后来之文学者尤巨。如《莺莺传》者，初本微之文集中附庸小说，其后竟演变流传成为戏曲中之大国巨制，即是其例”[4]。可见，在大文学目光下，传统之小说、戏曲，乃至弹词，均成为文学之中以审美而论价值，迥非古人以文类、文体论价值之偏见。故有论弹词《再生缘》之独到见解：“弹词之文体即是七言排律，而间以三言之长篇巨制。故微之惜抱论少陵五言排律者，亦可以取之以论弹词之文。又白香山之乐府及后来摹拟香山，如吴梅村诸人之七言长篇，亦可适用微之惜抱之说也。弹词之作品颇多，鄙意《再生缘》之文最佳，微之所谓‘铺陈终始，排比声韵’‘属对律切’，实足当之无愧，而文词累数十百万言，则较‘大或千言，次犹数百’者，更不可同年而语矣。”[5]

正是这种“自由之精神”，令陈寅恪“脱心志于俗谛之桎梏”具有文体上的平等观、男女平等观，这就颠覆了宋儒的价值理念。唐人诗歌、传奇，以及晚明士人、妓女等之间复杂的关系的探询，无疑与当代西方艺术社会学、美学乃至文化研究均有深刻的相通。

因此，陈寅恪的精神历程，构成了20世纪中国文艺美学上的一个奇观。他所开辟的这种“有学问的文艺学”，最能经得起时间的考验。其中蕴含着的诸多思想资源，是需要我们反复追索探寻的；而对于文艺学、美学研究的启示，则尤其值得珍视。

（作者：骆冬青，南京师范大学文学院教授，博士生导师）

---

1 关爱和．论陈寅恪的文体辨识［J］．文艺研究，2022（11）．

2 陈寅恪．元白诗笺证稿［M］．北京：生活·读书·新知三联书店，2001：45.

3 同上，第103页。

4 同上，第84页。

5 陈寅恪．论《〈再生缘〉》［M］// 寒柳堂集．南京：江苏人民出版社，2020：66–67.

附：

杭立武[1]、王世杰[2]为陈寅恪赴牛津大学讲学往来电文稿[3]

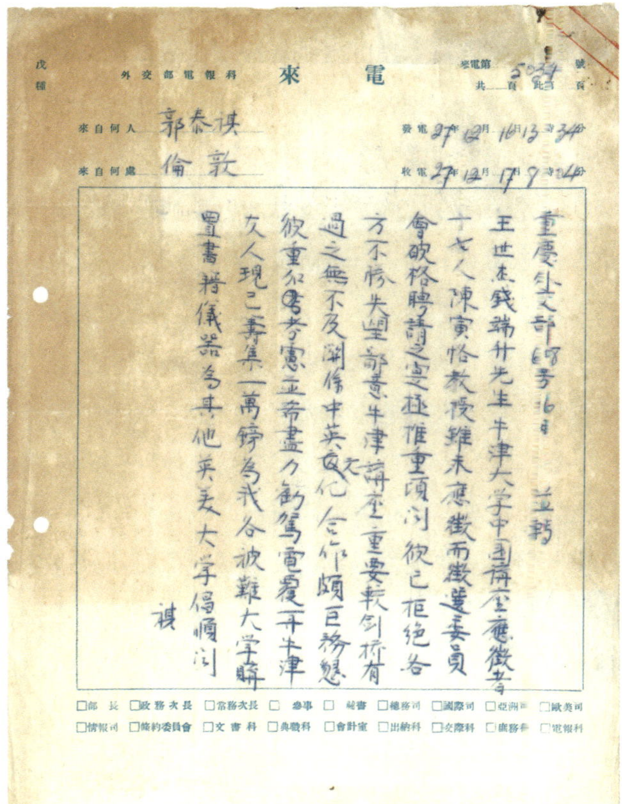
外交部電報科 來電
來自何人 郭泰祺 發電 27 12 16 13 34
來自何處 倫敦 收電 27 12 17 7 04
重慶外交部608號16日 並轉
王世杰錢端升先生牛津大學中國講座應徵者
十七人陳寅恪教授雖未應徵而徵選委員
會破格聘請之實極推重頃聞彼已拒絕各
方不勝失望鄙意牛津講座重要較劍橋有
過之無不及關係中英文化合作頗巨務懇
彼重加考慮並希盡力勸駕電覆耳牛津
友人現已籌集一萬磅為我各被難大學購
置書籍儀器為其他英美大學倡頃問
祺

释文

外交部电报科来电

来自何人：郭泰祺[4] 发电 27 年 12 月 16 日 13 时 34 分

来自何处：伦敦 收电 27 年 12 月 17 日 7 时 04 分

重庆外交部 608 号 16 日 并转

王世杰、钱端升[5]先生：牛津大学中国讲座应征者十七人，陈寅恪教授虽未应征而征选委员会破格聘请之，实极推重。顷问彼已拒绝，各方不胜失望。鄙意牛津讲座重要，较剑桥有过之无不及，关系中英文化合作颇巨，务恳彼重加考虑，并希尽力劝驾电覆耳。牛津友人现已筹集一万磅为我各被难大学购置书籍、仪器，为其他英美大学倡，顺问，

祺！

1 杭立武（1904—1991），安徽滁县（今滁州）人。1923 年毕业于金陵大学，1929 年获英国伦敦大学博士学位。归国后受聘为中央大学政治系教授兼系主任。1931 年起专任中英庚款董事会总干事达十数年。

2 王世杰（1891—1981），湖北崇阳人，字雪艇。留学英国和法国，先后获伦敦大学经济学博士学位、巴黎大学法学博士学位。1921 年回国后，历任北京大学教授，武汉大学校长，国民党政府法制局局长、教育部部长、外交部部长，中央研究院院士。

3 本批电文稿共 14 件，受篇幅限制展示 6 件。

4 郭泰祺（1889—1952），字复初、葆东，湖北广济（今武穴）人，中华民国时期著名政治家、外交家。1919 年以中国代表团专门委员身份出席巴黎和会。1926 年参加北伐战争，任国民政府外交部次长。1928 年后历任驻意大利公使、国民政府立法委员、外交部次长、驻英国大使。曾三次代表中国出席国联会议。1940 年后任国民政府外交部部长、国防最高会议外交委员会主席。

5 钱端升（1900—1990），字寿朋，出生于上海，中国共产党党员，民盟盟员，政治学家、法学家、教育学家、社会活动家，中央研究院院士。

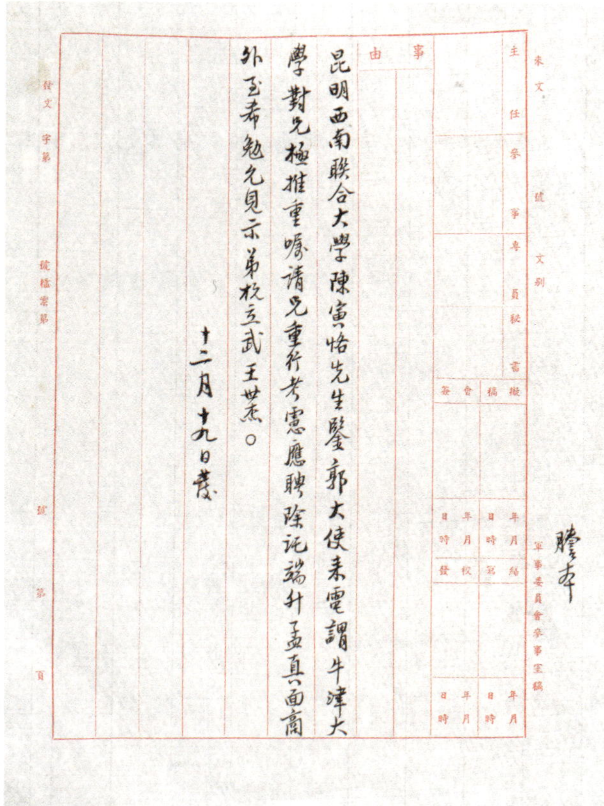

昆明西南聯合大學陳寅恪先生鑒郭大使來電謂牛津大學對兄極推重囑請兄重行考慮應聘除託端升孟真面商外至希勉允見示弟杭立武王世杰。

十二月十九日發

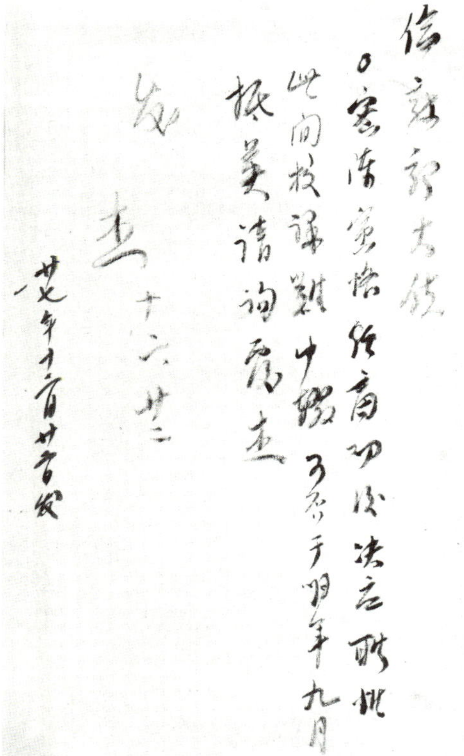

倫敦郭大使

密陳寅恪經商劝後決應聘惟此間校課難中輟可否于明年九月抵英請询覆杰

發杰 十二 廿二

廿七年十二月廿二日發

昆明西南联合大学陈寅恪先生鉴：郭大使来电，谓牛津大学对兄极推重，嘱请兄重行考虑应聘。除托端升、孟真面商外，至希勉允见示。弟杭立武、王世杰。

十二月十九日发

伦敦郭大使：

密，陈寅恪经商劝后决应聘，惟此间校课难中辍，可否于明年九月抵英，请询覆杰

发杰，十二，廿二

廿七年十二月廿二日发

抄陈寅恪先生来函

立武先生大鉴，一月十八日奉示敬来盛意载荷至极，联大之课若骤中辍，愧对学生，殊有困难，谅蒙鉴察。鄙意似仍以今年九月抵英之议为较妥，但候牛津复电为何再商定办法。至弟为赴英所欲求公垂助者即请中英庚款会暂垫借川资及治装之费，并办理出国护照等事。既承询及，故敢预陈，尚希亮察是本。专此奉复，敬颂时祺。

弟陈寅恪顿首　　一月廿一日

牛津大学函称昨日已选定陈寅恪为汉学教授，任期十月一日起，请转达云云。祺！

二十八年二月四日到

按语

这组信件反映了1938年末至1939年初，围绕陈寅恪受聘牛津大学教授职位一事的详细沟通过程。在这段中英之间的跨国联络中，不仅有学术界的推荐与劝说，也涉及外交部门的支持与沟通。

首先，12月16日，郭泰祺通过电报向王世杰、钱端升转达牛津大学的诚意，强调牛津大学聘请陈寅恪出任“中国讲座教授”一职虽属破格之举，但背后旨在推动中英文化交流，甚至为因战乱受困的中国大学筹集了高达一万英镑的援助。郭泰祺在电报中希望相关人士尽力劝说陈寅恪重新考虑。

此后，王世杰和杭立武于12月19日致函陈寅恪，向他传达牛津大学的诚意，尤其是郭泰祺大使的重视，委托其好友傅斯年等人与陈寅恪沟通，表达邀请的迫切。

在多方努力下，陈寅恪的态度发生了转变，他最终决定接受聘请，但考虑到自己在西南联大的教学任务，不得不延至1939年秋季赴英。在1月21日的回信中，陈寅恪委婉说明无法立刻赴任的原因，并提到希望获得部分经济支持以负担赴英的旅费与相关开支，这一请求也表明了赴任过程中的现实考量。

最终，1939年2月4日，郭泰祺来电告知，牛津大学正式确认聘任陈寅恪为汉学教授，任期自10月1日开始。这些往来信件不仅展示了陈寅恪与牛津大学的沟通，还揭示了当时学界、政界共同促成的文化交流，见证了抗战期间中英双方对学术与教育合作的重视。

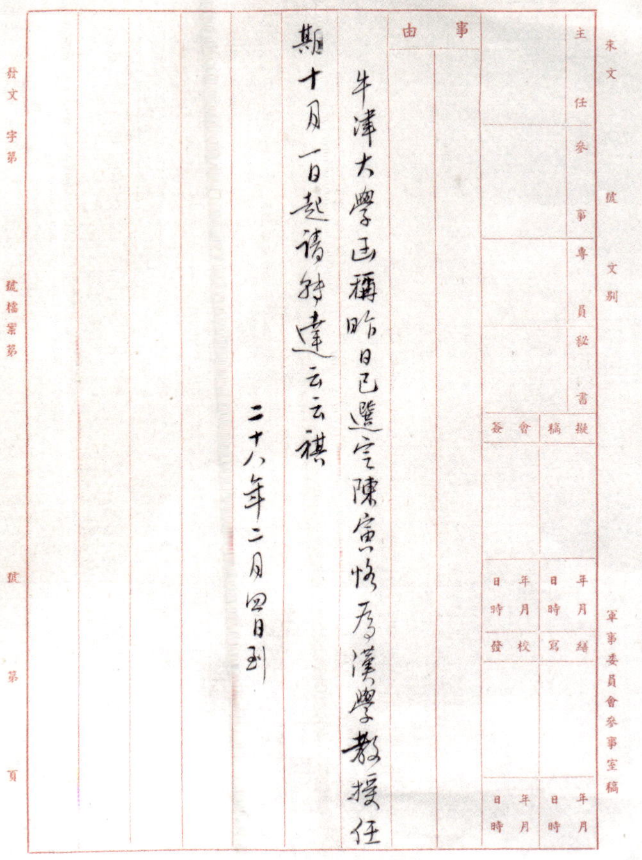

來文 號 文別

主任參事 專員 秘書

擬稿 會簽

年 月 日 時 年 月 日 時

繕寫 校發

年 月 日 時 年 月 日 時

軍事委員會參事室稿

發文 字第 號 檔案第 號 第 頁

事由

牛津大學函稱昨日已選定陳寅恪爲漢學教授任期十月一日起請轉達云云 祺

二十八年二月四日到

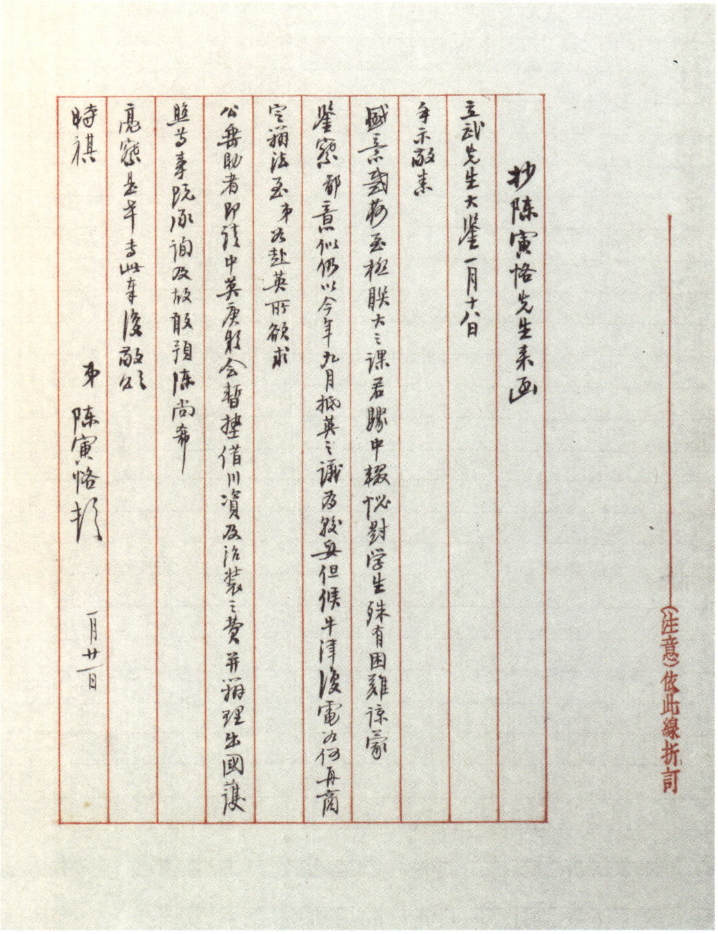

抄陳寅恪先生來函

立武先生大鑒：一月十八日手示敬悉，盛意感荷至極。聯大之課若將中輟，必對學生殊有困難，弟意似仍以今年九月抵英之議爲較妥，但俟牛津復電如何再商。

尊處法幣事，弟此次赴英所欲求公幫助者，即請中英庚款會暫墊借川資及治裝之費，并辦理出國護照等事。既承詢及，故敢詳陳，尚希亮察是幸。專此奉復，敬頌時祺

弟 陳寅恪 拜

一月廿一日

（注意）依此線折訂

实践人之为人者

工夫论视野中的梁漱溟心理学思想

宋晨光　崔光辉

梁漱溟（1893—1988）是中国近代著名思想家、哲学家、社会活动家，新儒家早期代表人物之一，在近代的大变局下，他将传统与现代、东方与西方进行了独具特色的整合，在社会文化、心理学、乡村建设等诸多领域留下了宝贵的思想财富。

在南京师范大学博物馆馆藏的梁漱溟致张曦的信函中，梁漱溟的圣贤形象跃然纸上。他诚于中而形于外，谈及儒佛问题时言："不敢妄谈，恒守眼前承知之一步，以自勉励，期无负此心而已"。他践行尽性，"不为业习外物所困"，亲师取友，精进求道："唯与夙昔诸友，暨相从不去之学生数人，共处闻修自为风气，绝不与世通。"他坦率直言，虽与章士钊有"十年旧谊"，仍能出以公心批评："行严年来不自振拔，卒致临事昏瞀，失其整顿之道，大辜朋友之望。斯足责耳。"他与同道同明相照。信中关于老友熊十力的文字尤为宝贵："不徒以知解见长，精神气魄皆有大过人者，语默之间随在足以使人有所感发兴起。"他不忧不惑，劝勉对方笃行不怠，今天读来依然使人感动不已："尊兄今不过四十耳，正当富盛之年，德业、学业、事业俱无穷尽，何遽自谓老大耶？老当益壮，况于未老。此念万不可存，存之自生障碍，愿尊兄留意焉。"

在梁漱溟的思想中，心理学思想扮演着重要角色，他从人心讲人生，从人生讲生活、文化，形成了自己独特的致思理路。因此，研究梁漱溟的心理学思想既能够为心理学发展如何处理"古今中西"问题提供重要的启迪，又对于理解梁漱溟的全部思想具有重要价值。然而，受限于研究视野，梁漱溟心理学思想研究中存在一些问题始终未能解决。在此状况下，新的研究视野的提出也就成了当务之急。

一、梁漱溟心理学思想研究中的问题

梁漱溟的心理学思想研究已经取得一些成果，王宗昱肯定了梁漱溟心理学思想与其文化、人生思想的内在关联。[1] 柳友荣从心理发生观、心理发展观、心理健康观、学习心理观等方面整理梁漱溟的心理学思想，并补充身心关系的活动机理和知识构成的方法，将之视为一种本土心理学研究进路。[2] 这一时期其他的研究将梁漱溟心理学思想称为“大心理学”“哲学心理学”“人类心理学”[3]，无不强调梁漱溟心理学思想的独特性并加以标识。但上述研究仅仅指出这种独特性，并没有深入挖掘和丰富展现。李抗进一步认为梁漱溟心理学思想的核心特征在于其“生命心理学范式”，具有人心、生活、生命三位一体的构成内涵[4]。这些研究对梁漱溟心理学思想有了初步整理，肯定了梁漱溟在心理学方面的重要贡献，认识到了梁漱溟心理学思想的独特性与重要地位，但同时仍然存在一些值得讨论的问题。

（一）西方心理学框架的束缚

前述研究多是按现代科学心理学框架将梁漱溟思想中相应部分纳入其中，并称之为梁漱溟的心理学思想，并在研究中预设了以西方心理学为内容上的过滤器与评价上的参照系，这一研究思路属于中国心理学史研究中的“内容相似论证法”，其优势在于能够证明中国传统文化中也有心理学思想，并借此与西方心理学对话交流。但这也存在严重的问题，即中国文化中独具特色的思想资源难以得到深入研究，从而难以确立中国心理学研究的学术自主与自信[5]。在对梁漱溟心理学思想的研究上，这种方法以固定的、僵死的框架去切分活的生命之思，以体系化、理论化为标准去衡量亲证体知的知行之学，无疑容易导致削足适履、因小失大的状况，造成一种学术研究上的“消耗性转换”，即由于研究视野选取不当，导致研究对象的核心与精华部分流失，徒留下一些细枝末节。[6]

（二）思想与生活实践的分离

梁漱溟的心理学思想带有浓厚的“亲证”特色，它不是与生活现实毫无关涉的纯粹的概念思辨，而是包涵了梁漱溟的生命实践及生活体验的“践行式”思想。如梁漱溟自己所说，“我的生活与思想见解是

1 王宗昱．梁漱溟与心理学［J］．哲学与文化，1990（9）．

2 柳友荣．梁漱溟心理学思想摭谈［J］．心理科学，1999（5）；柳友荣．再论梁漱溟心理学思想［J］．心理学报，2000（4）；柳友荣．梁漱溟与心理学本土化［J］．巢湖学院学报，2004（6）．

3 张海钟．评梁漱溟的大心理学思想［J］．殷都学刊，1995（1）；张秀军．心理学的哲学之光——梁漱溟哲学心理思想探评［J］．辽宁师范大学学报（社会科学版），2001（2）；陆信礼．梁漱溟的“人类心理学”及其理论意义［J］．心理学探新，2002（4）．

4 李抗．生命心理学：梁漱溟的心理学范式取向［J］．心理学探新，2017（4）．

5 汪凤炎．如何才能促进中国心理学史研究茁壮成长［J］．苏州大学学报（教育科学版），2018（2）．

6 王汎森．执拗的低音：一些历史思考方式的反思［M］．北京：生活·读书·新知三联书店，2014：23-30.

成一整个的，思想见解到哪里就做到哪里”[1]。梁漱溟的思想由现实问题而来，且与生活行动及体验密切结合，他的思想和生命是融为一体的。也正因此，仅从理论概念一个方面是不足以深入理解梁漱溟的思想的，而前述对梁漱溟的研究，无视其自白，多从著述观念入手讨论，或进行概念辨析，或试图就某一个主题构建理论体系，对其颇有思想内涵的实践活动却视而不见，最终只能是“掉弄名词，演绎符号而已；理趣大端，终不可见”[2]，甚至在观念的遮蔽下，出现人及其生命湮没不彰的局面。而要避免这种情况，只有将其生命践行和人生之思联系起来加以考察，才能从整体上把握其思想的道路。[3]

（三）对思想演变历程的忽视

过程的揭示在历史研究中的重要性不言而喻，尤其对于思想前后转变很大的梁漱溟而言，动态的展现更不容忽视。梁漱溟常常在书再版时在序或附记中指出自己思想已经发生的转变，如《究元决疑论》附记中说“这篇东西现在看起来直是荒谬糊涂，足以误人，我自己早十分后悔了”[4]，类似的悔悟在《东西文化及其哲学》再版时的序里也反复出现。然而这些说明并没有受到认真对待，人们仍常常将梁漱溟某一本书或某一阶段的思想当作他的全部思想或一贯的思想[5]，甚至频繁使用梁漱溟已经反悔过的概念说法。梁漱溟对此也受苦不已，他在《东西文化及其哲学》第三版自序中谈道：“不料我一再声明的仍未得大家的留意，而由这一段不妥当的说话竟致许多人也跟着把‘直觉’‘理智’一些名词滥用误用，贻误非浅；这是我书出版以后，自己最歉疚难安的事。现在更郑重说明，所有这一段话我今愿意一概取消，请大家不要引用他或讨论他。”如此恳切的言辞似乎仍然没有效果，以至于后来梁漱溟特意在那段话里加了一个批注：“此下一大段话，由于当时对于人类心理认识不足，以致言词糊涂到可笑可耻地步。1975 年 4 月老叟自批。”[6]而在后人的研究中，大多依旧不加任何说明地引用那段话，当作梁漱溟从未改变的思想，这样无疑会导致对梁漱溟心理学思想的误解。

上述问题存在内在的关联性，概括而言，当以西方心理学构架研究梁漱溟“践行式”的心理学思想时，意味着以固定规整的条条框框去筛选浑融一体、鲜活流动的思想，其中的生活性、具体性、演变细节就会被漏掉，割裂了思想与生活的联系以及思想的前后变化。要解决这些问题，就必须找到恰当的研究视野来契合梁漱溟的心理学思想，将思想与生活联系起来考察，推动研究梁漱溟心理学思想的路径转变，由思想观念到身心践行、由静到动，关注它们的互动及前后演变。而工夫论这一视野恰好蕴含了这样的可能性。

1 梁漱溟 . 梁漱溟全集（第一卷）［M］. 济南：山东人民出版社，2005：343.
2 同上，第 328 页。
3 李抗 . 生命心理学：梁漱溟的心理学范式取向［J］. 心理学探新，2017（4）.
4 梁漱溟 . 梁漱溟全集（第一卷）［M］. 济南：山东人民出版社，2005：20–22.
5 郭齐勇，龚建平 . 梁漱溟哲学思想［M］. 北京：北京大学出版社，2011：236–237.
6 梁漱溟 . 梁漱溟全集（第一卷）［M］. 济南：山东人民出版社，2005：485.

二、工夫论作为研究视野的可能性

工夫论作为一种研究视野，与梁漱溟心理学思想的契合性主要在于：工夫论具有“知行合一”的特质，其中思想与生活行动融合无间，而且具备动态展现的条件；梁漱溟有丰富的工夫实践，且与他的心理学思想有不可分离的联系。

（一）工夫论的知行合一

“工夫”一词得到明确使用与大量讨论是在宋明儒学中，它是一种指向“内圣外王”的修养路径，也可说是先秦以来修身之学的代称。[1] 在后来的使用中，工夫的含义得到引申，它指的是通过一定的实践提升人的状态与境界，或指通过一定修为由人的现实性过渡到本然性，工夫从而不再局限于儒学脉络中，道教、佛教、武术及中医等都有自己各具特色的工夫。

工夫论则是统括了工夫及其实践过程中的体悟思感的综合体，它是一个综合视野，既关乎身体，又关乎心灵，既包涵了知，又切乎行。徐复观曾说：“以自身，尤其是以内在的精神为对象，为了达到潜伏着的生命根源、道德根源的呈现，而加以处理操运的，才可谓之工夫……必需以生命体验渗透融入，才有其可能，否则所说的只是不相干、不负责的废话。”[2] 工夫的这种特殊性决定了工夫中的知是与行不可分离的知，是关于人心、德性、生命的知，冀剑制称为“自我知识”，是只有在身心践行中能够体悟得到的知识。这些知识只能通过体证来把握，而不能靠论证式的逻辑推理获得。[3] 这种经由工夫而获得的体悟性知识，有生命体验为根基而且渗透进实际行动中，表现出稳固持久、不易动摇的特征。工夫论之知行合一还体现于工夫实践的过程常会伴随无形之“知”的易感化现象，出现实践者内在生命外显的结果，它把不可目测的内心层次具体化并还原到身体，使知识、伦理能够体之于身、实有诸己，形成能够自我发动、自我落实的德性。[4] 杨儒宾将此称为“精神化的身体”[5]，指道德、人格等精神层面完全融入到举手投足、语默动静的身体中，身心之间泯然无别，此时身体已然包含内在的气、外在的形以及意识三个层次。“圣贤气象”“风度”及“精气神”等都可视为此例。

知行合一的特质使工夫论作为一种研究视野时，可以不同程度地解决上文所述的三个问题。首先，工夫论不同于西方心理学的学科框架，学科框架有范畴化、理论概念化倾向，工夫论则具体化、生活化。

---

1 杨儒宾．一阳来复——《易经·复卦》与理学家对先天气的追求［M］// 儒学的气论与工夫论．上海：华东师范大学出版社，2008：72–110.

2 徐复观．中国人性论史：先秦篇［M］．北京：九州出版社，2014：420–421.

3 冀剑制．以自我知识为中心的哲学［J］．鹅湖月刊，2007（4）；冀剑制．体证与论证的混淆：一个儒、道、佛哲学的难题［J］．鹅湖月刊，2012（3）.

4 乔清举．中国哲学研究反思：超越“以西释中”［J］．中国社会科学，2014（11）.

5 杨儒宾．支离与践形——论先秦思想里的两种身体观［M］// 中国古代思想中的气论及身体观．台北：巨流图书公司，1993：415–449.

工夫论视野不会以某种固定的结构去筛选过滤，也就不容易错失梁漱溟心理学思想中的核心部分。其次，工夫论是一个思想与行动互相交融的视野，思想离不开行动，行动也离不开思想。这就可以从思想与生活实践两个层面理解梁漱溟的心理学思想，促成研究中思想与生活的融合。生活实践层面的纳入，能够澄清一些仅从思想理论上来看有分歧或不明确的地方，丰富研究面貌。最后，工夫修行是一个持续不断的发展过程，既非一劳永逸，也非静止不变。工夫论视野内在地要求历程性，这意味着梁漱溟心理学思想的发展演变将被视为研究中的重要部分，不会被静态的抽象概括所掩盖。总之，梁漱溟心理学思想作为一种鲜活的生命之思及亲证体知的知行之学，在工夫论视野下能够得到完整展现。

（二）梁漱溟的工夫实践

梁漱溟的工夫实践涉及广泛，[1] 除儒、释、道三家之外，晚年还坚持练习拳法，其中最主要者，是与梁漱溟“亦儒亦佛”的思想风格密切相关的佛教修行及儒家工夫。

《楞严精舍日记》是梁漱溟早期在研读佛经、过出家生活时所记，其中有他修炼的记录，可惜这本日记在战乱中遗失，如今只能从相关著作中寻其概略。这一段佛教修行经历的缘起则是梁漱溟早年持有一种接近于功利主义与实用主义的“事功”倾向，这种处处讲求利弊权衡、小心计算的思想态度让梁漱溟产生了人生的价值危机。[2] 为了解决危机，他闭门研读佛经，奉行不吃荤、不婚娶的律则，进行佛教的工夫修养。持戒律、诵读佛经是佛教修行的重要部分，它们的功效则是减少外在欲求的袭扰，使心能够安定下来。从梁漱溟入佛及之后的思想与实践来看，让梁漱溟痛苦不已的“事功”倾向确实得以缓解，功利、实用的心态减轻了，而且还形成了后来“一任直觉、顺心而为、不计得失”的重要思想。虽然后来梁漱溟思想由出世转为入世并结婚生子，但不吃荤却坚持了一生，可见此段工夫修行对他的影响之深远。1949 年 8 月至 10 月，梁漱溟在重庆北碚的缙云山上闭关习静，[3] 这是梁漱溟第二段较为密集的佛教修行，这一时期的工夫修行以藏传密教静功为主，主修大手印和加行。[4] 在梁漱溟的日记中可以看到他修行时的感受和认识：修行最重要的不是认知上的理解，而是在身心行动中实际证得，否则只能“可望而不可即”；修行佛法有利于生命从有对超进于无对，从贪迷奔逐之势中超脱出来；睡眠状况及心境的变化；放下只能是放平，不能是放弃不管，放平是佛法，放弃非佛法；对自性清净、本来佛陀有感泪下。[5] 总体而言，他的日记和书信显示了修行中身体状况的转变和对“心”“乐”“明”等方面的体验，还包括了对自己思想的确认与修正。

1　王宗昱 . 梁漱溟的佛教修行［J］. 鹅湖月刊，2003（6）.

2　梁漱溟 . 梁漱溟全集（第二卷）［M］. 济南：山东人民出版社，2005：679–681.

3　梁漱溟 . 梁漱溟日记［M］. 上海：上海人民出版社，2014：56–64.

4　王宗昱 . 梁漱溟的佛教修行［J］. 鹅湖月刊，2003（6）；陈来 . 梁漱溟与习静之功［J］. 鹅湖月刊，2009（11）.

5　梁漱溟 . 梁漱溟日记［M］. 上海：上海人民出版社，2014：56–64；王宗昱 . 梁漱溟的佛教修行［J］. 鹅湖月刊，2003（6）；陈来 . 梁漱溟与习静之功［J］. 鹅湖月刊，2009（11）.

相对于佛教闭关修行，儒家工夫更多体现在日常生活中，因此并没有专门的、明确的日记记录，而是要从各处著述及实际生活中觅得。其中较为重要的工夫之一即体现在他由出世到入世这一转变历程中的立志工夫。梁漱溟对出世生活十分倾心，但当时的社会环境与他的社会责任感却不容他这么做，眼见战祸连连、生灵涂炭，梁漱溟大声疾呼“吾曹不出如苍生何？”[1]，立志“我愿终身为民族社会尽力；并愿使自己成为社会所永久信赖的一个人”[2]。儒者自古将立志工夫看作成圣成德的重要前提，志向在为学过程中起着指引、敦促的重要作用，并使人更加坚定果断。梁漱溟从自己的实际体会出发对立志工夫作出多方面的论述。他肯定了立志的必要性，认为无志的人彷徨无主，要么盲目地干，要么“消极鬼混、挨磨日子”，有志向的人才能有“自信、勇气、热情”，有“自由的、活泼的、有大力量的生命”，有志向的人多了，民族社会才能有希望。[3]关于如何立志，梁漱溟认为立志要向内求，在真情真愿处用力，在动念之初反省追问，在真情真愿显露时“更深厚之，扩充之”。[4]同时要注意，不能把欲望误当作志气，二者的区别在于被欲望驱使的人难以全身心地投入一件事情，而且常常自己敷衍自己，自己搪塞自己，“必须不是从躯壳动念，而念头真切，才是真志气”。梁漱溟认为“儒家之学原不外是人类践形尽性之学也”[5]，他的儒家工夫还有很多，如“反躬自省”“戒惧慎独”等，这些工夫都与梁漱溟的思想有着密不可分的联系。

梁漱溟的心理学思想是基于自己的工夫体验、亲身实践而来，工夫实践既是其思想的起点，亦是落脚点。工夫论知行合一的特质能够兼顾梁漱溟心理学思想中“思”与“行”两个面相，避免顾此失彼的状况，使“践行式”的思想特征得到充分展现。对于梁漱溟的心理学思想，从工夫论的角度去把握，才能抓住其核心和精华，才能鲜活立体地理解它的多重面相，并在心智与行动上得到启发。这也正是以工夫论视野研究梁漱溟心理学思想的合理性和必要性。

余论

工夫论视野下的梁漱溟心理学思想，既不同于现代意义上的心理学，也不同于本土心理学。目前，本土心理学研究仍然滞留在知识体系与理论建构的层面，关注生活行动的梁漱溟的心理学思想显然对此有所突破与创新，这也是它被评价为“创新型研究”[6]与“对本土心理学有所超越”[7]的原因。此外，它也不同于大多中国心理学史或心理学思想史著作中所称的心理学思想。如果说曾经的“心理学思想”是为了支撑“中国古代有心理学”这一命题的权宜之计与无奈之举，那么此处的“心理学思想”则有两种用意：

---

1 梁漱溟 . 梁漱溟全集（第二卷）［M］. 济南：山东人民出版社，2005：519.

2 同上，第 46 页。

3 同上，第 46–48 页。

4 同上，第 48–49 页。

5 同上，第 132 页。

6 杨中芳 . 试论如何深化本土心理学研究［J］. 本土心理学研究，1993（1）.

7 李抗 . 生命心理学：梁漱溟的心理学范式取向［J］. 心理学探新，2017（4）.

一方面沿用中国心理学史传统提法，保持学术承续性；另一方面，思想既可以是抽象的体系，也可以是生活中的体悟凝思所得，借助思想的多层次、多面相的特点，可以凸显“思想的生活性”及“生活的思想性”，进而关注生活与思想之间的关联互动性，扩大思想史研究视野。[1]这既与从工夫论角度来理解心理学思想相一致，又赋予心理学思想新的意义。

同时应注意，强调思想与生活、行动的关联性，并不是意味着行动从属于思想，也不是意味着思想可以等同于行动、等同于生活，更不是否认纯粹抽象知识的价值，而是在于肯认思想与生活行动处于一种交织互融的状态，对这一状态中的思想的全面揭示需要同时考量思想与生活两个方面。若能妥善处理以上问题，以能够契合梁漱溟心理学思想的工夫论为研究视野，深入全面地揭示梁漱溟的工夫实践与思想演变的互动关系，将有助于更深入透彻地理解梁漱溟心理学思想，从而不仅对于理解梁漱溟的全部思想有启发意义，更能够为心理学的研究提供新的视野。

（作者：宋晨光，南京师范大学硕士；崔光辉，南京师范大学心理学院副教授。原题为《工夫论：研究梁漱溟心理学思想的新视野》，载《心理学探新》2019 年第 5 期）

1 王汎森 . 思想是生活的一种方式：中国近代思想史的再思考［M］. 北京：北京大学出版社，2018：1–2.

附：

梁漱溟[1] 致张曦[2] 信札

1 梁漱溟（1893—1988），原名焕鼎，字寿铭，曾用笔名寿名、瘦民、漱溟，后以漱溟行世，广西桂林人。

2 张曦（1887—1970），字晴麓，号云石，晚年自谓子虚公，甘肃天水人。宣统己酉科拔贡，朝考一等，授官陆军部主事。1946 年至 1949 年任兰州大学中文系教授。生平与海内名宿交游众多，尤与梁漱溟交厚。

3 郭维屏（1902—1981），字子藩，甘肃武山人，教育学家、书画家。1926 年毕业于北京师范大学教育研究科，曾任甘肃学院教授兼教务长、教育系主任，国立兰州大学教授兼总务长、秘书长。郭维屏酷爱翰墨丹青，师从傅抱石、高剑峰等名家，曾与何香凝、张大千等名家切磋画艺。

4 章士钊（1881—1973），字行严，近代著名民主人士、学者、作家、教育家和政治活动家。1924 年任中华民国北洋政府段祺瑞政府司法总长兼教育总长，受命后，表示要整顿学风，宣布大学要统一考试，合并北京八所大学，以《甲寅》杂志作为整顿学风的言论阵地，引起了教育界进步人士以及一众青年学生的反对，各校学生请愿罢免章士钊。

释文

往承左顾一面，十年不忘于心。前岁游鄂，从郭主维屏[3]询悉高踪梗概，稍慰怀思，比奉赐书又恍如亲对，为之欣怿不置。见教各端，寻回到再，竟艰于作答。儒释问题，本至难言。而鄙怀所存，更有不得承以自达者。亦自顾钝劣无智，不敢妄谈，恒守眼前承知之一步，以自勉励，期无负此心而已。外间误会，竟无计辟解也。三五年来，与二三朋友彼此夹持，相依为命，差幸不为业习外物所困倒。乃由是与时流日以隔绝，对于今之教育界尤有深痛。甲子之夏，因有择僻地，自己办学之举，不幸又以避兵中废，北迁以来，京内外若教育界，若非教育界，枉致邀聘者，属踵吾门，概从辞谢，仍唯与夙昔诸友，暨相从不去之学生数人，共处闻修自为风气，绝不与世通（手窘乏财，困苦不可以宣，但典趣好耳）。来书以漱冥不满于章君行严[4]之整顿学风为释扣，知漱冥之意，久以此辈不成人形，曾无足责，独行严年来不自振拔，卒致临事昏瞀，失其整顿之道，大辜朋友之望，斯足责耳。行严本有十年旧谊，不能相助，宜无朋于俗论而攻之之理。前贻之书，不过朋友失望之词，初不虞其发之于众也。承嘱转叩，敝友熊君如问前经，有覆寄鄂谅达左右。熊君大心大慧，盖不徒以知解见长，精神气魄皆有大过人者，语默之间随在足

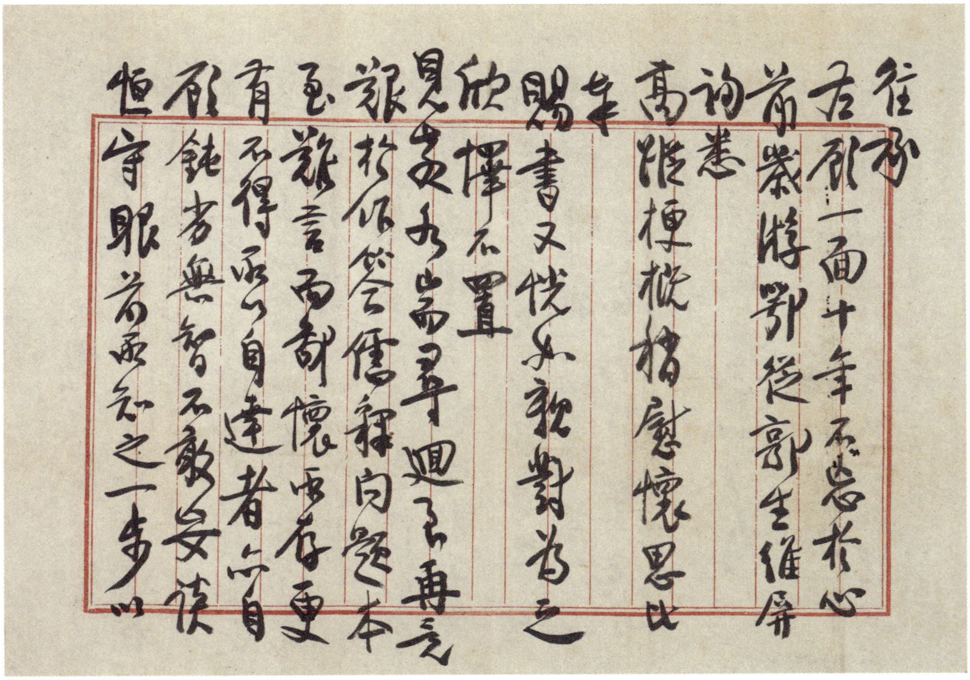

往矣
吾師一面十年不忘於心
前歲將鄂從郭生維屏
詢悉
高蹤撫概精慰懷思比
年
賜書又悦如親對為之
欣懌不置
見寄尤出爾尋迴至再竟
錄於作答僅釋向題本
意難言而敬懷亦存更
有不得所以自達者亦自
顧鈍書無智不敢妄談
恒守眼前所知之一步以

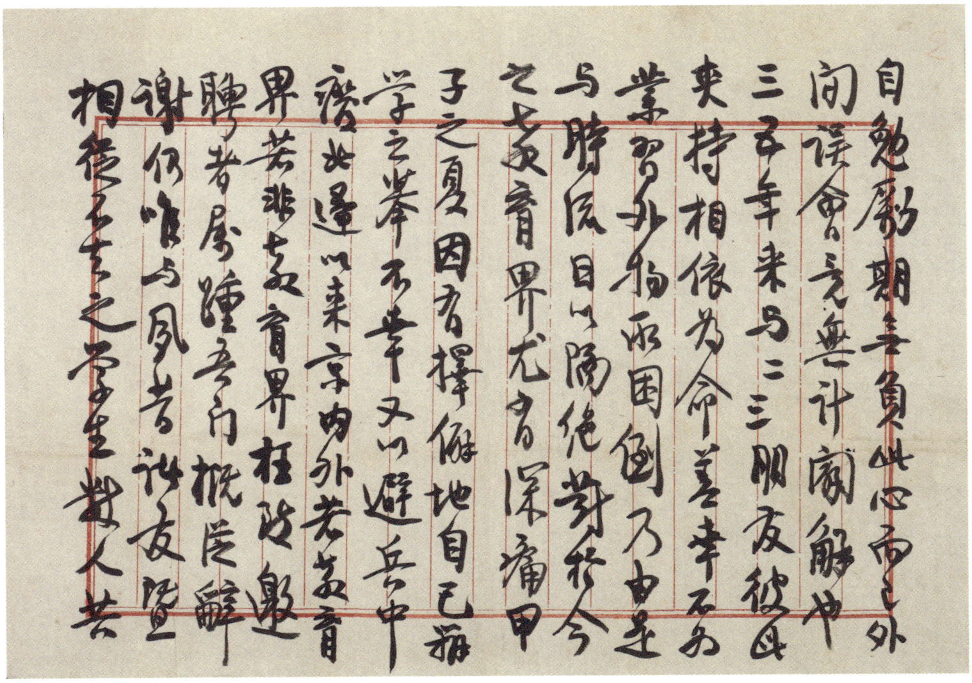

自勉勵期無負此心而已外
間謬會竟無計剖解也
三十年來與二三朋友彼此
夾持相依為命甚幸不為
業習所困倒乃由是
與時俗日以隔絕對於今
之教育界尤有深痛甲
子之夏因有擇僻地自立講
學之舉而未果又以避兵中
廢此還以來京內外若教育
界若非教育界往往邀
聘者屢堅辭
謝但唯與同志諸友質
相往來之學生對人甚

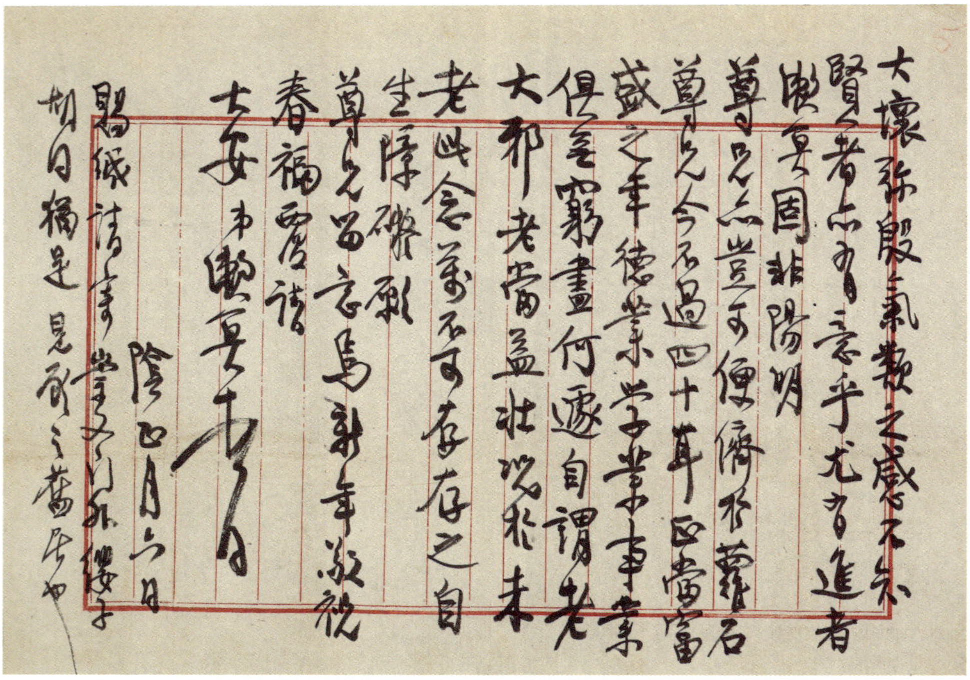

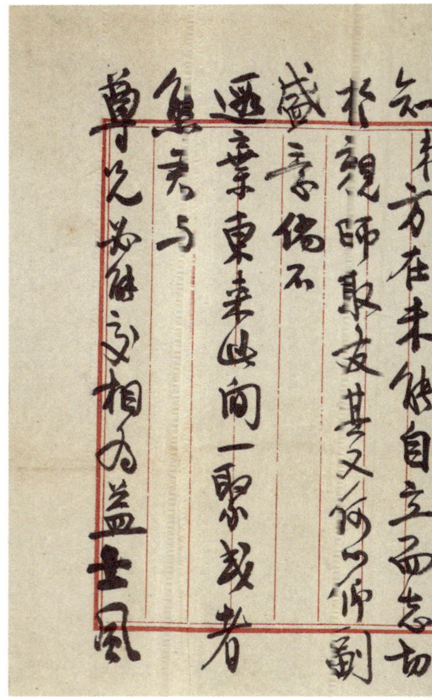

以使人有所感发兴起。弟共处三年，日夕亲炙，受益极多。奉读来教，引阳明、萝石故事，若有所属望于漱冥者，不知弟方在未能自立而志切于亲师取友，其又何以仰副盛意。倘不遐弃东来此间一聚，或者熊君与尊兄必解交相为益。士风大坏，弥殷气类之感，不知贤者亦有意乎？尤有进者，漱冥固非阳明，尊兄亦岂可便侪于萝石？尊兄今不过四十耳，正当富盛之年，德业、学业、事业俱无穷尽，何遽自谓老大耶？老当益壮，况于未老。此念万不可存，存之自生障碍，愿尊兄留意焉。新年敬祝春福，覆请大安。

弟漱冥顿首。阴正月六日。

赐笺请寄崇文门外缨子胡同，犹是见顾之旧居也。

按语

1926 年 1 月 19 日，梁漱溟致信张曦，表达对其长久以来关照的感谢，并回忆了与张曦的过往情谊。梁漱溟提到在数年前游历湖北时，从郭维屏那里得知了张曦的近况，稍解

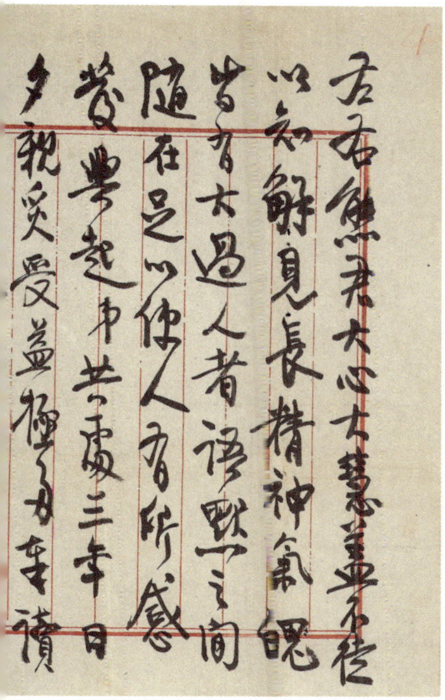

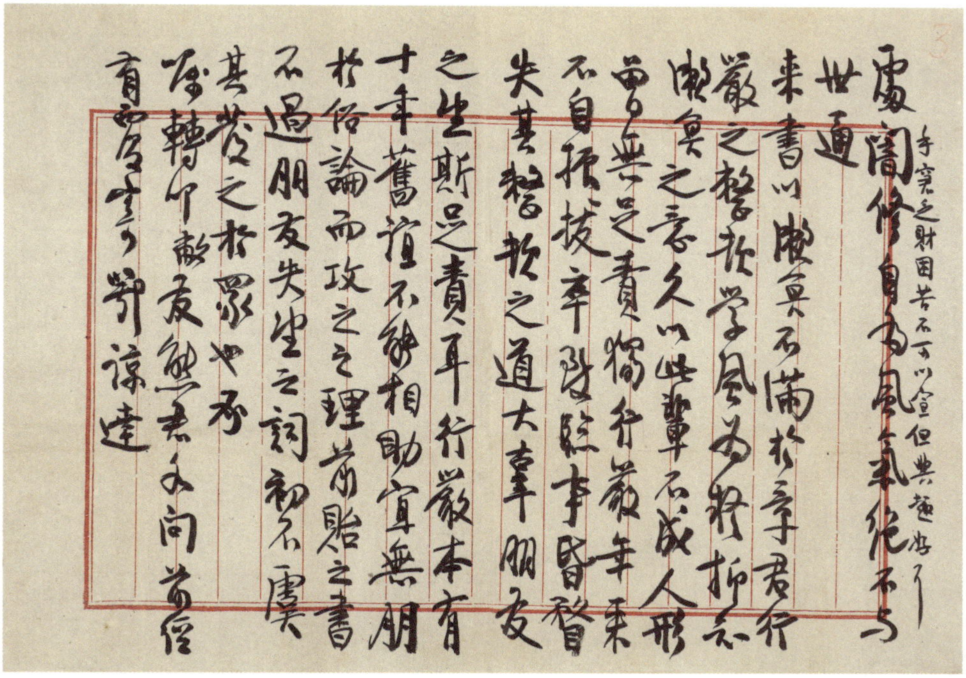

思念之情。他对张曦的来信表示感激，但坦言对于儒释问题难以作答，并表达了自己在面对复杂问题时的困惑与无力感。

梁漱溟描述了自己近几年的生活状况，提到与二三好友相互扶持，生活虽然窘迫但未被世俗事务所困扰。他对现代教育界表达了深切的痛心，提及自己曾在僻静之地尝试办学，但因战乱而中断。北迁北京后，尽管受到了各界的邀请，但他一概辞谢，继续与少数学生和朋友共处，培养自我风气。

信中，梁漱溟回应了张曦关于章士钊整顿学风的意见，表示对其不满并非因为行严的整顿工作，而是因行严未能自我振作，处理事情不当，辜负了朋友们的期望。他感叹外界对其误解，并强调自己只是在表达朋友间的失望之情。

梁漱溟高度评价了熊君的智慧和精神气魄，提到与熊君共处三年的亲近与受益，并希望张曦能东来一聚，相互受益。最后，梁漱溟劝诫张曦不要自称年老，应继续在德业、学业、事业上追求进步，并祝愿他新年平安、春福安康。信末请张曦将回信寄至其旧居崇文门外缨子胡同。

性命教育的真谛

从钱穆的『性命』与『道理』说开去

孙迎光　姚海静

从钱穆的“性命”与“道理”说开去，当知生命教育应当改称性命教育。由此，才能步入中国特色教育学轨道。

一、性命与生命的区别

孟子说：“鱼，我所欲也；熊掌，亦我所欲也。二者不可得兼，舍鱼而取熊掌者也。生，亦我所欲也；义，亦我所欲也。二者不可得兼，舍生而取义者也。”他以熊掌和鱼的关系比喻生与义的关系。这里的“生”为自然生命。当生与义二者不可兼得时，舍生取义。

钱穆指出，在孟子思想中，人“生”不能显出人“性”。受孟子的影响，古人有“苟且偷生”一说，此“生”同于孟子的“生”。在孟子看来，“生”与“性”有大分别。孟子生死观直通“性命”观而不是“生命”观。钱穆说：“与孟子同时有告子，他曾说：‘生之谓性。’此一语，若用今通俗语翻译，即是说生命即性命。生命之外，更无所谓性命了。”[1]两千多年前的告子最早将“生命”与“性命”相混淆，于是有了孟子与告子的著名辩论。生命是先天素质，它是指活着的生物，人与动物都相同。性命与之不同。钱穆接着说：“但孟子非之，孟子质问告子说：‘犬之性犹牛之性，牛之性犹人之性欤？’此即说：若单讲生命，则犬的生命、牛的生命和人的生命都一般，没有大区别。但犬牛和人，在其生命相同之外，还有其各别的性。……

1　钱穆．中国思想通俗讲话［M］．北京：九州出版社，2011：25.

若单说生命，则犬牛与人各有生命，人与禽兽的生命，便无法大分别。必须言性命，始见人之异于禽兽，始见人生之尊严处。”[1]这里显示出中国文化中生命与性命的大区别：就生命言，人与动物一样；就性命言，人高于动物，比动物有尊严。

钱穆举例说：“诸葛亮《出师表》：‘苟全性命于乱世，不求闻达于诸侯。’当知此所谓苟全性命，决不是苟全生命之义。若求苟全生命，则北走魏，东奔吴，在曹操、孙权处求闻达，一样可以全生命。可见诸葛孔明高卧南阳，苟全性命，实有甚深意义，极大节操，此乃诸葛孔明高出一世之所在。他所用‘性命’二字，乃是儒家传统思想所特别重视的性命，决不仅指几十年的生命言。”[2]传统中国人自孟子后以讲生命为耻，不齿于告子将性命与生命等同，更不齿于仅将自己的性命等同于动物生命。孟子说：“人之所以异于禽兽者几希”（《孟子·离娄下》），这“几希”不是在生命上而是在性命上。“苟全性命”显出诸葛亮确然不可拔的人格。若《出师表》写成“苟全生命”，会贻笑大方。苟全“生”命近乎苟且偷“生”。有舍生取义的精神方能“苟全性命”，显出人性与动物性的区别。

只有“性命教育”才能“认祖归宗”，它是在“道理合成的世界”中弘道的教育。只有它才能使教育“通上”中国文化的脉，而不是嫁接在西方教育学的脉上。“生命”一词用于教育相形见绌。性命教育可以成为中国教育的一张名片，性命是地地道道的本土文化。

二、性命教育处于道理合成的世界之中

《中庸》开宗明义：“天命之谓性，率性之谓道，修道之谓教。”天（自然）赋予了人之性，使人区别于犬之性、牛之性。依照人的天性而行即率性而为就是道。如何率性？要修道，修君子之道就是教化，按照孔孟之道来修行就是修道之谓教。性命涵养的深意就浓缩在《中庸》这三句话中。依照钱穆的观点，由生命转入性命，如此，性、道、教这些具有中国传统文化属性的立德树人范畴才成为教育理论的范畴，使教育研究说一些久违了的“中国话”。

在性命教育的花园中漫步，可以看到与以往的生命教育全然不同的风景，这里有“生”死观、性命观、道理观，它意味着出现了一种新的视域。《论语》说：“君子务本，本立而道生。”（《论语·学而》）教育之本是“性命”，本立才会明道、修道、弘道。

钱穆说：“若我们向外面看世界，可有两种不同的看法，一是看成为一个道的世界，一是看成为一个理的世界。”[3]浸润在原汁原味的中国文化之中，“我们”不再是“教育主体”，“向外面看的世界”不再是“教育客体”。性命教育不再信奉西方传统教育学，将教育研究定位于（教育主体）透过教育现象把握教育本质（教育客体）的科学。这种将研究对象定位于教育规律的教育学宗旨，与中国人的祖宗之“宗”

1 钱穆．中国思想通俗讲话［M］．北京：九州出版社，2011：26.
2 同上，第26页。
3 同上，第49页。

不沾边，它没中国文化内涵，完全扭曲了教育方向。准确地说，以西方思想为基础的、在中国教育学体系中广泛传播的西方传统教育学理论“不靠谱”（不靠中国文化的“谱系”），这样说是不是危言耸听？依循凯洛夫教育学（钟启泉称它为一块发霉的奶酪）建构的西方传统教育学隐含着见物（规律与本质）不见人的倾向。“人者，仁也”，这是中国传统文化对人的定义。借用孔子的话说，若西方传统教育学“求仁而得仁，又何怨”。如果它明白道与理的关系，求仁而弘道，那样，我们就不会“怨”它了。因为，“求仁”的教育是弘道的教育。

钱穆所说的“看”扣住了中国文化的主题，也抓住了性命教育的命脉。钱穆说：“中国思想之主要论题，即在探讨道理。我们也可说，中国文化，乃是一个特别尊重道理的文化。中国历史，乃是一部向往于道理而前进的历史。”[1]虽然道理在中国老百姓心中是最普通的词，但西方传统教育学不讲道理，对它而言是最陌生的词。西方传统教育只讲规律，没有道理。在日常用语中，道与理二字已经混成一词，它在中国传统文化中是两个不同的思想范畴。性命教育的道理必须分开讲。这样说有什么道理呢？道理二字，本属于两个不同含义。

钱穆说：“‘道’究竟指的是什么呢？《庄子》说：‘道行之而成。’这犹如说，道路是由人走出来的。唐代韩愈在《原道》篇里说：‘由是而之焉之谓道。’这是说，道指的由这里往那里的一条路。可见道应有一个向往的理想与目标，并加上人类的行为与活动，来到达完成此项理想与目标者始谓之道。”[2]道由目标与行动来完成。钱穆说：“道是行之而成的。谁所行走着的，便得称为谁之道。”[3]儒家有大学之道，道家有无为之道，佛家有空寂之道。儒家的道是积极入世之道，佛老之道是避世之道。虽然它们之间有些思想可以相互借鉴（如理学借鉴佛老思想），但在价值取向上根本不同。正所谓道不同，不相为谋。对于道，人可以自主选择。恰如鲁迅所说，世间本无路，走的人多了，便成了路。性命教育让学生走积极入世的儒家大道即治平大道，而不走佛老的避世之道。对于道，人可以自主选择。中华五千年文明历程就是中华儿女走出来的道。中国人讲“人道”不讲“人理”，讲“物理”不讲“物道”。因为“道”中有人的主体性，“理”中没有人的主体性。孔孟之道由孔子、孟子的精神所缔造，高扬了人的主体性。物理学中的万有引力为牛顿所发现，在这一理中却没有牛顿的主体性。物理学家不能弘万有引力之理。性命教育明辨“人道”与“物理”，可以防止教育走上唯理性教育。乍一看，道平淡无奇，不值（教育学）一提。当西方传统教育学将研究对象定位于教育规律时，就与中国传统文化的“道”失之交臂，教育中的“有道”与“无道”、“得道”与“失道”问题就被忽略了。在中国传统文化中，道重于理、高于理。

西方传统教育学更接近理。钱穆说：“开始特别提出一‘理’字，成为中国思想史上一突出观念，成为中国思想史上一重要讨论的题目者，其事始于三国时王弼。王弼注《易经》，说：‘物无妄然，必有其理。’这是说宇宙间一切万物，决不是随便而成其为这样的，宇宙万物，必有其一个所以然之理。天地间任何

1 钱穆 . 中国思想通俗讲话［M］. 北京：九州出版社，2011：5.

2 同上，第 6–7 页。

3 同上，第 7 页。

一事物，必有其所以然，而决不是妄然的。妄然即是没有其所必然之理……”[1]万事万物都有一个所以然的理，理具有必然性，这一“必然之理”就近似于规律。人可以发现理，认识理，依循于理，但不能创造理。所谓“一物须有一理”，教育也有它的理，但它不仅仅探讨理。

钱穆说：“道是待人来创辟来完成的，其主动在于人。而理则先事物而存在，不待于人之创，其主动不在人。”[2]孔子讲人能弘道，不讲人能弘理。韩愈说“师者，所以传道授业解惑也”，不说“师者，所以传理授业解惑也”。在当今的教育研究中，在论及教师素质时，曾有一些人质疑韩愈的“传道授业解惑”，误认韩愈所说的“道”为既定的、不变的封建之“理”，进而认为韩愈忽视了教师的创造性。这是对“道”的严重误读。韩愈所说的“师”是弘道的儒师，“道”是蕴含着治平大道的道统。

当然，并不是说在传统文化的教育中理不重要。钱穆说：“许叔重《说文解字》曰：‘理，治玉也。’又谓：‘知分理之可相别异也。’玉不琢不成器，玉之本身，自有分理，故需依其分理加以琢工。”[3]在中国传统教育中有著名的“玉不琢，不成器”的隐喻，它隐喻人的培养与加工玉器一样，需要遵循必然之理。但所作所为都是为了求道，所以隐喻的后面紧接着的是“人不学，不知道”。这一隐喻成为今天修身的座右铭。在中国传统文化教育中，道在理上，道可以创造，理不可创造。

在中国传统文化中，并没有一个道的世界或理的世界，钱穆说：“若我们向外面看世界，可有两种不同的看法，一是看成为一个道的世界，一是看成为一个理的世界。道的世界是正在创造的，理的世界是早有规定的。实际世界则只是一个，我们可称之为‘道理合一相成’的世界。”[4]人不可能生活在纯粹道的世界，天马行空。孔子说：“朝闻道，夕死可矣。”孔子一心求道、弘道，七十岁达到了随心所欲（一心弘道）不逾矩（不违反一定的理）的境界，他就生活在道理合一相成的世界。将道理合一相成的世界分开，只讲道或者只讲理，都是片面的。

恰恰在性命教育的花园中才看到道理，映照出西方传统教育学“有理无道”的毛病。传统教育学声明教育学的研究对象是教育现象及其规律，它不研究弘理。乃至《中国教育大辞典》也作如是观。这种教育学丢掉了弘道精神，它以研究教育规律为使命，更像教理学。此理与物理学、生理学、心理学之理一样，是必然之理。西方传统教育学是求理的学问。固然，物理学、生理学、心理学不能变成物道学、生道学、心道学，但教育学应该成为“教道学”，仅似于“教理学”就有问题。

只求理的教育学，人就如郭象所说的“但当顺之”。现在的教育学院都被称为“教育科学学院”，突出了求理的科学特征。去科学化固然不可取，但一味地科学化会使人成为科学之理的附庸。只求理的教育学只是“传理授业解惑”的教育学。传理而不传道，只有说理教师（经师），难有弘道教师（人师）。

1　钱穆．中国思想通俗讲话［M］．北京：九州出版社，2011：9.

2　同上，第13–14页。

3　同上，第8页。

4　同上，第49页。

钱穆说："唯理的世界，其实只是一唯物的世界。不仅没有上帝，而且也没有人。此宇宙则仅是一理在主宰而支配着，而此理又只有在物上去求，所以说'格物穷理'。所以此唯理的世界，其实仍是人类所不能忍受的世界。"[1] 教育变成唯理的世界，使性命在教育中失落。生命教育正是基于对这种教育现状（只注重知识教育，忽视了人的生命价值和生存之道）的反思，突出生命课堂的意义与价值。然而，它需要抓住中国教育的命脉，首倡"性命"。

所谓"率性之谓道"，按照自己的天性去行事即是道。然而，率性而为会出现君子之道与小人之道。孔子说："道不同，不相为谋。"显然，道的问题是一个大是大非问题，道远甚于理。在中国传统文化中，为教化人类，有尧舜之道、文武之道、孝悌之道、大学之道、中庸之道等辉煌大道，熔铸了具有中华民族特色的教育文明。若祖先只研究个中之理，就会沉沦为尧舜之理、文武之理、孝悌之理、大学之理、中庸之理等，这种文化恐怕就成了"苟全生命"的文化了。性命教育首先问道、求道，而不是问理、求理。

孔子说："人能弘道"。道是由人创造的。理是既定的、必然的，相当于今人之谓规律。性命教育的世界是道理合一相成的世界，它遵循一定的必然之理去弘道。只讲道或者只讲理，都是片面的。教育若舍弃了中华文明的道，则"大逆不道"；若完全违背客观规律，一意孤行，则"岂有此理"。教育要志于道，合于理。"道理"是值得德育探讨的大问题，它是中国两千多年的文化思想结晶。

区别于其他民族的教育，中华民族的教育处于道理合一相成的世界，它有道统、有条理，并以道为先，而不是以理为先，更不是唯理是求。孔子一心求道、弘道，他所奉行的教育就是弘道的教育。他的学生们都有弘道、传道的使命感。子贡说："文武之道，未坠于地，在人。贤者识其大者，不贤者识其小者，莫不有文武之道焉。"这个文武之道上承尧舜（尧舜之道）禹汤文武周公，下启孔子、孟子（孔孟之道）、董仲舒、朱熹、王阳明等，它是中华民族文化生命的血脉。历代中国人不断地弘道，前仆后继，使"道"沛然流行而莫之能御。于今，沿此道开启民族复兴新天地。弘道使中华民族成为钱穆所说的历史上"最长的时间群"。大学之道的修身、齐家、治国、平天下使弘道的中国人具有国与天下情怀，今天的实现中国梦、构建人类命运共同体是新时代的治国、平天下。

钱穆说："只有在中国，不纯粹讲理智，不认为纯理智的思辨，可以解答一切宇宙奥秘。中国人认定此宇宙，在理的规定之外，尚有道的运行。"[2] 中国人认定的宇宙是道理合一相成的世界，中国人的教育是让道运行的教育。在中国人看来，人之性高于犬之性、牛之性，所以人要弘道，所以性命高于生命。生命教育假如没有性、道、教的文化内涵，没有处于道与理的合一相成世界，即便把人的"生命"提得再高，都难以彰显人的尊严，因为它与民族文明血脉不通。若一个中国人不具中国性，便徒有生命。

"人能弘道，非道弘人"，教育要弘扬中国传统文化的"道"（尧舜之道、文武之道、孝悌之道、大学之道、中庸之道等辉煌大道），不能躺在悠久文化的温床上，靠"道"来扶持自身、装饰自身。道

1　钱穆 . 中国思想通俗讲话［M］. 北京：九州出版社，2011：20.

2　同上，第 23 页。

虽在，不去弘扬就会颓废。“文武之道，未坠于地”，教育像接力赛一般，今天的教育要接住以往教育之道的接力棒，不让其坠于地。“大学之道”使身、家、国、天下都系于道，传承大学之道就是将中华文明系在文武之道上。

（作者：孙迎光，南京师范大学马克思主义学院教授，博士生导师；姚海静，南京林业大学讲师。原题为《以性命教育代替生命教育——从钱穆的“性命”与“道理”说开去》，载《中国文化与管理》2022年第2期）

附：

钱穆[1]致郑孝颖[2]论《易经》信札

释文

孝颖先生大鉴：上月来书论《易》，适因事冗未及作答，搁置案头，倏已逾月，穆素好《易》，治之有年，惟非好学深思者不欲费辞往复。至谓夫子不赞《易》，其论远发于五十年前，旧著《国学概论》[3]（商务出版）中所列论证从未见人能逐条加以解答，此间人更不读书，则更无甚深论耳。今年为文化学院学生开经学大要一课，随堂录音，暑假可毕，若非略知经学，亦不易对此问题得深入之了解也，匆复顺颂近祺

穆 启 一月二十一日

按语

此为钱穆 1973 年致郑孝颖的书信，围绕《易经》的话题展开。信中提及钱穆早年重要著作《国学概论》，并表达对当时国学研究现状的忧虑，认为学界无人能回应自己在《国学概论》中提出的论证。信中还提到他在台湾中国文化大学教授经学大要课程的情况。钱穆自 1969 年应张其昀之邀任教于该校，信中所提的“文化学院”正是指该校。信札反映了钱穆对国学及《易经》研究的深切关心。

1 钱穆（1895—1990），字宾四，江苏无锡人，中国近现代历史学家、思想家、教育家，国学大师，中央研究院院士，故宫博物院特聘研究员。抗战前，任燕京大学、北京大学、清华大学、北平师范大学教授，讲授学术思想史，由此确立学术地位。抗战时，随北大南渡，著《国史大纲》，并先后在西南联合大学、齐鲁大学、武汉大学、浙江大学、华西大学、四川大学主讲文史课程。钱穆毕生弘扬中国传统文化，高举现代新儒家的旗帜，在海内外产生了巨大影响。中国学术界尊之为“一代宗师”，与吕思勉、陈垣、陈寅恪并称为“史学四大家”。

2 郑孝颖，台湾法学界知名学者，收藏名家书画颇丰。与梁实秋、钱穆、陆联升等友契，书信往还频繁。

3 《国学概论》系钱穆论述国学的重要著作，该书将我国古来学术分时期立章目，以凸显每一时期学术思想的潮流所在，钱穆研究中国历史的内在逻辑亦在该书中隐有显现。该书源于 1923 年钱穆于无锡省立第三师范任教时的课程讲义，随讲随录。书分上下两篇，上篇系 1936 年成形，下篇则在 1938 年春完成，由商务印书馆出版。

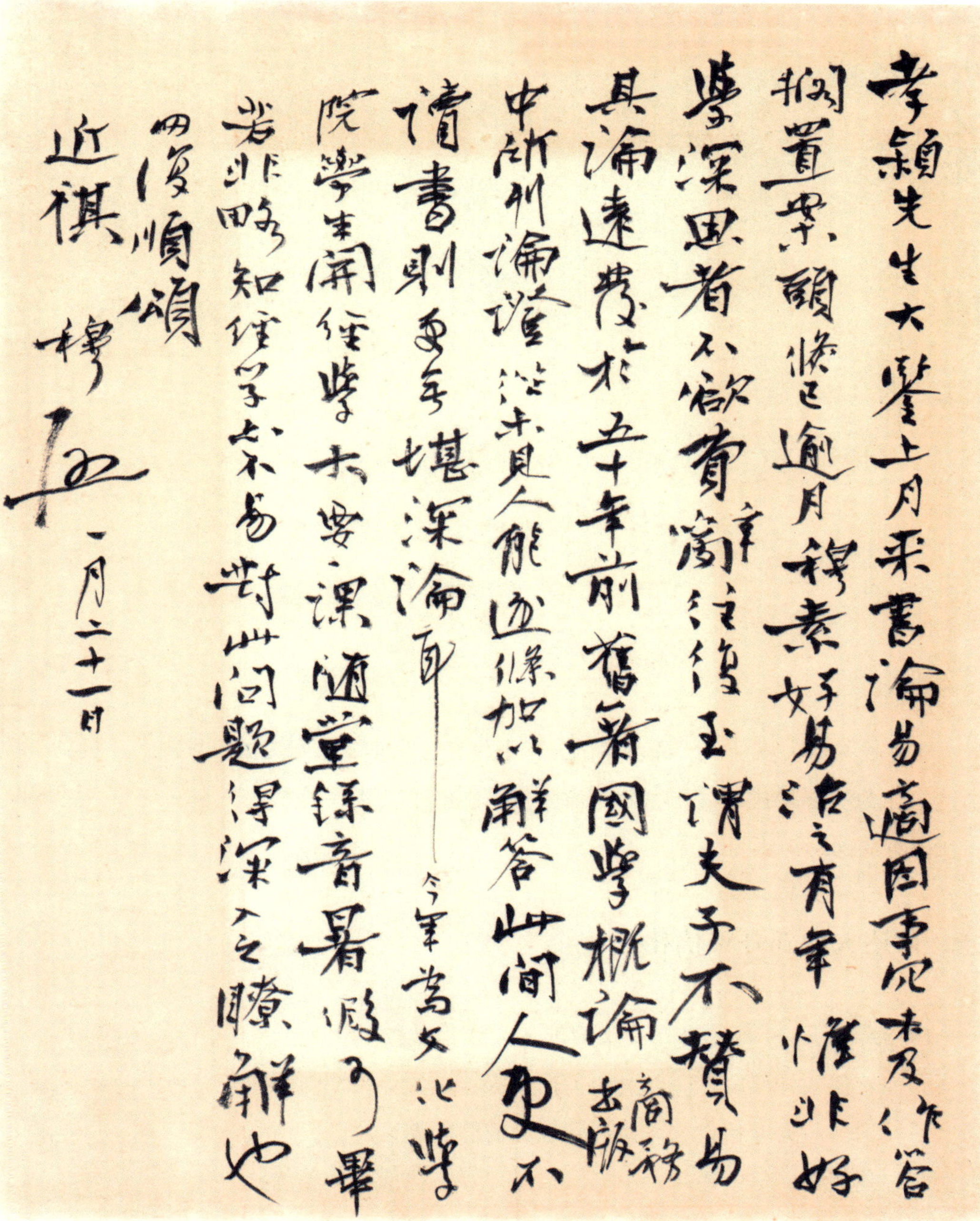
孝穎先生大鑒：上月來書論易，適因事冗，未及作答，擱置案頭，倏已逾月。穆素好易，治之有年，惟非好學深思者，不欲費辭往復。至謂夫子不贊易，其論遠發於五十年前，舊著國學概論（商務出版）中所刊論證（從未見人能逐條加以辯答），此間人更不讀書，則更無堪深論耳——今年爲文化學院學生開經學大要一課，隨堂錄音，暑假可畢，若非略知經學，亦不易對此問題得深入之瞭解也。即復，順頌
近祺
穆啓
一月二十一日

烽火文魂寄真情

郁达夫致刘开渠的抗战书札

宋　健

在抗战的烽火岁月中，许多知识分子不仅通过文学、艺术为国家发声，还投身于抗日救国的事业中。郁达夫作为中国现代著名作家和革命烈士，他的信札不仅是私人往来的记录，更折射出那个时代知识分子在国难面前的担当与风骨。

一、郁达夫致刘开渠信札

1938 年 5 月 29 日，身处武汉的郁达夫致信他的学生刘开渠，信中写到他希望刘开渠能在一个月内前往武汉，以便介绍他与郭沫若见面。还提到郁达夫准备将家人搬迁到较为僻静的湖南沅陵，请刘开渠帮他们寻找住处。信中还讨论了家人从汉口经常德前往沅陵的路线和行李安排。

郁达夫

郁达夫，原名郁文，字达夫，浙江富阳人，是中国现代著名作家，其文学代表作有《故都的秋》《迟桂花》《怀鲁迅》等。他在北京大学、中山大学等高校任教之余，积极参与抗日组织，先后在上海、武汉、福州等地从事抗日救国宣传活动。1945 年 9 月 17 日，郁达夫被日军杀害于苏门答腊岛丛林。1952 年被追认为革命烈士。

刘开渠，江苏徐州萧县人，中国现代雕塑事业和美术馆事业的奠基人，曾任杭州市副市长、中央美术学院华东分院院长、中央美术学院副院长、中国美术馆馆长、中国美术家协会副主席等职务。

刘开渠走上雕塑艺术的道路，正是受到了郁达夫的引导。1923年2月，郁达夫到北京大学任教，同时在北京美术专科学校兼课，刘开渠当时是该校的学生。刘开渠和郁达夫相识后，二人交谈投机，后结下深厚友谊。当时，刘开渠在大学学的是油画专业，郁达夫对艺术具有独特见解，认为刘开渠“埋头苦干，边幅不修”，相比油画更适合雕塑。刘开渠豁然开朗，随即转向了雕塑专业。在蔡元培的支持下，刘开渠随后去了法国，师从世界著名雕塑艺术家让·朴舍学习雕塑艺术。学成回国后，刘开渠到杭州任教，与郁达夫时常往来，师友关系更加密切。

刘开渠

刘开渠最终没有辜负郁达夫的厚望，创作了很多经典作品。比如，人民英雄纪念碑上的主题浮雕《胜利渡长江　解放全中国》《欢迎解放军》《支援前线》，以及《毛泽东选集》封面上所使用的领袖浮雕肖像，都出自刘开渠之手。

二、文人风骨——抗战中的革命友谊

郁达夫不仅是一位出色的作家，还是一位具有强烈爱国情怀的革命者。他的文学作品充满了对国家和民族的深切热爱，以及对社会不公的强烈抗议。他在抗战时期积极参与抗日宣传，利用自己的影响力号召民众团结抗敌。在战火纷飞的年代，他用自己的笔和行动为国家和民族贡献力量。

1937年7月抗日战争爆发后，郁达夫成立了“福州文化界救亡协会”，被公推为理事长。他在光禄坊寓所为文学青年程力夫题词，写道：“我们这一代，应该为抗战而牺牲。”

1938年4月，郁达夫冒着枪林弹雨前往鲁南抗日前线劳军。他目睹了战士们的英勇和百姓的苦难，深受感动。同年5月4日早晨，他离开徐州回到武汉，继续从事抗日宣传工作。回到武汉后，郁达夫先后写下了《黄河南岸》《平汉陇海津浦的一带》《在警报声里》等20多篇战地通讯和战地评论，记录了战争的残酷和人民的苦难，热情讴歌了中国军民坚决抗战的英雄气概，表现了他对胜利的坚定信心和对未来的美好期望。他的文字充满激情，深深感染了读者，激励了无数中华儿女投身抗战事业。

郁达夫写作此信时，正与郭沫若一起在武汉主持政治局第三厅工作。郭沫若是著名文学家、历史学家、考古学家和社会活动家，当时任国民政府军事委员会政治部第三厅厅长，与郁达夫同为抗日救国的文化先驱，是郁达夫的同学兼好友。国民政府军事委员会政治部第三厅于抗战初期的1938年4月1日成立，是国民政府在武汉建立的一个主管宣传工作的机构，也是第二次国共合作的产物。郁达夫参加第三厅的抗日宣传工作，并任中华全国文艺界抗敌协会理事。郭沫若在《望远镜中看故人》中评价郁达夫不仅是"一位有才华、有学识、有良心的作家"，而且"一直在反抗旧社会，反对殖民主义、帝国主义"，"是一位倔强的战士"。[1]

1938年5月29日，郁达夫致信刘开渠，希望刘能在一个月内前往武汉，以便介绍他与郭沫若厅长见面。据刘开渠《忆郁达夫先生》一文，正是在这次武汉之行中遇到的诸多进步人士，让刘开渠产生了前往武汉与郁达夫共事的念头。[2]郁达夫此信开头所写若刘开渠一月内能来武汉，便可将其介绍给郭沫若，即是在回复此事。信中提到的"丽娜"是刘开渠的夫人程丽娜。当年春天，刘开渠与夫人程丽娜在武汉完婚，正是由郁达夫任证婚人，郁达夫的妻子王映霞担任刘开渠家长代表。从这封信可以看到，郁达夫与刘开渠之间的交往，不仅是师生之间的情谊，更是同志之间的相互扶持。

三、家国情怀——武汉会战后继续抗日

1938年，抗日战争正值艰难时刻。信件发出后不久的6月11日，武汉会战便爆发了。武汉会战是抗日战争战略防御阶段规模最大、时间最长、歼敌最多的一次战役。此时郁达夫的家人正处于战火威胁之中。他在信中提到的妻子，是他的第二任妻子王映霞。郁达夫希望刘开渠能将王映霞及子女送往湖南沅陵，自己仍留湖北。他给家人设计了从汉口至常德，再前往沅陵的路线，请刘开渠调查并租定房屋，以安置家人，表示若刘开渠来武汉，自己便省去往返，展现了他在战火纷飞时局中的冷静和细致。

郁达夫和王映霞

但随后的局势让郁达夫身不由己。1938年7月初，日军南侵，每天空袭武汉，国民政府下令紧急疏散人口。郁达夫于7月11日携岳母、妻儿，自武昌辗转来到湘北小城汉寿，得到汉寿籍作家、时任湖南《国民日报》社长的易君左关照，避居在城内蔡天培醋铺。他在汉寿避难期间，撰写了《轰炸妇孺的国际制裁》《苏日间的爆竹》《西方的猴子》《地大物博，人口众多》等多篇时评，表达了对法西斯主义的抨击和抗日必胜的信念。刘开渠也没能去武汉，继续留在了沅陵。武汉会战结束后，1938年底，郁达夫受《星洲日报》邀请前往新加坡参加抗日宣传工作，他信念坚定，发表了《岁朝新语》和《估敌》等文章，引起了强烈反响。

1　郭沫若．望远镜中看故人［M］// 沫若文集．第13卷．北京：人民文学出版社，1957：500.

2　刘开渠．忆郁达夫先生［M］// 陈子善、王自立．回忆郁达夫．长沙：湖南文艺出版社，1986：92–93.

在担任主笔期间，他发表了400多篇文章，宣传抗日，号召海外华侨支援抗战。1941年，太平洋战争爆发后，郁达夫担任“星洲华侨文化界战时工作团”团长，积极组织文化界抗日联合会。1942年，新加坡沦陷后，他流亡到印尼，化名赵廉，仍积极参与抗日活动，暗中救助保护了许多难友和爱国侨领。1945年8月29日晚，郁达夫在南洋的一个小市镇失踪，随后发现被日本宪兵杀害于苏门答腊岛丛林。

南京师范大学博物馆馆藏的这封信对于我们今天理解那段历史，具有重要的意义。它不仅是历史的见证，也是值得后人学习和铭记的宝贵财富。它不仅是郁达夫个人生活和情感的真实记录，也是抗战时期中国知识分子互助和团结的生动写照。信中不仅体现了郁达夫在战乱中的冷静和细致，更展现了他对家人、朋友和国家的深情厚谊。这封信可以让更多人了解近代知识分子的风骨和精神，以及他们在国家危难时刻所展现出的勇气和担当。

附：

郁达夫致刘开渠信札

释文

开渠兄：

来函读悉，已与郭沫若厅长谈起过，兄若能于最短期间内（一月以内）来武汉，当可为介绍。家中小儿及妇女们，现在颇欲迁一僻地，暂待战事进行，沅陵不知有无适当房屋可住。此信到后，请切实为一调查，并恳代为租定一屋，或与你们同住亦佳。等你回信来时，我就可以送他们走。看地图，则可由汉口坐船去常德，然后再由常德坐汽车去沅陵。此路线不知如何？你若在一月之内来武汉，则他们可以和你同去，我可以省一番往返也。如何？乞速覆！丽娜处不另。

达夫上。五、廿九日。

行李有十二三件，不知到常德后再有船去否？

朴园兄等代晤。

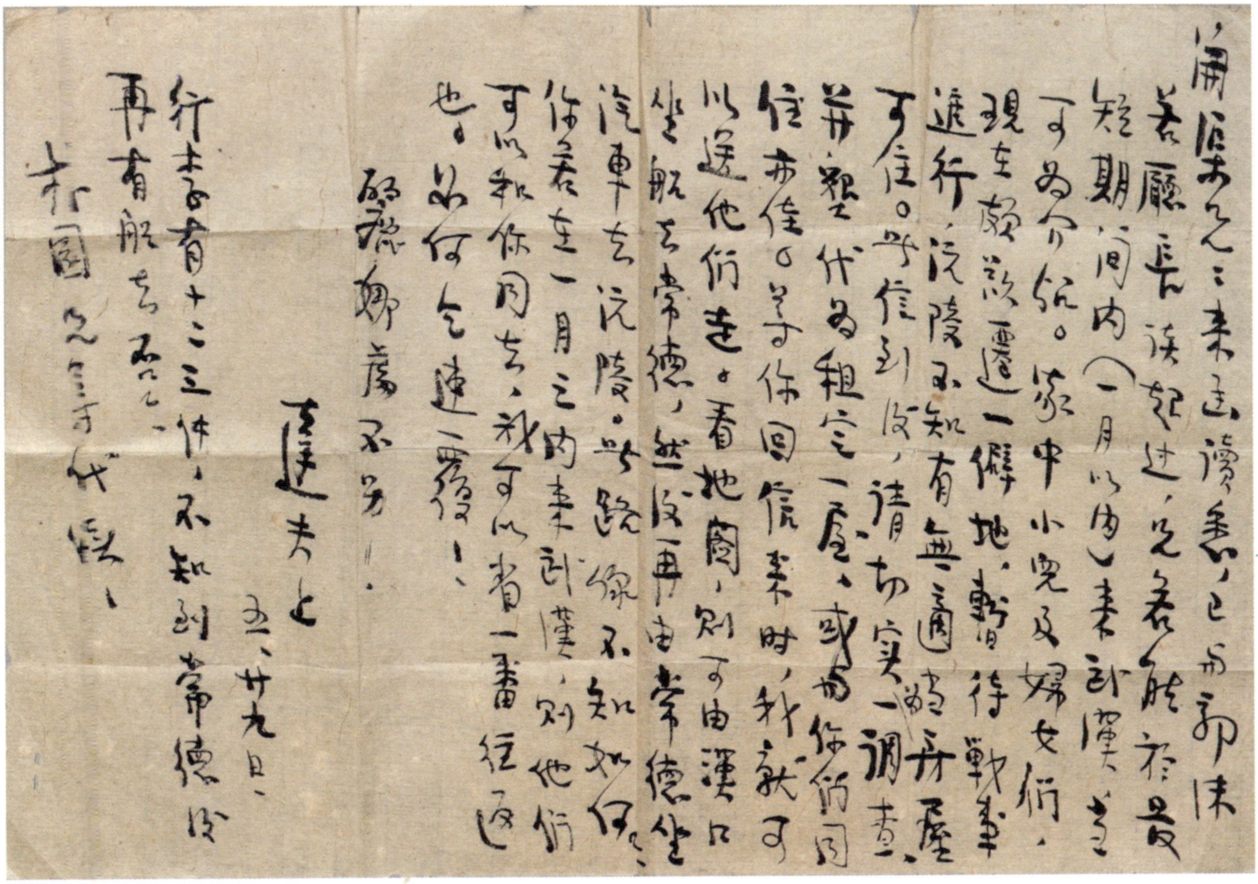

用麋兄：来函备悉。已函郭沫若厅长请起过，兄能于最短期间内（一月以内）来武汉晤一下为好。家中小儿及妇女们，现在宜暂迁一僻地，暂待战事进行。沅陵不知有无适当房屋可住。此信到后，请切实一调查。并望代为租定一屋，或与你们同住亦佳。等你回信来时，我就可以送他们走。看地图，则可由汉口坐船至常德，然后再由常德坐汽车去沅陵。此路系不知如何，你若在一月之内来武汉，则他们可以和你同去，我可以省一番往返也。如何乞速一覆。

顺颂乡安不另。

达夫上 五、廿九日。

行李有十二三件，不知到常德后再有船去否？

打圆兄乞代候。

春风化雨润桃红

记费孝通与他的三位导师

陆　军

1981年秋，费孝通五访江村，经苏州故里，专程走访了位于苏州十全街的母校振华中学，费孝通60多年前在这里读完了高小课程。应《苏州日报》之约，费孝通为此行撰写了一篇“念振华母校”的文章：

“每逢有朋友问起我最喜欢读的书时，我总是毫不犹豫地回答是《爱的教育》。有时我也自觉可怪，为什么这本书对我会这样地亲切？当我经了多年远别，重返苏州，踏进母校的校门时，这问题的答案蓦然来到心头……”[1]

作为享有国际声誉的社会学家，最喜欢读的书竟然是意大利儿童文学作家埃迪蒙托·德·亚米契斯的日记体小说。如果探寻费孝通青少年时期的求学过程，就一点都不奇怪了。费孝通在吴江初小读书时，因多病常请假，校长沈天民经常拍拍费孝通的小脑袋，微微带着笑容问这一阵身体是否好点了？他和同学一起玩“捉逃犯”游戏，一头撞进正在看壁报的振华女中校长王季玉的怀里，他以为闯了大祸，却见校长满面笑容：“孝通，你很能做诗，很好，小心不要冲在墙上。”在中小学时期，费孝通在爱的教育环境里享受到慈母般的呵护与关怀，而进入大学后，费孝通的导师们又似严父般全身心打磨中国未来社会学之星。让费孝通终生感恩，念兹在兹的导师中，吴文藻、马林诺夫斯基和潘光旦，无疑是最突出的三位。

1　费孝通．“爱的教育”之重沐——振华女校四十周年纪念献给校长王季玉先生［M］// 推己及人．北京：大众文艺出版社，2000：15.

一、吴文藻：规划学术方向

1930年，因参与学潮，费孝通结束了在东吴大学医预科的二年课程，他放弃了北京协和医学院的招手，决定去燕京大学改读社会学。“后来我觉得人们最痛苦的不是来自身体上的疾病，而是来自社会所造成的贫穷。于是我改学社会学……我是想通过学社会学来认识社会，然后改革社会，免除人们的痛苦。”[1]在燕京大学社会学系课堂上，费孝通非常幸运，进校就遇到了对他学术生涯产生重要影响的第一位老师——吴文藻。

吴文藻，1901出生于江阴夏港镇，他在1928年获得哥伦比亚大学博士学位后回国，担任燕京大学社会学教授。吴文藻在社会学上最重要的贡献是率先提出了社会学中国化的主张，而这一主张影响了费孝通终生的学术道路。

费孝通进入燕大社会学系，初次目睹吴文藻讲授西洋社会思想史时，课堂响起的竟是国语白话文的声音，他被深深地触动了，因为从初中到大学，他读的都是教会学校，老师从来没有用国语上课的。不过费孝通当时只是因为教会学校用中文讲课而惊讶，尚不理解吴文藻用国语上课恰是其主张的社会学中国化的开山宣言，他要彻底改变西方社会学传入中国近三十年时间，仍然只有外国的案例、外国的材料、外国的语言，以及外国的社会学理论的情况。课堂上改变外国的语言只需要勇气，但社会学的理论要超越西方，必须培养中国的社会学研究人才，在探求中国社会变迁的历史进程和丰富实践中，逐步萃取和建立社会学中国化理论。

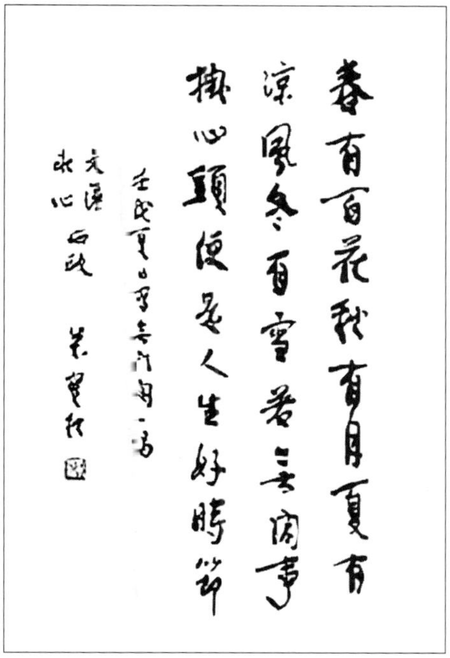

吴文藻手迹

吴文藻比费孝通年长9岁，作为20世纪的知识分子，他们对苦难多舛的家园有着特殊的情感。如果说百家齐放的先秦诸子，围绕天、地、人伦、自然、秩序多元开放，那么民国时期的文化派别大都是围绕救亡救国、强国富民一元展开。正是在这一点上，吴文藻和费孝通有着深深的共鸣。吴文藻在哥伦比亚大学获得博士学位即束装回国，并吹响了社会学中国化的号角。费孝通自幼受父母改革教育、改革社会，致力于国家富强的言传身教的影响。费孝通父亲是张謇倚重的教育家，母亲杨纫兰更是了得，清末国学大师、辛亥元老金松岑创办于1903年宣传女权主义的《女界钟》，其发刊词就是由杨纫兰执笔。《〈女界钟〉序》雄文劲采，酣畅淋漓，尽抒千年来妇女胸臆。家庭影响，民众苦难，内忧外患，使吴文藻、费孝通师生两人形成共同的立场：社会学中国化必须经世济用，强国富民。

1　费孝通．关于人类学在中国［J］．社会学研究，1994（2）．

吴文藻为社会学研究规划了方向，并提出了实现这一方向的两条途径，即一方面要吸收和批判西方学术思想，另一方面要从中国国情出发，开展田野调查和社区研究。费孝通则行稳致远，身体力行，从理论和实践两个方面超越了他的老师。费孝通在 80 周岁跨际之时，也试图自己问自己：“尔志何在？”其答复也是四个字：“志在富民。”

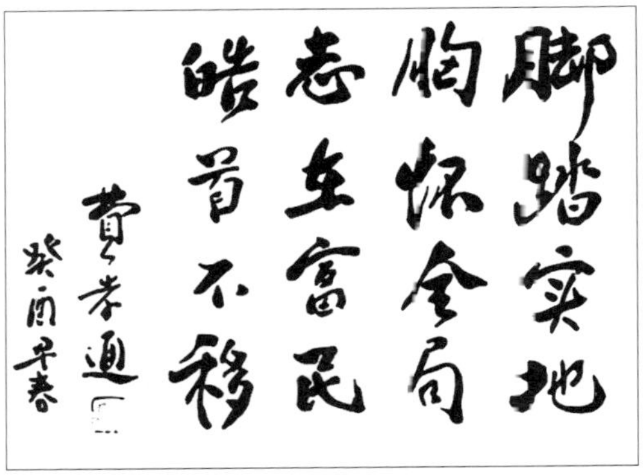

费孝通手迹

“文革”后的费孝通像个弄潮儿，紧随着时代大潮，对纷至沓来的经济现象和社会结构转型进行跟踪研究，改革开放无疑激发了他的学术青春，充盈了他的社会学中国化的理论。他从江苏乡镇工业发展看到农村集体经济结构正在发生的变化，“无农不稳，无工不富”，他称之为“苏南模式”；[1]当他早晨打开英国公寓的大门，看到来自温州推销小商品的青年，开始思考“小商品、大市场”的“温州模式”；[2]1984 年应邀赴港考察时，看到香港的工厂与住宅混杂，他突发奇想，想拥有孙悟空本领，一口气把工厂吹到内地，于是有了“三来一补”的“珠江模式”。[3]

他在伦敦政治经济学院的同窗埃德蒙·利奇爵士向他问过这样的问题：“在中国这样广大的国家，个别社区的微型研究能否概括中国国情？”因此从 20 世纪 80 年代始，他又把研究的注意力放在一头连着村落、一头连着大中城市的小城镇上。正如他在南京东郊国宾馆听到时任南京市委副书记汪正生汇报农业和农村工作后说，他的研究重点已转移了，从研究农村和乡镇企业转向研究小城镇和城乡关系。但经济发展实践很快又提出新的要求。20 世纪 90 年代，费孝通去广东顺德考察时，当地领导提出，现在小城镇并不具备接收信息技术产业的能力，应该注重对中心城市和城市群的研究。费孝通感叹道：“我是做了乡土经济文章，但也被乡土文化束缚了。”于是他从善如流，开始研究珠江城市群和长江三角洲城市群，并提出京广高铁开通后，要注重将高铁沿线的大中城市串起来联动发展，他形象地将其比喻成“京九路串糖葫芦城市带”。

费孝通在社会学中国化的道路上并不总是一帆风顺的。1935 年，当费孝通从清华毕业后，吴文藻便找到李宗仁，推荐费孝通去广西大瑶山做人类学和社会调查。在去广西前，费孝通与他的未婚妻王同惠在燕京大学未名湖畔的临湖轩举行了婚礼，临湖轩是司徒雷登的住宅，六年前，吴文藻和冰心也在临湖轩举行了婚礼，两场婚礼的主持人都是司徒雷登，师生之缘、夫妻之缘均有临湖轩见证。三个月后，他们进入广西大瑶山，对瑶族、苗族等少数民族进行体质分析，并对迁移路径和文化宗教风俗进行调查。然而没有想到的是，正当他们在崎岖的山路上行进时，却遭遇飞来横祸，费孝通误入瑶族人用来捕兽的陷阱，王同惠

1 费孝通 . 行行重行行［M］. 银川：宁夏人民出版社，1992：55.

2 同上，第 282 页。

3 费孝通 . 学术自述与反思［M］. 北京：生活·读书·新知三联书店，1996：93–95.

在寻求村民帮助时，失足坠崖溺水而亡。新婚才108天，竟天人永隔、阴阳两界，怎能不使费孝通肝肠寸断？1936年1月，他被转送至广州仁济医院，在院中给清华好友汤定宇[1]的信中表述了自己的心情："昨夜整夜的爆竹声中，我断续的做着同惠复活的梦，我眼里充满着安慰的泪，我抱着同惠连声地说：'我知道你是要回来的。'——醒来泪是没有干，可是我再也不敢重复地说：'同惠，我知道你是要回来的'了。"

费孝通在王同惠死后也曾尝试赴死以陪伴埋葬在深山中的王同惠，但建立社会学中国化的担子让他重新振奋。同年次月，他在住院期间给汤定宇的信中写道："燕京大概能成立一个社会学研究所，这是我自认为自己的事，我确信三年后回来，我能把它弄成一个和中国复兴有切实贡献的机关。"同时他开始撰写以王同惠村寨调查笔记为基础的中国民族社会学研究第一部著作《花篮瑶社会组织》。该书出版之际，吴文藻亲自作序。统观全序，可以看到吴文藻极大的写作热情，倾其心力运用自己的理论功底，为费孝通的民族社会学研究处女作背书。从字里行间我们看到的不仅是吴文藻对花篮瑶社会组织研究的肯定、演绎和概括，更能感受到对王同惠在社会学中国化道路上出师未捷身先死的痛惜与扼腕，感受到了对费孝通"天降大任于斯人也"的激励和期待。

1936年，费孝通离开燕京大学已三年之久，作为社会学中国化人才培养"总导演"的吴文藻，一边为《花篮瑶社会组织》写序言，一边继续规划费孝通的学术人生。其时，英国社会学功能学派正风靡全球，于是，他决定将费孝通送到英国社会学和人类学功能学派的开山大师马林诺夫斯基门下。

二、马林诺夫斯基：传授研究方法

1936年9月，费孝通在吴文藻的安排下，负笈英伦。此时，费孝通母亲已去世十年，临行前，和费孝通有着深厚感情的奶妈用红纸包了一包家中灶台上的泥土，叮嘱说，在海外，如想家的时候，就用这泥土煮一点汤喝。费孝通深知这包泥土的分量，此次西行的目的正是为了他依恋的乡土中国的重建。

认识自然，改造自然，首先要认识人类自身。发端于19世纪中叶的人类学，运用迅速发展的自然科学，如动物学、植物学、医学解剖学等学科的研究方法，来了解和认识人类。最早将西方人类学、社会学引进国内的是思想启蒙家严复先生，他1897年翻译了赫胥黎《人类在自然界中的位置》(中文译名《天演论》)，和英国社会学家斯宾塞的《社会学研究》(中文译名《群学肄言》)。西方社会学家运用人类学的研究方法，人类学家又大多运用自然科学的研究方法，这引起了吴文藻注意。吴文藻作为社会学家，把自己最器重的弟子们送到美、英去读人类学，如李安宅去美国加州大学伯克利分校人类学系，林耀华去美国哈佛大学人类学系，费孝通去英国伦敦政治经济学院人类学系，这是因为他深刻认识到社会学中国化必须有科学的方法论指导，而了解和学习人类学的调查方法和研究方法是完善社会学理论和社会学中国化的必由

1　汤定宇（1915—1999），字行健，江苏昆山人，国学家，后居香港，任香港树仁大学中文系主任、文学院院长。

之路。

1922年，费孝通还在振华女校读高小时，马林诺夫斯基已经完成了人类学史上具有里程碑意义的巨著《西太平洋的航海者》。说它具有里程碑意义是因为该著作第一次全面阐述了人类学功能学派的主张，第一次将田野调查、观察法和民族志等方法引入人类学和民族学研究。他在本书的导言中，用极大的篇幅介绍自己的研究方法。马林诺夫斯基只身一人进入西太平洋以特罗布里恩群岛为中心的库拉区域，进行了长达两年的调查，从而逐步创立了一套新的田野调查方法论。马林诺夫斯基是受人类学大师弗雷泽《金枝》的影响而改学人类学的，但他的研究方法则与前辈有着重大区别。前辈们所写著作基本上依靠文字档案、书本记载、书信以及通过其他途径间接获得的资料；而马林诺夫斯基则是运用田野调查方法，与土著人共同生活，学习他们的语言，穿他们的衣服，同吃同住同劳动，同时又与土著人保持距离，以便更加深入地观察与研究。正是这个方法论上的差异，将这门科学带向一个新的时代。

马林诺夫斯基与特罗布里恩群岛土著人在一起

无疑，马林诺夫斯基在西太平洋创立的田野调查法，成了日后费孝通人类学、社会学研究的锐利工具。晚年，费孝通在中国不同经济发展水平、不同发展模式的地方，如解剖麻雀般深入剖析了具有典型代表性的社区。他一生三访温州、禄林，五上瑶山、沧州，八访甘肃，二十八次去江村。他运用马林诺夫斯基独树一帜的田野调查法，在大量掌握现场调查资料的基础上，对田野调查资料，从社会组织和分层、社会风俗、家庭婚姻、生产方式等多社会要素在社会生态体系中各自发挥的功能角度做了理论上的概括。

费孝通在燕京大学已经接受了社会学功能学派的熏陶。1936年初，他在广州医院的病床上开始写作《花篮瑶社会组织》，这份社会学研究报告不仅是我国较早对瑶族进行研究的成果，也是我国运用功能学派理论研究民族学的处女作。两年后，在马林诺夫斯基的亲自教导和训练下，他系统而娴熟地运用功能主义理论与方法，建构了一个真实、有机和立体的中国农村村落的社会生活图景，把中国社会学研究推到了国际学术研究前沿，并为世界研究中国开了一扇窗子，这就是费孝通的扛鼎之作——《江村经济》。

1936年9月，当费孝通带着苏州开弦弓村的调查资料，走进伦敦荷尔本商业区的一条小巷里找到伦敦政治经济学院大门时，作为欧洲人类学、社会学学术中心领头人的马林诺夫斯基，正在美国参加哈佛建校300周年盛典，在此期间他与来自燕京的吴文藻一起讨论了中国人类学的未来。当然，向马林诺夫斯基推荐费孝通也是讨论的重要话题。

20世纪20年代初，研究土著一举成名的马林诺夫斯基意识到，研究文明世界所不了解的野蛮和原始部落，虽然有学术兴奋点，但却忽视了对人类文明社会的研究。因此，当他第一次与费孝通见面，就对开弦弓村的调查情况产生了兴趣，以他的学术敏感，立刻拿起电话，说他要亲自培养一名来自中国的人类学学者，于是费孝通登堂入室成为马林诺夫斯基的入室弟子。

《西太平洋的航海者》虽然是人类学史上里程碑式的作品，但作品的宏大叙事写作方法仍然与古典学派弗雷泽的《金枝》一脉相承。《江村经济》的写作风格则是理性、精确和冷静的，开弦弓村的社会形态比西太平洋上的土著社会要复杂得多，这也给费孝通运用功能学派的理论探窥中国富裕地区的开弦弓村的社会生态系统提供了更大的舞台。该书内容包罗宏富，从家庭到亲属关系的扩展，从村庄、保甲制到其他社会组织的功能，从农业向手工业、商业和渔业等社会分工的细化，从民俗、巫术到宗教，从土地制度到农村财产的继承与传递，以及资金市场的发育等等。马林诺夫斯基在《江村经济》序言中写道：“研究人的科学必须首先离开对所谓未开化状态的研究，而应该进入对世界上为数众多的、在经济上和政治上占重要地位的民族的较先进文化的研究。”[1]

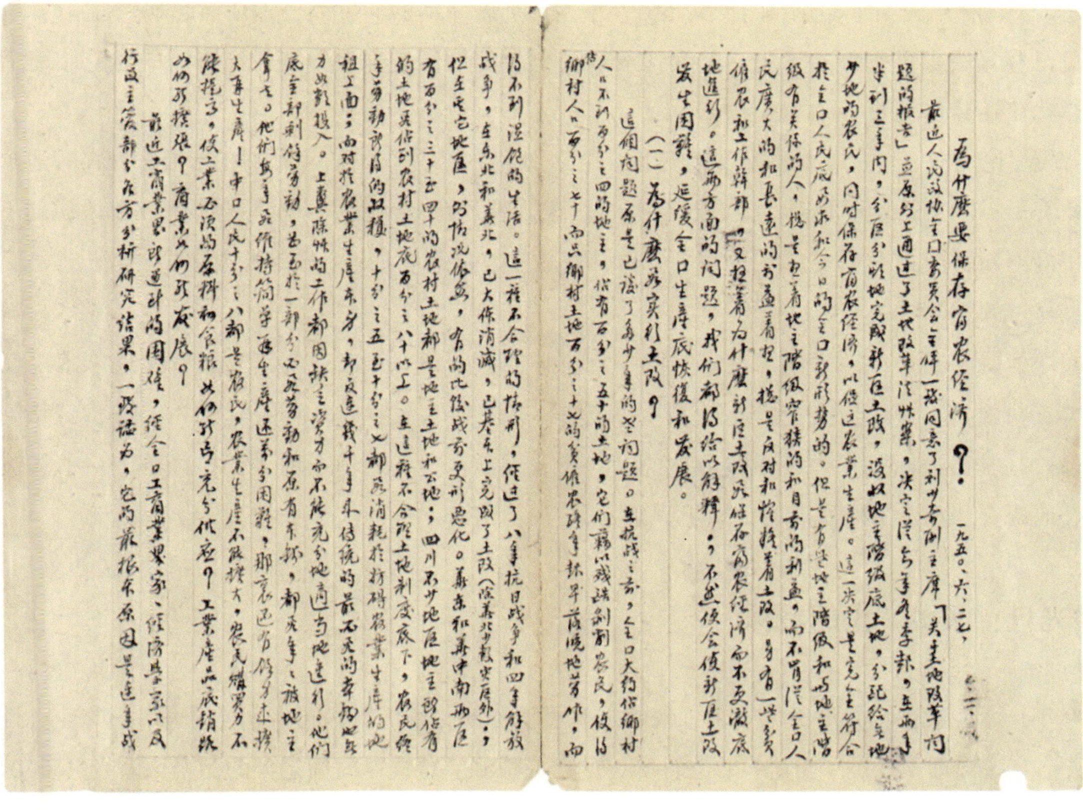
為什麼要保存富農經濟？

一九五〇、六、二七

（一）為什麼要實行土改？

费孝通《为什么要保存富农经济》手稿

1　费孝通 . 江村经济［M］. 长沙：湖南人民出版社，2022：42.

《西太平洋的航海者》的出版，使马林诺夫斯基民族志的研究方法迅速浸染当时的学术界。所谓民族志研究方法，是在选取典型村落、社区的基础上，进行连续不间断的跟踪研究，从而为一个民族的生存发展提供动态而系统的研究资料。对费孝通来说，民族志研究方法是他日后学术生涯中始终秉持的，他要做 20 世纪中国社会大变局的忠实记录者，为后人留下 20 世纪中国社会的历史档案。

不过，进入改革开放轨道后的中国社会变化实在太快了，当费孝通正在为乡镇企业鼓与呼时，江苏南部乡镇企业已经纷纷脱去集体经济帽子，走向民营和股份制企业；当费孝通的眼光正从村落转向小城镇时，中国农村剩余劳动力已经如潮水般地掠过小城镇涌向大中城市；当费孝通在传统产业里摸索发展规律时，他未曾料到信息与知识爆炸、互联网异军突起的时代即将到来，这将对经济社会结构进行彻底的洗牌。因此，民族志研究方法不是依靠个人或一代人所能完成的，但每个人在自己所处的特定时代所做出的努力，都是一部连绵不绝的民族档案史上不可或缺的一部分。

“席明纳”是欧洲传统的教学组织和教学方法，它对《江村经济》的成书起了很大作用。马林诺夫斯基每周五都会安排一种师生平等的专题学术讨论会，与孔子“不愤不启，不悱不发”“教学相长”有异曲同工之妙。马林诺夫斯基喜烟，门窗又不开，于是参加席明纳的学生们也索性抽起烟来，屋内烟雾弥漫，依稀可见马林诺夫斯基斜躺在床上，忽而谈笑风生，忽而妙语连珠。《江村经济》的立论、篇章结构和素材选择就在烟雾弥漫的小屋内逐步成形。

“当我写论文时，写完了一章就到他床前去念，他用白布将双眼蒙起，躺在床上，我在旁边念，有时我想他睡着了，但是还是不敢停，他有时会突然从床上跳了起来，说我哪段写的不好，哪段说的不对头，真把我吓得不知所措。”[1]“该论文中的主要几章都在他主持的有名的‘今日的人类学’讨论班上宣读、讨论、修改、重写过的。”[2]

就这样，费孝通一章一章读，大家一章一章议，他再一章一章改，终于来到费孝通学术生涯的重要时刻：《江村经济》博士论文答辩通过了，并经马林诺夫斯基写序后，由伦敦 Routledge（劳特利奇）出版社出版。马林诺夫斯基在序言中热情地说：“我敢于预言费孝通博士的《江村经济》一书将被认为是人类学实地调查和理论工作发展的一个里程碑。”[3]

三、潘光旦：亲炙“士的精神”

1899 年，西格蒙德·弗洛伊德发表了他的重要著作《梦的解析》，同年，英国著名思想家、性心理学大师哈夫洛克·霭理士发表了自恋及自恋性障碍的研究成果。也许是时间老人的撮合，潘光旦于 1899 年生于江苏宝山县罗店镇，东西方的时间点交合，注定了他这一生与弗洛伊德、霭理士有了扯不清的关系。

1　费孝通 . 留英记［M］. 北京：生活·读书·新知三联书店，2021：175.

2　费孝通 . 江村经济［M］. 长沙：湖南人民出版社，2022：32.

3　同上，第 39 页。

潘光旦 15 岁（1913 年）入清华大学，1922 年在梁启超讲授中国历史研究法课程时，潘光旦向老师交了一份读书报告《冯小青考》，文中考据了明代万历年间有一女子冯小青，15 岁嫁入富商家做妾，因大妇嫉妒，被关在西湖边院子里，二年后病故。潘光旦借助西方性科学原理，经分析后得出冯小青并非死于痨病，而是死于性心理病症“影恋”的结论。梁启超读后大为惊叹，在批语中写道：“善为精密观察，持此法以治百学，蔑不济矣。以吾弟头脑之莹澈，可以为科学家。以吾弟情绪之深刻，可以为文学家。”[1]

潘光旦肖像

梁启超作为中国近代史上百科全书式的人物，却不谙英文。西方用生物学、心理学等现代科学对人的精神和性心理进行的研究，无疑深刻地影响了潘光旦，但语言障碍显然使梁启超的学术视野被局部屏蔽，因此，他不可能看到潘光旦身后站着的弗洛伊德和霭理士。康有为曾有心介绍一位檀香山富商女儿何蕙珍当梁启超的翻译并教其英文，不料何蕙珍温婉聪慧，对梁启超用情过深，竟引起一段刻骨铭心的感情纠葛，然梁启超终因“发乎情而止于礼”而锁住恋情，英文学习也随之搁置。

潘光旦与费孝通出身相近，都出身于崇文重教的家庭。潘光旦父亲潘鸿鼎为光绪二十四年进士，曾任翰林院编修，他旧学渊博，思想开放，兼容并包，对潘光旦形成独立而多元的求学精神有重要影响。潘光旦舅舅是江苏知名教育家沈恩孚，曾任同济大学校长、江苏教育学会会长，也是河海大学创办人。也许家学相当，三观相近，潘光旦与费孝通尽管在社会学领域的研究方向不同，甚至学术观点相异，但他们的个人关系却是情义如酒，历久弥深。

费孝通 1933 年自燕京大学毕业后，旋即以优异成绩考入清华大学研究生院，师从人类学家史禄国（俄国人）。其时，潘光旦与陈寅恪、梅贻琦、叶企孙并称为“清华大学四哲人”。费孝通曾经说自己是 20 世纪第二代学人，与第一代大师如梁启超、章太炎、陈寅恪、王国维等人的区别就是中国传统学术研究的根基不同。潘光旦是 20 世纪初一位独具个性的思想家，他自幼熟读古籍经书，具有深厚的国学底蕴，1922 年又留学美国，学习西方生物学、动物学、遗传学等现代科技知识，他试图让孔夫子与孟德尔、摩尔根实现跨时空牵手，他悠游于自然、科技、人文、社会诸学科之间，在运用传统学术思想对社会问题和文化现象进行观察和研究的同时，再使其接受西方科学的盘诘。与同时代的思想家、国学文史大师致力于研究天人之际、通古今之变不同，他在近代思想史上的贡献是将自己广博洋溢的学术思想融合在“强种优生”的特定领域里，对人们熟视无睹的社会问题，如伶人血缘的传承、画家的分布与遗传、冯小青的“自恋”、嘉兴望族的形成等，进行精密观察和精细剖析，通过生物学视角探索民族振兴之路，形成自己的“人

1 杨海亮 . 特立独行潘光旦［J］. 现代班组，2015（4）.

文生物主义”理论。

费孝通并非直接受教于潘光旦，但因敬仰其学术并长期受其人格滋养而尊其为师，也算是私淑弟子。也正因为私淑弟子，师道也许没那么尊严，他们情趣相投，相知甚深，价值观相同，成为“难得难忘的良师益友”。潘光旦对费孝通在学术上的影响也许不及吴文藻和马林诺夫斯基，但对费孝通人格和境界上的影响绝对是深刻的。费孝通曾经自问，潘先生为什么做人做得如此之正，是他熟读经史子集受到传统文化的浸染？是他受到社会规范的约束？还是他个人修养使然？费孝通说自己与潘光旦的差距“最关键的地方是怎么做人”。

做人，是费孝通通俗的表述，但却关乎潘光旦教育思想的核心价值取向，即教育的功能是以培养健全人格为核心的完人教育，而人格培养和形成的标准就是“士的精神”。

“士的精神”，首先是“天下兴亡，匹夫有责”，忠诚于国家民族的精神。百年前，外国人贬称中国人为“东亚病夫”。潘光旦钻研生物和遗传学，目的是要找到一条中华民族“强种优生”的科学路子。而费孝通虽家境优渥，但他的社会关怀和民生牵挂使其终生都在思考通过研究社区变迁和社会关系调整，找到一条“富民”之路。“强种优生”与“志在富民”恰是师生两人从不同方向为民族赓续与发展做出的历史贡献。

“士的精神”，须有士的品格和风骨。潘光旦在《论品格教育》一文中写道：“只有可以陶冶品格的教育，才是真正完全的教育。”[1] 士者，不可以不弘毅，任重而道远。士者应有干云的豪气，高远的志向，刚正不阿，富贵不能淫，贫贱不能移，威武不能屈。士的境界与教养、风骨与风貌，不是社会每个阶层或群体都能具有的，但对于担任社会教化和思想发现的“士”来说，却是不可或缺的。

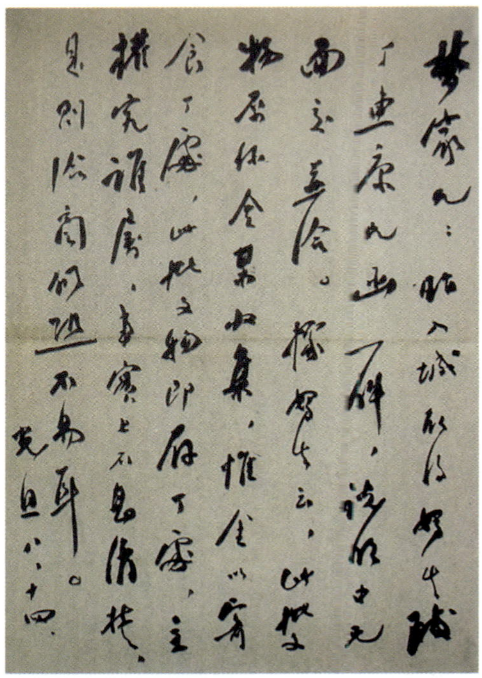

潘光旦致陈梦家信札

“士的精神”，还要有严谨豁达的治学态度，学而不厌，诲人不倦。潘光旦在生命的最后十年，以“牛鬼蛇神”的屈辱之身，倾心翻译达尔文人类学著作《人类的由来》。费孝通说，潘先生“卓越于常人的是他为人治学的韧性。他的性格是俗言所谓牛皮筋，屈不折，拉不断，柔中之刚，力不懈，工不竭，平易中出硕果”[2]。1966年，《人类的由来》基本译成后潘先生开始誊写译稿，他高度近视，老来又目力日衰，伏案疾书，鼻端离纸仅寸许。当有人向潘先生进言，此书译

---

1 潘光旦．自由之路［M］．北京：群言出版社，2014：202.

2 潘乃谷．但开风气不为师——费孝通学科建设思想访谈［J］．民俗研究，1997（1）.

出恐不能出版时，先生一笑置之，只问耕耘，不问收获。

左起费孝通、孟吟（费孝通夫人）、潘光旦、吴文藻

潘光旦曾用“亲炙”二字形象地来形容老师对学生的人格塑造。1957 年，反“右”扩大化累及师徒二人，费孝通说：“从此难师难徒，同遭这一历史上的灾难。可是我们的确没有发过任何怨言，这不能不说是出于先生循循善诱以身作则的缘故。”[1] 再至“文革”第二年，潘先生因少年时跳高跌断右腿，造反派竟不准坐凳子拔草，因坐地受寒，膀胱发炎，又缺医少药，竟至不起，费孝通在老师弥留时刻，紧紧将他拥在怀中，直至停止呼吸。从费孝通日后所写的“日夕旁侍，无力拯援，凄风惨雨，徒呼奈何”，可以感受到费孝通当时的愤怒、痛惜和无奈。费孝通，作为 1959 年已经结束贬黜的摘帽“右派”，在“文革”中，可以与潘先生划清界限而自保，但这一切没有发生，因为潘先生“士的精神”已融入他的血液。

师者如光，微以致远；师者如舟，千里不殆。费孝通的三位导师虽然教育的方式不同，角度各异，但“爱的教育”却是一以贯之的。吴文藻为师如长者，他的“爱的教育”表现在远见、规划和对学子生涯的精确投送；马林诺夫斯基展现爱的方式则是视师生为对手，他们在思维的博弈和缠斗中，实现学子的蜕变；潘光旦的“爱的教育”则是师德温润，与费孝通结成了终生的灵魂伴侣和生命依靠。

解析费孝通与三位导师的交往史，恰是一个时代师生关系的缩影，如果上溯中国三千多年的教育史，施教育与受教育的师生关系始终是老师谆谆教诲、学生矻矻学习，如一泓清泉澄碧照人。“天地君亲师”，学生对老师，犹如贤臣忠君，儿女孝悌，万民敬天地，掺不得沙子，容不得污染。讲台不能成为交易转让的平台，师道不能成为权利的说辞。回顾20世纪费孝通与他三个导师的交往过程，也许使得我们能够“以铜为镜，可以正衣冠”。

（原文载《江南时报》2024 年 8 月 1 日第 2—3 版）

1　费孝通. 潘、胡译《人类的由来》书后［J］. 读书，1982（8）.

附：

费孝通致汤定宇信札两通

释文

定弟：

若是一个人值得用眼泪去读一本悲剧的话，那末用一个生命去造就一处悲剧，亦不能算过于浪费造物的供养了。

昨夜整夜的爆竹声中，我断续的做着同惠复活的梦，我眼里充满着安慰的泪，我抱着同惠连声地说："我知道你是要回来的。"——醒来泪是没有干，可是我再也不敢重复地说："同惠，我知道你是要回来的"了。广州除夕的爆竹是整夜不停的，世界上还有欢笑，我只能求着上帝，让没有觉得欢笑是痛苦的永远不要想到欢笑是会变成痛苦的。恕我在你面前提到这一种可怕的事实。——我真是不敢给任何人写信，我有什么理由要把我的痛苦传布给人呢?

我从同惠失踪以后，云里雾里，我只有求上帝收留我，因为《圣经》中留着我惟一的希望，一个人死后还能相见，我有那么多话要向同惠说，我又那么的需要同惠给我再说一句话。但是，宗教离我这样远，我甚至懊悔过去所受的教育，使我不能彻底的信着人还有复活的一天。定弟，这一种内心的冲突，磨折着我，比我脚所给我的楚痛，不知难受多少。

当然，我所受的在这世界上所有痛苦之中比起来实在算不得什么的。而且在这痛（缺页）梧州才遇见两个在上海到广州船上认识的朋友。有二十天我浸在哀哭和静默之中，连要说一句比较亲切的话的对象都没有。到梧州，我拉住了那位萍水相逢的朋友，"我才觉得世界还有一点人影。"到了广州自然好多了。有一个热气了。但是"死"给我印像太深了，即便白天能强自振作，一到梦里，一切可怕的事就不再饶赦我了，我不怕失眠，我怕做梦，我不怕做梦，而怕梦有醒的时候。

今天是年初一，也是我母亲死后的第十个年头。寂寞人间世路长！

孝通

按语

这一通写于 1936 年 1 月 24 日，叙述费孝通在除夕夜梦见亡妻王同惠的心情。

空我：

若是一個人值得用眼淚去讀一本悲劇的話，那末用一個生命去造就一齣悲劇，亦不能算過於浪費造物的供養了。

除夜整夜的爆竹聲中，我斷續的做着同惠復活的夢，我眼裡充滿着安慰的淚，我抱着同惠連聲地說：「我知道你是要回來的。」——醒來淚是沒有乾，可是我再也不敢重複地說：「同惠，我知道你是要回來的」了。廣州除夕的爆竹是整夜不停的，世界上還有歡笑。我祇能求着上帝，讓沒有覺得歡笑是痛苦的永遠不要想到歡笑是會變成痛苦的。恕我在你面前提到這一種可怕的事實。——我真是不敢給任何人寫信，我有什麼理由要把我的痛苦傳佈給人呢？

我從同惠失蹤以後，靈裡衷禱裡，我祇有求上帝收回我，因為聖經中留着我唯一的希望，一個人死後還能相見。因為我有那麼多話要向同惠說，我又那麼的需要同惠給我再說一句話。但是，宗教離我這樣遠，我甚至懊悔過去所受的教育，使我不能澈底的信着人還有復活的一天。宗教，這一種內心的衝突，磨折着我，比我腳所給我的苦痛，不知難受多少。當然，我所受的在這世界上所有痛苦之中比起來實在算不得什麼的。而且在這痛

梧州才遇見兩個在上海到廣州船上認識的朋友。有二十天我浸在寂寞和靜默之中，連要說一句比較親切的話的對象都沒有。到梧州我握住了那位萍水相逢的朋友，「我才覺得世界還有一點人影。」到了廣州自然好多了。有一個熱氣了。但是「死」給我印像太深了，即使白天能夠強自振作一副架子裡，一切可怕的事就不再饒赦我了。我不怕失眠，我怕做夢，我不怕做夢，而怕由夢中醒的時候。

今天是年初一，也是我西就死後的第十個年頭。

寂寞人向世路長！

孝通

1　郑安仑，1936年清华大学社会学系毕业，1952年担任新加坡华校教师联合会首届理事长。

2　指"一二·九"抗日救亡运动和"一二·一六"大示威运动。1935年12月9日，北平大中学生数千人举行了抗日救国示威游行，反对华北自治，反抗日本帝国主义，要求保全中国领土的完整，掀起全国抗日救国新高潮。12月16日，北平学生通过了反对"冀察政务委员会"、反对华北任何傀儡组织、要求停止内战一致对外、收复东北失地、争取抗日和爱国等8个决定案，会后进行了示威游行，有许多市民加入了游行队伍。

3　1936年秋，费孝通赴英国，师从马林诺夫斯基完成博士学业，根据其在吴江的调查结果写出论文《江村经济》。该论文出版后被誉为"人类学实地调查和理论工作发展中的一个里程碑"，成为国际人类学界的经典之作。费孝通1938年获得政治经济学博士学位，随后回国。

4　指《两当轩集》，黄景仁著，共22卷，其中诗16卷，词3卷，诗词补遗及遗文3卷。黄景仁一生大都是在贫病愁苦中度过的，所作诗歌多抒发穷愁不遇、寂寞凄怆的情怀。

释文

定弟：

昨天从医院里转来你的信。你说我不该太疏远了亲戚，真是怨枉，我四处发信时，从没有漏了亲戚，是为了节省写同样的信所以都寄愚园路霍奇转，谁知一连三封快信，都没有到，也是命！你如逢着有人责备我时，请你代我解释解释。

我是前天搬入了新屋，脚在广州大概是医不好了，所以我出了医院，等能跛着走得动时，把这里的事都了清楚后，再北上。新屋在越秀北路216后座。请你告诉声郑安仑[1]。

报载清华又大闹，[2]事情到了现在，谁都在运命手中了。急也没有用，没有死而还生着的，谁逃得了这大劫。我自己已定了活下去的方针，要是春尽可以出国则将和祖国暂别三年。[3]三年后回来，不管什么样，我要来研究中国本部的社会组织和人民体质。我已下了这末大的本钱在这里面，我余下的一些，移作别用，绝不会出色，还是老路上做下去，也许会有一天，过去的牺牲都得到了偿回。

燕京大概能成立一个社会学研究所，这是我自认为自己的事，我确信三年后回来，我能把它弄成一个和中国复兴有切实贡献的机关。我现在广州，虽则身体不给我活动的机会，心绪也还没有收好，但是也在努力，想改造学海书院，办法是有了，成败则不可必。若是天不再刻薄我，在这几个月内，我可以在西南树立一个根基。

如你在北方还能读书的，安心多读读书，两当轩[4]少读为妥，能快乐的人，愿上帝祝福他，不要再走入悲惨的路！

孝通　二月

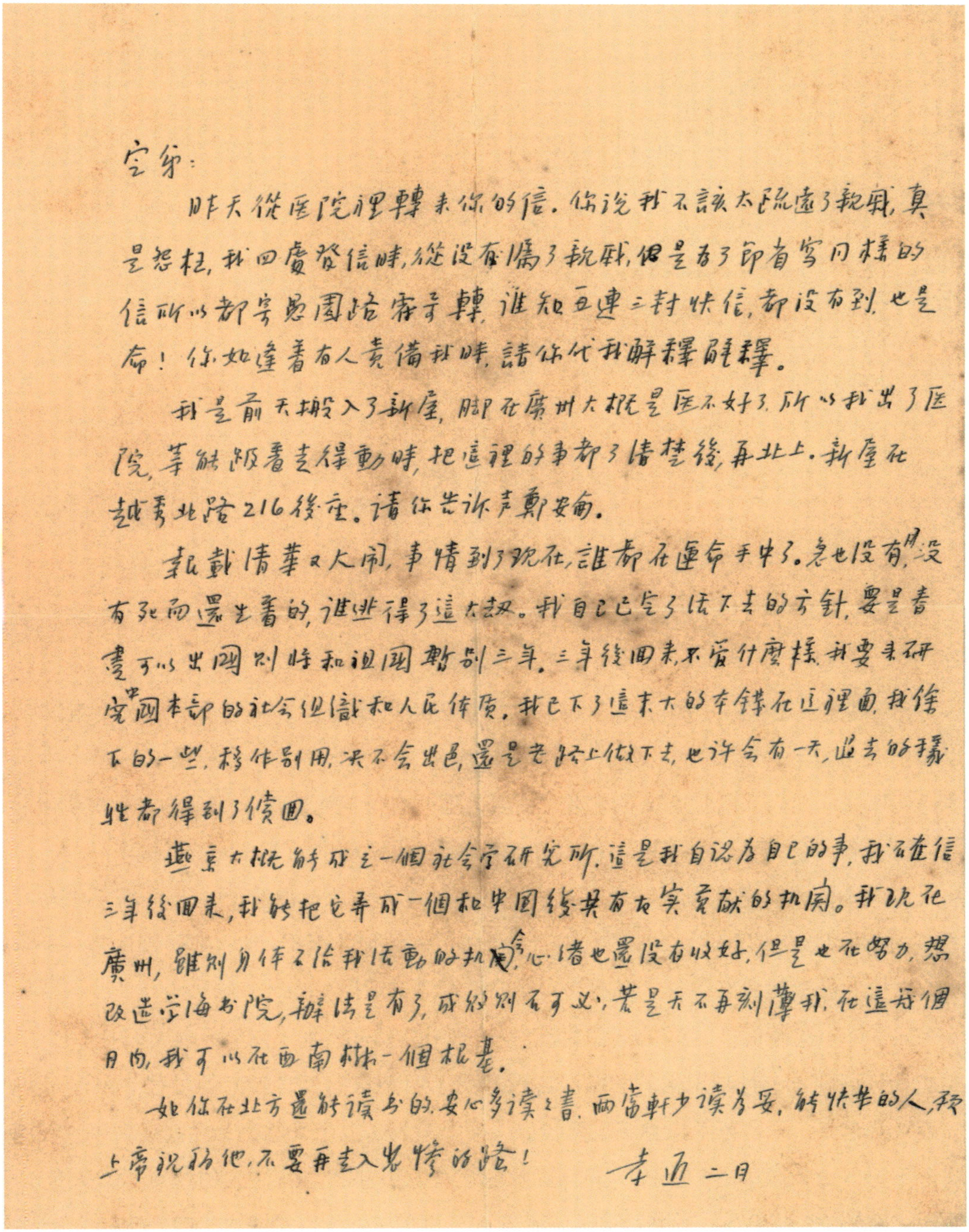

宇弟：

昨天從醫院裡轉來你的信。你說我不該太疏遠了親戚，真是冤枉，我回廣發信時，從沒有偏了親戚，但是為了節省寫同樣的信所以都寫給國瑞家去轉，誰知五連三封快信，都沒有到，也是命！你如逢着有人責備我時，請你代我解釋解釋。

我是前天搬入了新屋，腳在廣州大概是醫不好了，所以我出了醫院，等能跛着走得動時，把這裡的事都了清楚後，再北上。新屋在越秀北路216號。請你告訴聲鄭安甫。

報載清華又大鬧，事情到了現在，誰都在運命手中了。急也沒有用，沒有死而還生着的，誰逃得了這大劫。我自己已定了活下去的方針，要是春季可以出國則暫和祖國暫別三年。三年後回來不管什麼樣，我要來研究中國本部的社會組織和人民體質，我已下了這末大的本錢在這裡面，我係下的一些，移作別用，決不會出息，還是老路上做下去，也許會有一天，過去的犧牲都得到了償回。

燕京大概能成立一個社會學研究所，這是我自認為自己的事，我可確信三年後回來，我能把它弄成一個和中國能共有大貢獻的機關。我現在廣州，雖則身體不給我活動的機會，心緒也還沒有收好，但是也在努力，想改造學海書院，辦法是有了，成就則看可以；若是天不再刻薄我，在這幾個月內，我可以在西南樹一個根基。

如你在北方還能讀書的，安心多讀讀書，西當軒少讀為要，能快樂的人，願上帝祝福他，不要再走入悲慘的路！

孝通 二月

按语

这通信写于 1936 年 2 月。费孝通在信中提到自己因腿伤无法痊愈而离开医院，暂居广州，计划待身体稍好后北上。他对国内局势表示担忧，但决心继续研究中国的社会组织和人民体质，并计划出国三年，待归国推进相关研究。同时，费孝通提到正试图改造学海书院，并鼓励汤定宇安心读书，不要走上悲惨的道路。

每依北斗望随园

孙望《唐五言近体诗诗选》序

史双元

孙望先生（1912—1990）选编手录的《唐五言近体诗选》在他仙逝二十多年以后即将由商务印书馆影印出版。当下，我们尤其需要“坐得住冷板凳”的为学方式，需要踏实整理国故的“朴学”精神，需要记住那些承前启后的优秀文化学者，需要为那些有价值而非流行的重要文献提供出版机会。

这本书属于“清水白石羹”（见南宋林洪撰《山家清供》）式的“有机产品”，没有注释，甚至没有加入诗人小传，只是选择了一千多首唐代五言近体诗，原汁原味原生态呈现。在人工智能生成的文字、图像、视频可以以假乱真的时代，天花乱坠不难，添枝加叶不难，纯古典呈现倒是一种难得的“清净”状态，是读古典、做学问的好材料，浸润其间能获得古典诗歌原生态“真味”。

五言诗句起源很早，《诗经》时代已经出现五言诗句。如《诗经·豳风》中《七月》篇就有三言句式：“九月筑场圃，十月纳禾稼。”两汉诗歌经历了由杂言向五言转变的过程。东汉时期，乐府民歌中的五言诗兴盛起来，语言艺术也趋于成熟，如《陌上桑》《上山采蘼芜》《江南》（“江南可采莲”）、《长歌行》（“青青园中葵”）等。五言民歌的流行，引起了当时文人的注意，文人也尝试着进行五言诗的创作，五言诗逐渐成为一种新的诗体流行起来，并在汉末魏晋时期取代四言诗，成为诗歌创作的主要形式。刘勰在《文心雕龙·明诗》中说：

> 暨建安之初，五言腾踊，文帝、陈思，纵辔以骋节；王、徐、应、刘，望路而争驱；并怜风月，狎池苑，述恩荣，叙酣宴，慷慨以任气，磊落以使才。造怀指事，不求纤密之巧，驱辞逐貌，唯取昭晰之能。

南朝钟嵘的《诗品》是以评论五言诗为主的专著，共品评诗人一百二十二人，可见当时五言诗的发展盛况确实已经“居文词之要”。南北朝时期，一批对汉语声韵变化之妙有切身体会的诗人如沈约、谢朓、王融等，开始了调谐诗歌格律的理论总结和创作实践，并共创了声律齐整的“永明体”。五言诗自此走向韵律规范化的写作，在唐初形成了近体诗。

五言古体诗和五言近体诗在写作内容和表现对象的选择上并没有大的区别，其区别主要在形式上——诗句之篇幅、押韵、对仗、平仄等。五言古体诗的篇幅没有具体要求，可以是四句、六句、八句、十句，甚至更多。五言近体诗简化为三种格式：四句体为“五绝”；八句体为“五律”；超过八句的律诗称为“长律”，又叫“排律”，如杜甫的《赠卫八处士》《风疾舟中伏枕书怀三十六韵奉呈湖南亲友》，白居易的《代书诗寄微之》竟长达一百韵，韩愈、孟郊等采用联句形式演为五律长篇，如《城南联句》长达一百五十四韵。

韵是诗歌格律的基本要素之一。从《诗经》开始，称为“诗体”（严羽《沧浪诗话》）的文学形式没有不押韵的。五言古体诗的押韵比较自由，五言近体诗的押韵规则很严格：一首诗限用一个韵；第一句可以用韵，也可不用韵，其余部分都是偶句用韵；韵脚的字不能重复。而且近体诗主要用平声韵。由于五律多在第二、四、六、八句四处用韵，所以习惯上称为“四韵诗”，如杜甫的《春望》、杜荀鹤的《山中寄友人》等。

对仗作为中国诗歌的一个显著特点，早在先秦时期就已出现，并且存在于诗歌的发展历程中。如《诗经·小雅·采薇》中的“昔我往矣，杨柳依依，今我来思，雨雪霏霏”，已有对仗模样；《古诗十九首》中的“青青河畔草，郁郁园中柳”“胡马依北风，越鸟巢南枝”就是很自然的对仗，也是天然好句子。但这种现象往往是偶然的，并非作者刻意为之。从西晋陆机开始，文人有意追求语言整饬、句式对仗，陆机之后的潘岳、谢灵运、谢朓、庾信等人继承并发展了这种风格，对仗越来越求工整。南朝时骈文盛行，骈俪、排偶等技巧日渐成熟，也影响了诗歌的语言审美要求。五言古体诗在对仗上没有具体要求，但五言律诗要求颔联、颈联对仗。大致来说，五言律诗从五言古体诗中继承了一部分形式，比如每句五个音节、两句一组、总的句数为偶数，同时增加了对偶和平仄的规则。

近体诗的定型主要是由唐初的沈佺期（七言近体诗为主）、宋之问（五言近体诗为主）完成的，他们在沈约等人创制“永明体”的基础上进行了修改和提炼。五言近体诗在盛唐时期达到成熟。近体诗的成熟与流行，对汉民族具有重要且深远的影响，可以说，诸多五言诗歌名句影响着我们华夏民族对生活的理解和人格的塑造：

“海内存知己，天涯若比邻”——我们重视朋友情谊；

“朱门酒肉臭，路有冻死骨”——我们反对恃强凌弱，追求社会平等；

“举头望明月，低头思故乡”——即使远走他乡，寻找生活，我们也要带上一抔故土；

“夜来风雨声，花落知多少”——我们是一个愁风惜花、富有忧患意识的民族；

“夕阳无限好，只是近黄昏”——我们是一个接受悲伤的生存环境，并可以将其转化为审美趣味的民族。

以唐代五言律诗为代表的近体诗，成了中国人人生启蒙的基本教材，成了中国人交往的思维依据，可以说，没有一种文学体裁像五言近体诗这样能对中华民族性格的形成起到奠基性的作用。虽然也有学者认为，近体诗的形成与随着佛教经典来华的梵语音韵学的影响有关，但除了外在的音韵格律，五言近体诗还有更深层的中国文化的内在“音韵”。中华民族一直追求对称、平衡，追求不偏不倚、守正求真，近体诗是诗化的民族审美的具象。汉语是有声调的语言，是天生起伏抑扬的“美声”语言，近体诗完成了平仄协调的内在节奏的规定，保持了诗歌、文学的节奏感，进而影响了我们生活步履的情意选择。五言近体诗讲究押韵，偶句结尾是韵脚处，率押平声韵。这种任你千变万化，结尾一律归为平声的模式，无形中培养了张弛有致、万水朝宗的追求平和演进的意识。在吟哦朗诵之中，一举手，一投足，充盈平和之气，无怪乎古代文人大多是知书达理的平和君子。与七言近体诗相比，五言近体诗更为内敛，没有七言的汪洋恣肆和才华横溢，知进也知退，谨慎而不至于木讷，骋才而不至于显摆。如果有很多话要说，又不想用七律这样的大排场，还有五言排律呢。

孙望先生作诗就偏爱五言近体诗，逢“重大事件”，要抒发厚重的感情，往往用五言诗来表达。如民国二十七年（1938）十一月十二日，孙望离开湖南前往贵州，是夜国民党政府以“焦土抗战”为名，火烧长沙。他闻讯感慨万千，作五言近体诗曰：

半夜长沙火，熏天炙月宫。瓦灰飞邻县，烈焰卷云空。
焦土民何罪，弃城敌未逢。伤心三楚地，回首一墟风。

《唐五言近体诗诗选》（以下称《诗选》）是有眼光的书，是有主见的书，选编的原则是从诗歌与人生之大端出发，宗旨就是保存典故，传承优秀，发现精华，集中呈现。其选择标准是诗言志，歌怀民，有爱国爱民、忧国忧民情怀的诗就多选。比如，本书为杜甫单列一卷（共一百五十七首），综观全书，无人可比，由此可知编者的态度。从宋代开始就有李杜之争（也是后人“瞎操心”），到本书出版可以告一段落了，先生不怕“偏袒”之议，用诗选的眼光和态度，告诉读者：李白自然可爱，但他的天才不是人人可以生而得之，而杜甫忧国忧民的情怀是可以通过阅读和思考逐步养成的，我们这个时代，不缺天才，缺的是“情怀”。在近体诗的发展过程中，杜甫确实起到了中流砥柱的作用。盛唐时代最能代表五言律诗成就的是杜甫的作品。胡应麟《诗薮》内编卷四说：“唯工部诸作，气象巍峨，规模巨远，当其神来境诣，错综幻化，不可端倪。千古以还，一人而已。”评价极高，也是实事求是。本书选录了杜甫的五言名篇如《春望》《春夜喜雨》《旅夜抒怀》等百余首，思想和艺术皆臻上上乘。

《诗选》推崇杜甫，同样推举李白。李白的五言近体诗有韵味天成、飘逸自然的特色，《诗选》选了四十首李白诗，是该书所选唐代五言近体诗的大宗之一。选诗包括《赠孟浩然》《送友人》《渡荆门送别》《秋登宣城谢朓北楼》等李白“主旋律”名篇，也选了《宫中行乐词》，以保留李白生活的“真迹”。

王维的五言近体诗品相极高，诗中有画，诗中有禅，《全唐诗》收王维诗四卷三百多首，大多是五言近体诗。本书选王维诗三十三首，包括五言名篇《山居秋暝》《终南别业》《使至塞上》《归辋川作》等，可以说，精品都在这里了。

《诗选》对初唐诗歌的选择，突出了诗人对五言近体诗的贡献，所选篇目计有：宋之问十三首、杜审言八首、骆宾王六首、陈子昂十首、张说十首。他们都是初唐时代近体诗发展过程中的重要人物，其作品的思想性和艺术性都有可圈可点之处。本书选录宋之问诗歌十三首，主要是考虑其对近体诗发展的贡献。仔细寻绎宋之问入选诗篇的艺术特色，可以看出，他虽然生活在初唐，但其诗歌艺术已经达到了盛唐时期成熟近体诗的高度。

《诗选》对盛唐到中晚唐之间的诸多“年度诗人”也提供了足够的篇幅空间，选了刘长卿四十首，岑参四十首，韦应物十八首，李端三十首，司空曙二十四首，王建二十八首。这和传统文学史给予这些诗人的分量是有很大差异的，如此“反传统”，给编写唐代诗史提供了新的视角和数据。遗憾的是，先生一辈子为后学做嫁衣裳，晚年在为他人审阅文章时遽然离世，没来得及圆满完成本书，还有晚唐部分诗人的作品没有选编，如李商隐、温庭筠，但从本书的诗作选择中，已经能看出选编的宗旨，看出唐代五言近体诗的发展脉络。

可以说，此本《诗选》不仅仅是为了让读者学习近体诗的平仄对仗，以期通过涵泳格律获得写近体诗的“感觉”，更多是选择“有意义”的近体诗，选择有教育意义和人格涵养意义的优秀诗篇，以弘扬古典文学中的正能量。

本书采择的许多优秀诗歌，是过去没有被发现或者没有被重视的。如《全唐诗》收宋之问诗三卷近两百首，绝大部分是律诗。可能是考虑到宋之问的人品不怎么出彩，传统诗选也大多锁定宋之问的《题大庾岭北驿》和《度大庾岭》两首，反复选用，老生常谈，好像宋之问的诗歌到此为止，最多外加《新年作》两句：“老至居人下，春归在客先。”虽然这几首诗也能体察诗人被贬岭外时的黯淡心境，但对宋之问在律诗发展中的地位缺少深入认知。本书所选宋之问诗歌超越庸常和成见，虽然没有大批选入，但从所选诗作可以看出宋之问的近体诗水平已经相当高，应当让他“出列”，让读者高看他一眼，以了解他在近体诗发展过程中的重要地位。如宋之问《泛镜湖南溪》：“乘兴入幽栖，舟行日向低。岩花候冬发，谷鸟作春啼。沓嶂开天小，丛篁夹路迷。犹闻可怜处，更在若邪溪。”诗的颈联“沓嶂开天小，丛篁夹路迷”，对仗之纯熟，摹物之精工，已见盛唐杜诗面貌。又比如《送杜审言》一诗云：“卧病人事绝，嗟君万里行。河桥不相送，江树远含情。别路追孙楚，维舟吊屈平。可惜龙泉剑，流落在丰城。”颔联对仗工整而别具飘逸之气，“河桥不相送，江树远含情”借景抒情，不粘不滞，隐约开太白五律之先声。

以上仅仅是举例评点，相信读者会从《诗选》书中发现更多有价值的材料。

作为孙先生的学生，我还想比较全面地介绍一下孙先生的“身份”、成就和为人，知人论书，可能会有助于读者与本书产生情感联结。孙望先生（字止畺）是著名的诗人学者，早在民国时期，在金陵大学中文系读书时，就和同学程千帆及校外友人汪铭竹、常任侠等组织了诗社“土星笔会”，从事新诗创作，发行期刊《诗帆》。孙先生自己出版过《小春集》《煤矿夫》等诗集。程千帆先生曾有诗《题止畺小春集》

曰："昼梦吹香两未知，人天何地著相思。白门裙屐风流尽，赢得孙郎一卷诗。"

对于孙先生的定位，如果能让他选择，我相信他还是愿意做个学人、学者。他在担任南京师范大学（原南京师范学院）中文系主任期间，几次要求让贤，甚至要求把自己的三级教授降为四级教授，全身心做学问，但学校考虑到工作需要，没有同意，他还因此在"文革"中被打成了"反动学术权威"，饱受磨难。

孙先生做学问的特点是千锤百炼，言必有据，他崇尚"朴学"之风。所谓朴学，又叫乾嘉朴学，本指上古朴质之学，泛指儒家经学的研究整理，延伸为古籍校勘、注疏、辑佚等整理工作。梁启超说过：其治学之根本方法，在"实事求是""无证不信"。

孙先生是成就卓著的古代文学研究专家，出版有《元次山年谱》《全唐诗补逸》《蜗叟杂稿》等重要著作，特别值得介绍的是由他独立编纂的《全唐诗补逸》。在金陵大学读书期间，他就遍搜典籍，爬梳剔抉，编纂了《全唐诗补逸初稿》（以下称《初稿》），在《金陵大学文学院季刊》1936 年第 2 卷第 2 期发表。当时，日本汉学家、东京帝国大学教授铃木虎雄读了《初稿》后专门写信给孙望，称该书"于唐诗裨益匪浅，谨为学界庆贺，不止以鸣私谢也"。

由于条件所限，当年的《初稿》"收诗止二百七十有奇，暂分七卷，名曰《全唐诗补逸初稿》。称《初稿》者，盖欲赓扬裒集，期毕功厘定于他日也"。在以后的几十年间，先生一直在进行着这项工作，他查考了大量的典籍、方志、金石，像《永乐大典》《大藏经》等卷帙浩繁的大型典籍也都逐部查找，"积之既久，渐成卷帙"，"得诗近八百篇，离为二十卷"，终于完成了规模较大的《全唐诗补逸》。1982 年，《全唐诗补逸》被收入《全唐诗补编》，在中华书局出版。这项浩大的工程，耗费了先生毕生的心血，然先生并不满足，在后记中仍感叹："倘假我以年，其增辑续补，愿待来日。"

《日本汉诗选评》是孙望先生晚年与程千帆教授合作完成的又一部重要著作。正如其前言所说：在日本，以汉语写成的文学作品，以诗为盛，汉诗是日本文学，特别是日本古代文学的有机组成部分。20 世纪 80 年代，中日间学术交流日益兴旺，1981 年日本爱知县县立大学副教授阪田新来南京师范大学师从孙望先生进修中国古代文学，日本汉诗成为经常谈论的话题，孙望先生产生了编选一部《日本汉诗选评》的想法。在阪田新、清水茂、村上哲见、松冈荣志、横山宏等日本友人及日本汲古书院的鼎力相助下，获取了大量关于日本汉诗的资料。经过多年的艰苦工作，初选五千多首，经过反复推敲、筛选，最后由主编程千帆、孙望两位先生选定两百位诗人、汉诗四百一十三首，由顾复生、吴锦等四位先生注释，程千帆、孙望两位先生对入选的作家、作品进行述评、品析。《日本汉诗选评》1988 年 3 月由江苏古籍出版社出版后，很快在海内外获得好评。中华书局原总编辑、中国唐代文学学会会长傅璇琮在《读〈日本汉诗选评〉》（《瞭望》1989 年第 19 期）中说："程、孙两位先生既是渊博的学者，又是极有造诣的诗人，这就使得他们的评语简约而隽永，既具理致，又富情韵，实是古体诗歌评论的别开生面之作。"

孙望先生一直想编一本《唐五言近体诗选》，这是他退休后最想做的一件事。当年在金陵大学读书时，胡小石先生有本自己编选的《唐诗绝句集》，孙望先生于此十分佩服。他一直想按照自己的眼光来选录唐人的五言近体诗，1988 年已开始着手选录，留下工工整整抄录的七册选诗，共计选了一百五十八家一千零九十二首唐五言诗。而今此书即将出版，先生地下有知，当含笑九泉。

孙望先生也是优秀的老师，他诲人不倦，甘作人梯，对学生满腔热忱，对晚辈循循善诱，对中青年教师的成长关怀备至。1982年，南京师范学院中文系古代文学专业招收四名硕士研究生，我有幸与刘长典、肖鹏、程杰同学一起成为孙望先生弟子，孙先生还请来程千帆先生、钱小云先生等学术大家给我们上课。当时，孙先生住在南京天竺路一处设施简陋，但比较幽静的小院子里。每次上课，他都把我们让到他的书房，给每一位学生倒好茶，然后才坐下来授课。

先生对学生可谓温情加严格，要求学生做学问要踏踏实实、勤勤恳恳，板凳要坐十年冷。记得先生曾要求我们选读没有标点、不带注释的《十三经》，以培养坐冷板凳的学术耐性。先生那个书房，记忆所在，是个温暖的处所，阳光透过窗格照进来，瘦弱的孙先生，焚起几根香，拿出线装书，用带着常熟口音的普通话开始了他的讲座。“此情可待成追忆，只是当时已惘然”，回忆那一段时光，回忆孙先生，是一种温暖，也是一种伤感。在随先生读书的时候，我们初步建立了对整个大社会的希望，对未来一辈子做学问的承诺，虽然后来我们遇到了很多的冲击浪潮，打破了我们很多玫瑰色的幻想，但越是这样，越觉得那段时光在生命中的珍贵。

孙望先生长期担任南师中文系系主任，为南师中文系的发展立下了汗马功劳，特别是在引进专家人才方面呕心沥血，礼贤下士，他先后引进了词学大师唐圭璋，中国古代文史学家段熙仲、钱仲联、诸祖耿、杨白华、金启华，语言学家徐复、施肖丞、葛毅卿、张拱贵，现代文学研究专家朱彤、吴奔星、刘开荣、上官艾民、沈蔚德，文艺理论家吴调公，世界文学研究专家许汝祉，等等，为南师中文系组建了一支强大的师资队伍。我们读书的时候，也一直以中文系拥有著名的“十大教授”而自豪。

如果在诸多头衔中，为孙望先生选一个头衔，我认为，应该是当代儒家大师。孙先生一辈子奖掖后进，一辈子为他人作嫁衣裳，直到最后一天、最后一刻，他还在为博士生论文做评审工作。

《诗选》是几十年前的选本，是孙望先生一辈子思考和选择的结晶，以影印的形式出版，保留了本真的形态，最接近先生其人、其态、其志。这几十年来，由于信息流通的高度发达，唐诗的辑佚和辩证有了不少进步，有一些新的见解、新的发现，先生没能看到，所以，某些诗歌、某些诗句，有不同版本、不同词句、不同作者归属，完全可以作为一家之词，读者自可自行选择、判断。

总之，这本书的最大特色就是原汁原味地呈现古典，以“选”来表达学术理解，是我国传统“选学”的又一代表作。

（作者：史双元，澳大利亚悉尼汉语水平考试中心主任，新州教育联盟秘书长，曾任南京师范大学中文系教授。本文见孙望《唐五言近体诗诗选》，商务印书馆2024年版）

附：

孙望《读〈昌谷集〉后》诗六首[1]

1 本件藏品及孙望《〈吊古战场文〉校注》手稿皆由孙望女儿孙原靖捐赠。

释文

纤指庞眉俊少年，锦囊羸马绿杨鞭。红尘紫陌长安道，不见秦王意惘然。

宫北田塍自去来，汉文辜负贾生才。山榴五月红于火，顑頷王孙怨紫埃。

人间来去两忽忽，二十七年旅梦中。宝剑无缘求一试，青光底事照寒空。

长峦谷口千峰老，奉礼郎家凋秋草。惟有謌诗数百首，凝血犹自在人口。

男儿生世贵有为，管他春风嫁与谁。可惜王龙腰下困，未向强藩试霜刃。

秦王骑虎魏武鞭，手挽女娲共补天。朱缨紫绶不需谋，心在关山五十州。

读《昌谷集》后戏作六首录奉

振中兄吟正

壬辰夏孙望

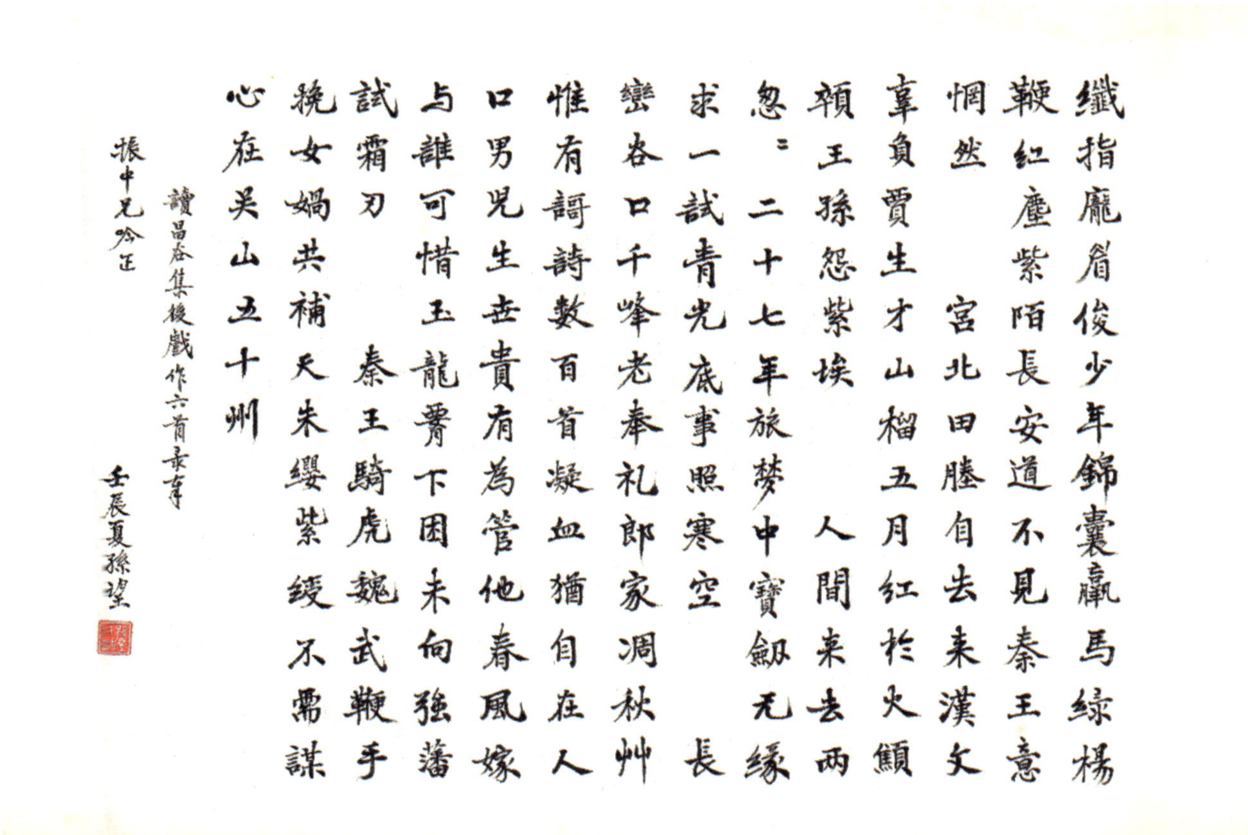

纖指龐眉俊少年，錦囊羸馬綠楊鞭。紅塵紫陌長安道，不見秦王意惘然。

宮北田塍自去來，漢文辜負賈生才。山榴五月紅於火，顧頳王孫怨紫埃。

人間來去兩忽忽，二十七年旅夢中。寶劍無緣求一試，青光底事照寒空。

長巒谷口千峰老，奉礼郎家凋秋艸。惟有謌詩數百首，凝血猶自在人口。

男兒生世貴有為，管他春風嫁與誰。可惜玉龍胥下困，未向強藩試霜刃。

秦王騎虎魏武鞭，手挽女媧共補天。朱纓紫綬不需謀，心在吳山五十州。

讀昌谷集後戲作六首錄奉

張中兄吟正　壬辰夏孫望

孙望《〈吊古战场文〉校注》手稿

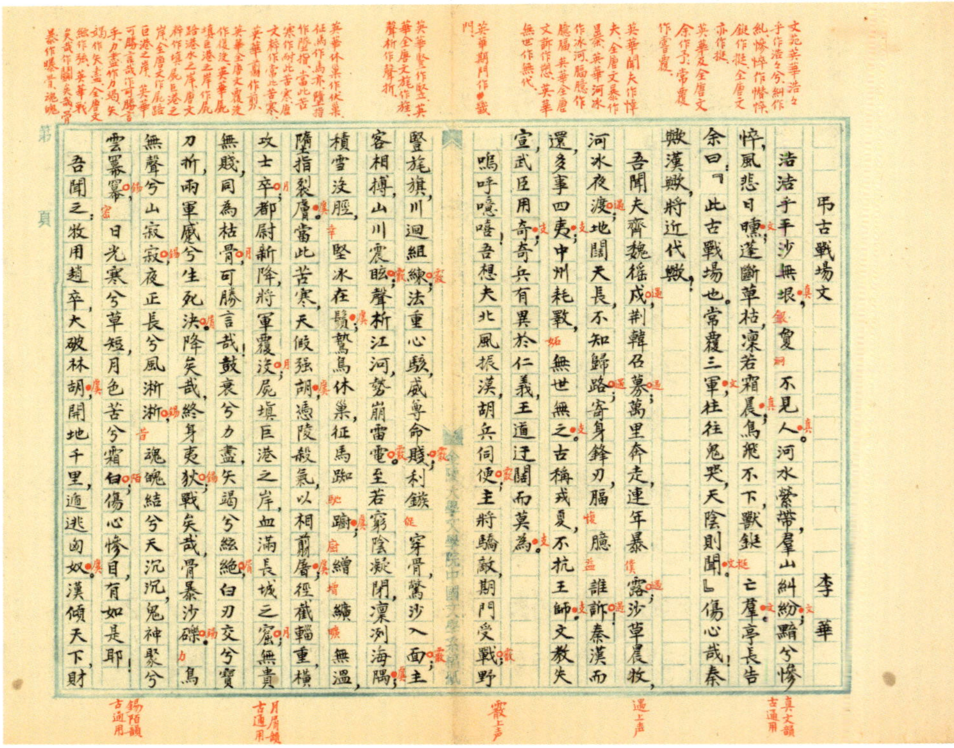
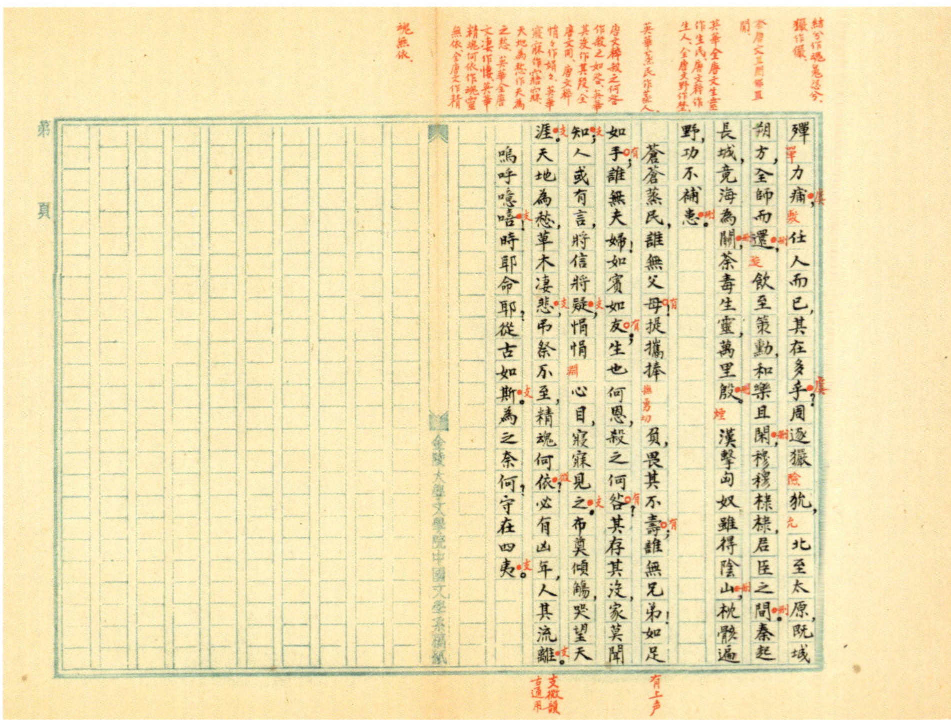

（释文略）

以美育人

先生之风

致用之道启新篇

张謇的书法教育理念与实践

方凌波

20世纪初期，一个动荡的时代，中国的社会形态经历了重大转型，艺术文化领域也随之发生了中学西学的争论。作为中国传统艺术文化的书法，在这历史流变中受到了西方观念的影响，书法艺术及教育理念面临现代化的挑战。张謇是清末的状元，但维新往往是从旧阵营中心发生的，他倡议立宪，兴办实业、学校和报业，名重全国。书法沦为小技，而在新型书刊印刷技术冲击下，更有洪水没顶的危险。张謇对中国书法及其学制化教育做出的贡献，使书法教育成为中国教育现代化特色的技艺与审美训练。

在南京师范大学博物馆收藏的张謇致吴保初的信中，他强调“独有光明强直乃立于不败”，指出依赖权术无益，呼吁通过正当途径实现个人价值，这一理念在书法教育中同样重要。书法不仅是一门技艺，还是一种修身的手段。张謇在信中提到“讲求律义为致用之地”，这不仅反映了他对吴保初的职业劝诫，也体现了他对教育和技能培养的现实追求。张謇深信，知识与技艺必须“致用”，才能在实际生活和社会发展中发挥作用。张謇的书法教育理念，正是建立在这种实用性的基础之上。张謇在信中提醒吴保初要“慎爱”，即在与人交往中保持慎重、克制。这种慎独的修身理念也体现在他的书法教育思想中。书法作为一种传统艺术，强调的是心手合一，讲究内在修养与外在表现的统一。通过书法教育，张謇希望学生在学习技法的同时，能够领悟到道德修养的重要性。

一、首倡现代书法专科教育

张謇，民国期间著名的实业家、政治家，但他的另外两个身份常被人忽视，即教育家与书法家。他的教育理念后世研究不多，对他的书法教育理念的研究更是寥若晨星，后人受其恩泽，但几乎从未抬头仰望过它。

身处百年变局中的张謇，既出入政坛，履任要职，又脚踏实地，以实业救国，名动天下。然而，文教才是张謇这个晚清状元的当行本色。在排山倒海的西学冲击之下，张謇也一直在探寻中学的因应策略。他的兴资助学、兴资助“书”，与传统的叶落归根、衣锦还乡的思想观念有天壤之别。

1902 年，张謇创办通州师范学校，这是中国近代第一所私立师范学校，其在现代教育史中的意义和效果堪比孔子首创私学。张謇一生共参与 370 多所学校、幼稚园的创办。

为了推动学校的书法教育，张謇出资创立了南通金石书画会，以挽救中国传统书法绘画在西学冲击下的颓唐之势。书画会第一次展览就得到了蔡元培等书法文化界名人的题词，并获得吴昌硕、余吟秋、王一亭等众多书法家的支持，盛况空前，提高了中国书法的社会影响力。法帖的匮乏，大大限制了知识界的书法视野和审美趣味，是历代书法发展过程中一个较为重要的制约因素。张謇立意高远，行动扎实，创办了翰墨林印书局。书局一方面从事书画交易，推动书法作品的流转，使书法家名利双收；另一方面，编印字帖，低价发行，为广大学生提供了可靠又具有较高审美水准的范本，提高了书法的社会影响力和“利随艺流”的良性市场动能。

受传统儒学的影响，张謇继承了书法教化功能观念，他本人广泛题字，促进书法融入建筑与人文景观，融入社会生活。

明代著名书法理论家项穆曾提出“心相说”，“‘人正则书正’。心为人之帅，心正则人正矣；笔为书之充，笔正则书正矣。人由心正，书由笔正，即诗云思无邪，礼云无不敬。书法大旨，一语括之矣”[1]。他从“心相”的角度强调了书法的教化功能。

张謇也把书法教化功能融入自己的办学理念和实践之中。张謇兴办的学校中都设置了书法课程，并且依据学生的专业以及层次不同，制定了相应的学习目标。就初等教育而言，张謇为自家子女和族中亲戚的后代设立了扶海垞家塾。他将书法作为一项重要的学习内容，于每周一三五上午安排半节课的时间教学。除了对自家及族戚子女的书法教育十分用心外，他对大至全社会的书法教育也颇为关注。他曾在为反驳清政府颁布的校令所作的《呈学部文》中提到分配给中国文字的课时量仅有四小时，其中识字写字还要占据大部分的时间，真正领略学习中国文字精髓的时间寥寥无几。“读经、讲经之费时既多，中国文字之收效遂少，意欲保存国粹，而事实乃与期望相左。”[2] 张謇对初等教育中读经讲经的时间花费过多，而

1 项穆．书法雅言［M］．南京：江苏凤凰文艺出版社，2019：234.

2 李明勋，尤世玮，《张謇全集》编委会．张謇全集（第 1 册）［M］．上海：上海辞书出版社，2012：178.

不重视文字书法这件事表达了强烈的不满，他认为这样收效甚微，国粹并不能因此而得到传承，经学虽源远流长，承载了古人的智慧，但清末民初社会动乱、国家危亡，花费过多的时间读经、讲经并不能有效地改善国家现状，而书法教育却能使学生在理解文字的基础上保存国粹，端正品性，因此需要多安排课时来学习。尽管张謇没有提出统一的书法教育大纲，但就其对书法教育的课程设置、学时安排的关注及举措而言，已较传统书法教学有了明显的进步。

中国古代传统的书法教学实际上可以称之为习字教学，并未将书法看作是一门独立学科，且对其教化功能并不关注。张謇虽未曾正式提出“书法专科教育”概念，也未赋予其系统性的学科规划与课程设置，但他在多所学校中根据不同情况增设不同要求的书法课程，令书法学科教育变得系统化与专业化。他注重书法的教化功能并且将其与人的品性相联系，则又丰富了书法教育的多维性与人文性。张謇的主张及实践一定程度上改变了传统书法教育的样貌，对后人进行书法专科教育起到了启蒙的作用。

二、书法教育理念之重“技”

张謇作为一名积极的实业家，在甲午战争后，关注起了教育，而不再把目光局限于实业。他在日记中写道：“甲午后，乃有以实业与教育迭相为用之思。”[1]进而提出了想要发展工商业，就必须兴办教育的主张。可见在兴办实业时遇到的人才短缺问题让张謇不得不重视发展教育，以此培养具有针对性的职业人才。是以当谈及张謇的教育思想时，必不可将其与实业理念相分离。

张謇的实业教育理念可以浓缩为这样一句话：“母实业，父教育。”张謇曾在其创办的大生纱厂的股东大会上表述了开展实业对发展教育的促进作用。他说：“欲兴教育，赤手空拳，不先兴实业，则上阻旁挠，下复塞之，更无凭借。”[2]大规模发展教育需有经济支撑，而经济的来源便是创办实业，若无实业提供资金，则无法上通下达，因此需以实业来资助教育。张謇一生都在不遗余力地经营各项产业，他所创办的实业不论是资产的雄厚程度还是范围的广泛程度在当时都首屈一指。以他在南通各校建造的基产为例，短短几年，开发的土地已达十多万亩。他把部分收益投入教育，以实业助教育的成效显著。然而他在兴办实业的过程中也深刻认识到了将世界的竞争等同于经济的竞争过于浅显。“世界今日之竞争……实践责任合群阅历能力之竞争也。”[3]大国强劲的竞争力并非等同于经济上某一指标、某一数值，而是需要透过数字看到内核，即人才的驱动力。由此，他指出了应以教育改良实业，通过教育来培育中国本土化的职业竞争人才。不但要发展实业，为教育提供经济供给，还要依托教育增强软实力，从而拓展实业前景。由此可知，他的教育举措凸显的是“为自己谋生，为社会服务”的宗旨，强调所设课程都要为学生日后职业服务，关注的是技能的培训。因此，张謇书法教育理念受其实业思想的影响，偏重于书法的技能性

---

1 张謇．张謇论学集［M］．北京：商务印书馆，2019：363.

2 张绪武．大生集团：见证封建制度没落和现代社会到来——祝贺大生 120 岁生日［J］．祖国，2015（17）.

3 张孝若．民国丛书（第 3 编第 96 册）［M］．上海：上海书店出版社，1991：18.

而非艺术性，旨在将书法技能与未来职业接轨。

基于将来的职业需求，教师除了在其学生时期要学习书法、掌握基本功，走上教学岗位还需要通过各种形式直接或间接地学习书法。因此，书法是师范生的一门必修课。以通州师范学校为例，他把国文课作为师范生进修中的一个主要科目，并且增加国文课教学时长的比重。他曾在信札中谈道："修身隳败，国文浅陋，虽精他艺，无当人师。"[1]他认为，国文在师范生教育中的重要程度可与道德修养相媲美，甚至国文知识的深浅关系到能否为人师表。书法作为国文课的主要内容，师范生不但要学习真书、行书和草书三种字体，深入学习后还要在此基础上掌握书写技巧。张謇还在一次为师范专业毕业生所做的演讲中讲解了如何执笔、用笔以及结体等书法技巧，并分享了多年来对书法修身的体悟，书法教育在师范生培养中的重要性可见一斑。除了师范教育外，在职业教育中，张謇同样强调书法教育的必要性。为了组建专业的秘书预备队，张謇在通州中学设置了相应的课程。他提出将真行草书，即书法，设置为必修课程，以培养学生办事书记之能力。

在清末民初大力发展实业以富国强兵的时代大背景下，实用主义思想影响着人们的选择，职业教育也以"适用"为根本宗旨。张謇身处此环境，自身又是一位伟大的实业家，故而追求书法教育的实用性，令书法服务于学生的职业发展。书法这一中国传统艺术在历经千年的历史淘洗之后，在民国时期得以与现代化教学思想相结合，于古典中迸发新生，于新时代中获得新的生命力。

三、中体西用的教育救国思想

受其实业教育思想的影响，张謇书法教育理念注重书法的技能性，其根本原因是其教育救国的理念，而他的教育救国理念是在中体西用的浪潮中生成的。

中体西用是清末洋务派的指导思想，身处那个年代的张謇自然会受中体西用思潮的影响，其行为举措也表现出了中体西用的影子。然而，张謇一定程度上突破了中体西用只学器物与技术，不学思想内涵的局限性。他指出，无论何种政策都应该把握大局，用开阔的视野去观察世界，汲取各国所长。作为支撑的教育则更须有观察世界的眼光，否则不足以解决国家时局的动乱、命运的危亡。因此，教育需要摒弃长久以来遗留下的弊端，学习先进的教育理念与教学方法，博采各国之长。张謇在学校制度、教学管理、学校设备、教师工资等各方面都事无巨细地一一参考借鉴。在师资培育方面，他还大胆提出聘请外国教师和有留学经历的人担任教师，给本土化的教学环境融入新鲜血液，并且调派优秀学生出国深造。当然，他也并非照单全收，他指出，就算是仿照西方国家的做法，也需要多斟酌考虑，避免出现牛头不对马嘴的情况。张謇虽然受中体西用思想的影响，提倡学习借鉴西方，但在引进西方教育理念时，他能结合国情，

1　李明勋，尤世玮，《张謇全集》编委会．张謇全集（第 1 册）［M］．上海：上海辞书出版社，2012：1432.

从实际出发，全面衡量。“图存救亡，舍教育无由”[1]，张謇之所以要向西方学习教育理念并一一付诸实践都是为了这样一个目的。他指出：“窃维环球大通，皆以经营国民为强国之根本，要其根本之根本在教育。”[2]张謇深刻地认识到拯救国家危亡的根本在于教育，除了实业教育外，再也没有比这更紧要的事。张謇一生为教育所做的贡献都是从社会需要的角度出发，强调的是教育的社会价值和经济价值。相较于纯粹的教育家来说，张謇的教育不可否认地带有实用性的特点。正如他指出“国家思想、实业知识、武备精神三者，为教育之大纲”[3]，实实在在地表明了教育就是为国家服务。这也就不难理解张謇会将书法教育作为实业教育范畴中的一部分，强调书法的技能性，用书法来辅助学生日后的职业发展。

四、对现当代书法教育的影响

书法艺术历经了千年仍不断地传承与发展，书法教育也在跌宕的历史中绵延至今。然而近年来，人们对于传统书法艺术的保护和传承意识却日渐薄弱。书法一直以来是我国传统艺术文化的一部分，其价值不言而喻。我国提出到 2035 年要实现文化强国、教育强国的战略目标，因此发展书法教育刻不容缓。

以史为镜可以知兴替，了解书法教育的历史流变有利于未来更好地发展，还可以从前辈们的创新之举中学习感悟。书法教育的发展并非顺风顺水，在清末民初曾遭遇重大的危机，即钱玄同、傅斯年等学者曾发起汉字革命。他们认为那个年代应继续发展教育以开民智，然而汉字因其难以识记的特点被认为有碍于教育的发展与知识的普及。并且在西学东渐的背景下，钢笔的普及也使得毛笔的使用价值大大减弱，书法教育的发展更是不被重视。

张謇在实践和理论方面都发展了书法教育，使书法于危机中获得新生，于历史流变中推陈出新。在他的努力下，书法教育由零散走向系统，向着学理化方向发展。书法教育应当在隶属于政治的基础上超越政治，即关注书法教育有助于传播中国传统文化、加强民族自信心和凝聚力、促进社会稳定和谐的同时，关注书法教育的人文性，用艺术熏陶人的品行修养，培养完善的人格。书法教育不应仅仅是一种技艺的训练，它还应当肩负起道德教化的功能，培养出具有坚定品德和社会担当的人才。在他看来，书法作为一种文化传承的工具，必须与社会的实际需求相结合，才能在动荡的时代中发挥其应有的作用。

张謇的实业教育理念强调了书法的社会效益与经济效益，提示着书法教育也可以拓展周边产业。例如售卖带有书法元素的文创产品，或者与其他行业合作，比如服装行业，在时装周上展示带有中国书法元素的服装，提高中国书法国际影响，以此获得社会与经济效益。书法影响力的提升同样能够带动书法教育行业的发展，从而促进书法专业学生的就业。张謇推动了书法教育发展的历史车轮，于纷乱的年代中守正创新，他们创造性的思想在今天仍可以给予书法教育者以思考与启迪。

---

1 张謇研究中心，南通市图书馆．张謇全集（第六卷）［M］．南京：江苏古籍出版社，1994：515.

2 李明勋，尤世玮，《张謇全集》编委会．张謇全集（第 1 册）［M］．上海：上海辞书出版社，2012：209.

3 同上，第 96 页。

结语

张謇不单醉心于书法艺术修养的提升，亦倾心于对教育领域的无私奉献，其在书法教育方面更是取得了前所未有的突破，可谓书法专科教育启蒙者，为书法教育现代化打下了扎实的根底。张謇受中体西用思潮的影响，迫切希望通过教育挽救国家于危亡，因而其推行实业教育，偏重于将书法作为学生日后职业的辅助技能。张謇这种既重视实用技能，又强调道德修养的书法教育理念，不仅影响了当时的教育界，也为后来的书法教育者提供了宝贵的启示。他在书法教育上的创新实践，至今仍然具有重要的参考价值。

（作者：方凌波，南京师范大学博物馆馆长，美术学院教授，博士生导师。原文载《南京艺术学院学报（美术与设计）》2023 年第 4 期）

附：

张謇致吴保初[1]信札

1　吴保初（1869—1913），字彦复，号君遂，晚号瘿公，人称北山先生，安徽庐江人。他与陈三立、谭嗣同、丁惠康赞同维新，时人称为“清末四公子”，是淮军将领、广东水师提督吴长庆之子。

2　指袁世凯。

3　孝威，即陈浏（1863—1929），字亮伯、孝威，号寂者，晚号定山，江苏南京江浦人。陶瓷鉴赏家，诗文书法皆善，著有《陶雅》《说印》《海王村游记》和《陈浏集》等。光绪十五年（1889）顺天副榜，官福建盐法道。陈浏与吴保初有三世之交。

释文

彦复老弟，足下知已移居柳树井，护花有旛，不致复愁风雨否？世人于此等事喜用权术，下走谓独有光明彊直乃立于不败。权术无益，不知老弟何所挟持，刑部与弟殊不宜，既补此官，愿讲求律义为致用之地，黄叶经秋不陨落否？袁[2]亦常见。复孝威[3]书，因其有自悔之言，故略致柜爱之意。弟审之，若过切直，勿与可也。一切幸慎爱，北望驰溯。

世小兄制謇稽首。

按语

这封信是张謇写给吴保初的。信中张謇得知吴保初已搬到柳树井，关心其生活是否安定。他提到，世人常用权术，但认为光明正直才能立于不败之地，并告诫吴保初不要依赖权术。张謇认为刑部的工作不适合吴保初，希望他能研究法律，成为有用之人。张謇最后希望吴保初一切小心，并表达了北望思念之情。

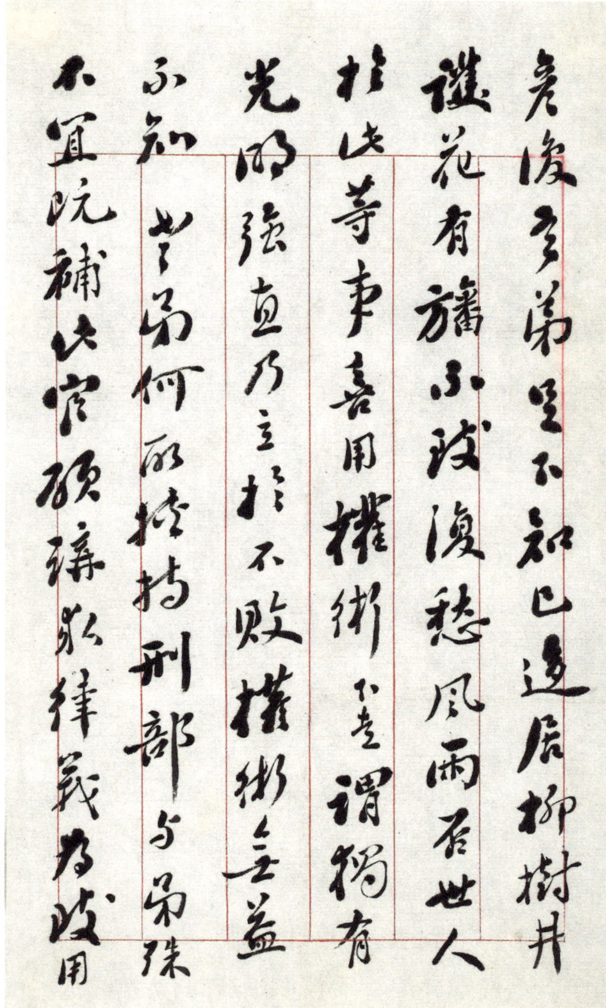

前復寄弟函不知已遷居柳樹井
護花有旛不改復愁風雨否世人
於此等事喜用權術不才謂獨有
光明強直乃立於不敗權術無益
不知
世兄何所據持刑部與弟殊
不宜既補此官頗講求律義為政用

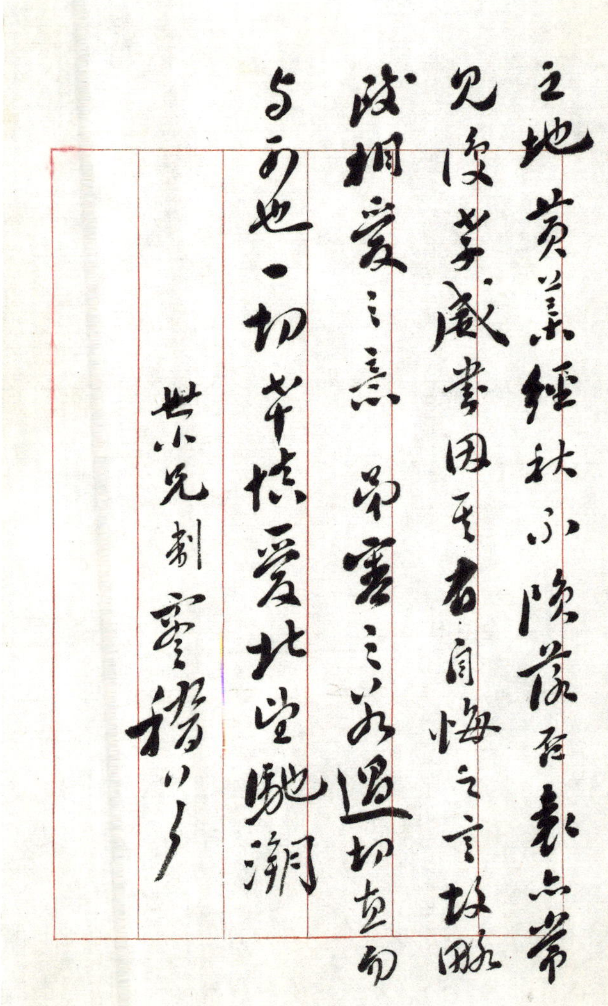

之地黃葉經秋不隕落否表亦常
見復學識書因至有自悔之言故願
改捐愛之意　弟盡之於過切直而
苟可也一切幸惟愛北望馳溯
世小兄制雲樵

借古开今时时新

张謇与李瑞清教育比较研究

方凌波

张謇与李瑞清倡导教育救国，期望通过自己的行动带动社会经济的复苏，使百姓富足，国家强盛，这既是一种情怀，也是一种担当。翰墨林印书局与图画手工科是他们奋斗的书法事业，言商向儒与汲古出新是他们书法理念的坚守。

在书法艺术的传承与创新中，李瑞清作为教育家和书法家，展现出他独特的教育理念与文化追求。他在写给筱崎都香佐的信中，确认了对方展示的王稺登书法作品是真品，并表达了对筱崎都香佐学习书法志向的钦佩。信中流露出他对书法艺术精髓的高度敬重和对后辈培养的责任感，体现了李瑞清在书法教育中“汲古出新”的思想。

李瑞清始终重视书法教育中技艺的传承与创新。他提到的“尚是真品”表面上是在确认书法作品的真实性，也可以引申为对书法教育中“真品”的追求：不仅要追求技艺的精湛，更要培养学生的正直品格和扎实的基础。李瑞清通过教育实践，将古代书法技法与现代教学理念相结合，既尊重传统，又提倡创新，这在他的教育理念中占据重要位置。

与李瑞清相似，张謇同样通过书法教育来推动社会进步。两人在书法与教育上的贡献虽然侧重点不同，但都秉持着教育救国的共同理念。张謇更加关注书法的实用性及其在职业教育中的价值，而李瑞清则在书法与审美教育的结合上提出了独到的见解。他们的努力为书法教育开辟了新的路径，并为后来的书法教育工作者指明了方向。

一、家国情怀：皆践行教育救国理念

清末社会动荡不安、民不聊生、国力衰微，资本主义的发展使西方国家国力增强，中国知识分子与实业家遂思救国之道，而教育救国便是当时比较盛行并且切实有效的理念之一。

张謇致力于教育救国，他幼时学国学，感触颇深，典籍中的思想促进其价值观的形成。张謇深感封建教育之弊，提出“废科举，兴学堂”的口号，可见其思想的大局观与先进性。张謇做官只为施展抱负，而非揽权结党、敛财。[1] 甲午战争后，张謇领悟到中国欲强，教育为先，集民众之力，普及国民教育方为强国之本。张謇所办教育是面向大众的国民教育。张謇先后创办了初级小学、高等小学、中学以及师范学校。他提出了“母实业，父教育”的主张，形成“实业教育迭相为用”的思想体系。[2] 教育为实业培养了先进技术人才，而实业又为教育的发展提供了保障，实现良性互动发展。

李瑞清亦为教育救国论者，《清道人遗集》中的《与张季直书说》表达了其思想主张：“中国前途，除办学外，更无第二条生路”。从李瑞清写给张謇的信中我们了解到李瑞清的教育救国理念。他在担任两江师范学堂监督期间，将全部工作重心都放于办学之中，发现学堂之弊病，上书周馥，望其整改。他编订记过章程和整饬学风，并与张謇商讨改革事宜，[3] 将数学和物理等西学纳入学校教学之中，同时通过教育演讲来宣传教育救国理念。

二、书法事业：翰墨书香与教育肇基

中国书法是一种线的艺术，它是活生生的、流动的，富有生命暗示和表现力量的美[4]。张謇与李瑞清都曾为中国书法事业做出巨大贡献，张謇创建翰墨林印书局，以个人之力创建南通博物苑，博物苑亦可为学校教育之延伸；李瑞清首创图画手工科，为书法教育的发展奠定了基础。他们不仅书法技艺精深，更用自己的实际行动推动了书法事业的保护、继承与发展，开书法教学之先河。

（一）张謇创建翰墨林印书局

张謇欲发展教育事业，然无合适教科书可用，考察日本之学校后，遂决心创办印刷机构——翰墨林印书局，“翰墨林”彰显了书局致力于文化发展的宗旨。[5] 翰墨林印书局编辑出版新式教科书和学术著作，同时印刷了很多文献典籍和书法作品，提供书法临摹样本，促进了书法发展。书局后成为各地来通文人

1 刘培林．末代状元张謇传奇［M］．北京：光明日报出版社，2007：235.

2 孟村，张廷栖．张謇［M］．苏州：苏州大学出版社，2010：79.

3 郭淑文．琢玉成器 布学传道（上）——李瑞清与两江师范学堂 [N]. 东南大学报，2020–11–30.

4 李泽厚．美的历程（插图珍藏本）［M］．桂林：广西师范大学出版社，2000：55.

5 羌建．“翰林”与“翰墨林”：张謇与翰墨林印书局述论［J］．南通职业大学学报，2018（2）.

墨客雅集的场所，推动了教育和文化事业的发展。

在 1910 年，大生资本集团对印刷业等的投资金额达 339 万两白银[1]。在南通纺织专门学校的课程设置中，前两年都有国文和伦理等课程，可见张謇对于国学的重视程度。张謇在他参与创办的很多学校中都设置了习字课，如南通县第一幼稚园按幼儿年龄分甲乙丙丁四组，丙组以上设有习字课。另外女红传习所的主要课程也包含习字课。

翰墨林印书局是中国近代具有影响力的印刷出版机构之一，张謇曾为学生临摹学习之需在印书局编印习字帖，其中也有自己所写的字帖，如《顾生母墓志》和《狼山观音岩造像记》等。张謇曾邀请李苦李到印书局工作，很多书家文人如诸宗元、陈师曾、郑孝胥等人都曾在印书局西园谈书论艺，交流金石书画，形成以翰墨林为平台的书法交流群体。[2]翰墨林印书局推动了教育事业的发展，促进了书法的交流与传播，具有重要意义和深远影响。

（二）李瑞清首创图画手工科

李瑞清曾任江宁布政使和两江师范学堂监督。1906 年，李瑞清在两江师范学堂创设图画手工科，课程设置中规定了学生要练习各体文字。在两江师范学堂图画手工科授课安排中，图画课课时数长，第一学年的第一学期中每周共有 14 小时，其中也包含书法的教学内容。将绘画与书法同时进行，体现了李瑞清书画相通的理念。

李瑞清曾亲自教授书法，他与学生日常交流也多与国学和书法相关。两江师范学堂所培育出的学生很多都从事教育工作，而图画手工科的学生则从事书法和绘画的教学工作，如姜丹书等人。受两江师范学堂的影响，其后天津北洋女子师范学堂也开设了图画与习字课程，习字课以教授楷书和行书为主。

张謇创建的翰墨林印书局和李瑞清创办的图画手工科都是中国教育史上不可多得的财富，他们都推动了中国的教育和书法事业的发展，皆堪称时代伟人。

三、思想根源：言商向儒与汲古出新

张謇与李瑞清皆有先进的思想和办学理念，张謇言商而向儒，为公为民，他不仅仅是实业家，同时也是书法家、教育家。李瑞清汲古而出新，借鉴古往今来之书，博采众长，创书法教育之先河，其思想奠定了书法和教育事业发展的基石。

1　金城．张謇研究论稿［M］．武汉：华东理工大学出版社，2003：330.

2　吴旭春．张謇与南通近代书法［J］．南通大学学报（社会科学版），2013（6）.

（一）守正精进的言商向儒思想

所谓“言商向儒”指虽身处商海，但心中仍以爱国爱民为己任，并以儒家思想指导经商。“言商向儒”出自张謇为友人写的祝寿诗：“训子出求学，言商仍向儒”。诗句表达出张謇的处世理念，可见其思想的通透，以及对祖国、对人民的热爱。

儒家思想倡导为公为民，在《礼记》中就有“君得其志，苟利国家，不求富贵”，此为做事之准则，做利于国家之事，不贪图富贵，心系天下。张謇受儒家思想影响，倡导并践行“母实业，父教育”的救国理念，经商之时仍心系国家和百姓，其创办的翰墨林印书局虽也算得一种商业，但根本的出发点是为促进教育发展，书局印刷的书法手稿也推动了书法的发展。

张謇将儒家思想融入教育，守正精进，固守本心，努力进取。他曾在师范学校演讲时说：“字须一笔一画均有着落，注意于常人所易忽略之处。”[1]做事要符合自然的规律，按规律办事，不可标新立异。儒家思想对张謇的影响颇深，张謇创办的大生纱厂，其“大生”寓意“通商惠工，江海之大，长财饬力，土地所生”，与儒家倡导的“天地之大德曰生”观念相符，[2]天地最大的恩德就是为人类提供生生不息的环境。

张謇恪守本心，为国为民。他将言商向儒思想付诸实践，翰墨林印书局就是最好的写照。

（二）仁民爱物的汲古出新思想

“汲古出新”指通过钻研古籍或古物等，借鉴旧事物以创新。“汲古”是向古人学习的过程，从中吸取养分以开拓出一条“出新”之路。李瑞清便是具有汲古出新思想的书法家，他作品中的点画多“颤掣”，此颤掣非刻意抖动毛笔产生，而是模仿金石碑版呈现出的自然侵蚀状态，为书法作品增加了一种古朴的特质，表达碑刻钝厚迟涩之感，且保留了其中秀逸的韵致，提高了书写的趣味性。李瑞清先生认为篆、隶为书法的基础，后来的草书和行书都受篆书和隶书的影响。[3]他研究帖学，形成了“碑帖融合”理念。

李瑞清仁民爱物，爱人如己，平等相待。他重视书品与人品、学问之间的关系，认为书品反映书家的人品。他断言，胸怀卑污的人，其书难入佳境。他认为“右军（王羲之）人品高，故书入神品”，八大山人书法好，是“其志芳洁，故其书高逸，如其人也”[4]。

实处就法，虚处藏神。笔有大小，体有大小，书有大小，安置处更饶区分。[5]书法重结构，张謇和李瑞清二人促进了书法事业的发展，同时也推动了字体的结构变化与传播。张謇言商向儒创办翰墨林印书局；李瑞清汲古出新创办图画手工科，从古代经典和手稿中汲取知识的养分，形成特有的书法风格，其

1　马斌．张謇实业与教育思想概论［M］．苏州：苏州大学出版社，2006：38.

2　章开沅．张謇传［M］．北京：中华工商联合出版社，2008：79.

3　李定一，陈绍衣．李瑞清书法选（一）［M］．武汉：武汉理工大学出版社，2010：152.

4　李定一，陈绍衣．熔冶古今书法的一代宗师——李瑞清［M］．福州：海峡文艺出版社，2003：31.

5　宗白华．美学与意境［M］．南京：江苏凤凰文艺出版社，2017：255.

仁爱思想影响深远，现今众多高等院校仍以他的名言为校训。

四、流芳百世：对新时代书法和教育的影响

张謇和李瑞清的书法技艺和教学理念不仅改善了清末民初民众的生活质量，对当代的书法及教育事业也产生了极大的影响。他们的思想具有先进性和进步性，激励了一代又一代书法写作者和教育工作者，促进了书法和教育事业的发展。

（一）对书法事业的影响

张謇酷爱书法，五体皆能且博学多才，从他的书法中不难看到其精神世界。张謇主张学习书法要从摹写开始，这在他给学生演讲时曾提及，他的日记中也提到他曾摹写过很多碑帖。此亦可证书法之优并非靠天赋，后天努力更为重要。张謇晚年虽然面临时局混乱、实业受挫的困境，但其精神世界仍然充盈。他热爱自然，热爱艺术，畅游于山水之间吟诗作赋是常有之事。[1]

艺术是主观的，是作者情感的流露，但一定要经过几分客观化。[2]李瑞清求篆于金，求分于石，纳碑入帖，以金石入画，有着复古以创新的书学理念。“古”是指前人的经验和经典的哲学思想，从中可获得对人生和社会较为深刻和清醒的认识。学习古人的最好方法是多读书，读好书，李瑞清认为“学书尤贵多读书。读书多，下笔自雅”。李瑞清倡导在教学之中，将书法作为艺术形式和提升修养的方式进行把握，学习古文书法中的精神品格，提高艺术审美情操，做到碑帖兼容为佳。李瑞清为书法界培育了李健、张大千和胡小石等众多人才，其书法理论推动了中国书法教育学术史的发展，奠定了书法学科发展方向。

书法是情感心境的体现，在张謇和李瑞清的书法中都有体现，他们的书法不仅在清末民初具有影响，对后世书法的发展也起到了促进作用，时至今日，人们仍愿意去研究他们的书法，并能获得颇多感悟。

（二）对教育事业的影响

张謇和李瑞清有着先进的教育理念，张謇的实业教育最为重视道德，其次才是学术。张謇为学校题写校训“忠信持之以诚，勤俭行之以恕”，他认为教育应培养“忠信勤俭”之人——忠就是忠心，忠于国家，忠于本心；信则是诚信，不欺骗他人，知行合一；勤俭则是生活朴素，不铺张浪费。这些理念是人们从古至今追求和倡导的，在今天乃至未来的教育中都十分重要。

1904 年，张謇在通州师范学校的开学演讲中提到日俄战争，无论哪个国家获胜，都会给中国带来灾难，但只有少数国民认识到了这一点，而其中的原因就在于民智不开，公理不明。他告诫学生应当勤学奋进，

1　卫春回．状元实业家张謇［M］．北京：团结出版社，2009：187.

2　朱光潜．谈美［M］．北京：中华书局，2015：13.

并以普及教育和救国救民为己任。张謇要培养德智体全面发展的健全人才，以校风建设为载体，呈现出爱国主义、开蒙启智、文化色彩和大学气象的特色。[1] 他说：“办教育必须从小学办起，而小学又必须从师范办起；小学是教育的基础，而师范又是小学之母。”[2] 他有数十万字的教育论述遗世，很多高校的创办与他密不可分。[3]

张謇和李瑞清都注重德育。1906 年，李瑞清成为两江师范学堂监督，1916 年，南京高等师范学校的校长为纪念李瑞清先生的功绩，在校园中造三间茅屋，命为“梅庵”，门前有李瑞清先生写的“嚼得菜根，做得大事”的校训。“嚼得菜根”并不是真的要吃菜的根部才能够做大事，才能获得成功，而是能吃苦，耐得住寂寞，通过长时间不断努力，终获成功。孟子曰：“必先苦其心志，……所以动心忍性，曾益其所不能。”中国自古就倡导苦尽甘来之理，学习亦如此，只有通过不断努力，坚持后才能获得知识，感受学习之乐。

李瑞清“视教育若生命，学校若家庭，学生若子弟”，这句话成为众多师范类院校的宣传标语，使无数教师认识到自己的价值，成为一代又一代教育工作者的奋斗目标。他注重品德智慧培养，其教学理念在当时便引发教育工作者的思考，时至今日，仍可作为新时代教育工作者必备的准则和操守。

张謇与李瑞清都对教育的发展做出了巨大的贡献，他们教育理念的共同点在于都重视德育，并认为德行有亏之人学术做得再好亦是无用，反而会适得其反，不利于国家的发展，德育才是教育的重心和首要任务。

结语

清末民初社会动荡，张謇与李瑞清生活在这样的时代却能永葆初心。他们都以教育救国为重心，张謇主张实业辅助教育，教育改良实业；李瑞清倡导改革学风，将西学纳为己用，重视德育的重要性。他们从实际出发，分别建立翰墨林印书局与图画手工科。他们的理念历久弥新，张謇具有守正精进的言商向儒思想，而李瑞清具有仁民爱物与汲古出新思想。他们的书法作品传播到了世界各地，对书法的发展做出巨大贡献。

（原文载《书法》2024 年第 1 期）

1 马斌 . 张謇实业与教育思想概论［M］. 苏州：苏州大学出版社，2006：73.

2 行人 . 张謇传（状元大实业家）［M］. 武汉：湖北人民出版社，2007：71.

3 王敦琴 . 张謇研究精讲［M］. 苏州：苏州大学出版社，2013：123.

附：

李瑞清四条屏

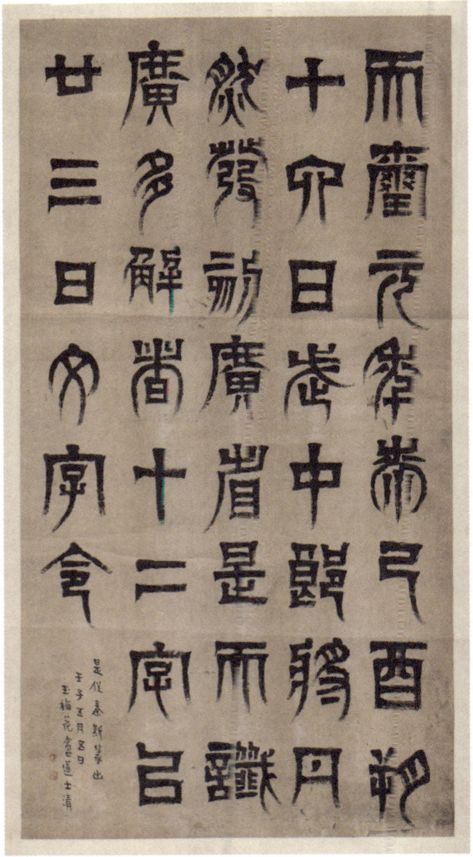

李瑞清临《天发神谶碑》

释文

伏惟明府，受质自天，孝弟渊懿，帅礼蹈仁，根道核艺，抱淑守真，强衙改节，微弱蒙恩。北海相景君铭。

峭瘦崄刻，猛龙所祖。壬子五月，玉梅花盦道士清。

龟兹左军将刘平国以七月廿九日发家从秦人孟伯山狄虎贲赵当卑程阿等六人共来作关八月一日。

壬子五月午日，玉梅花盦道士清时居沪上。

惟坤灵定位，川泽股躬。泽有所注，川有所通。余谷之川，其泽南隆。石门颂。

此石以篆为隶，西汉遗矩。壬子五月午日，玉梅花盦道士清。

天玺元年端己酉朔十六日，武中郎将丹然发刻广省是天谶广多解者十二字以廿三日文字令。

是从秦斯篆出。壬子五月五日，玉梅花盦道士清。

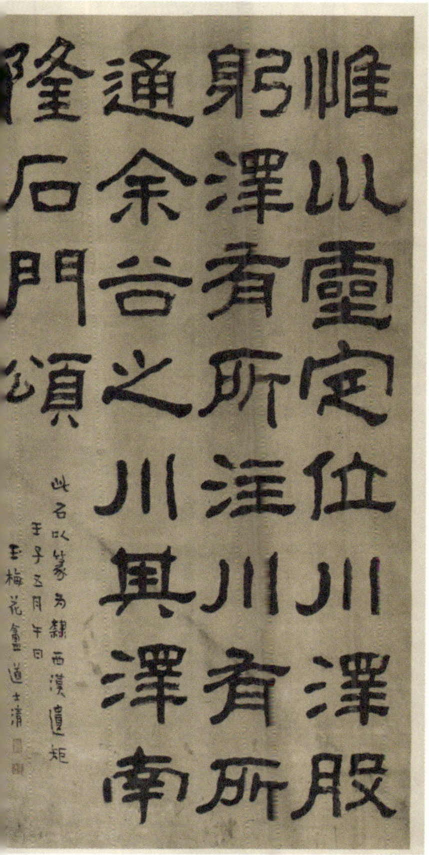

李瑞清临《石门颂》

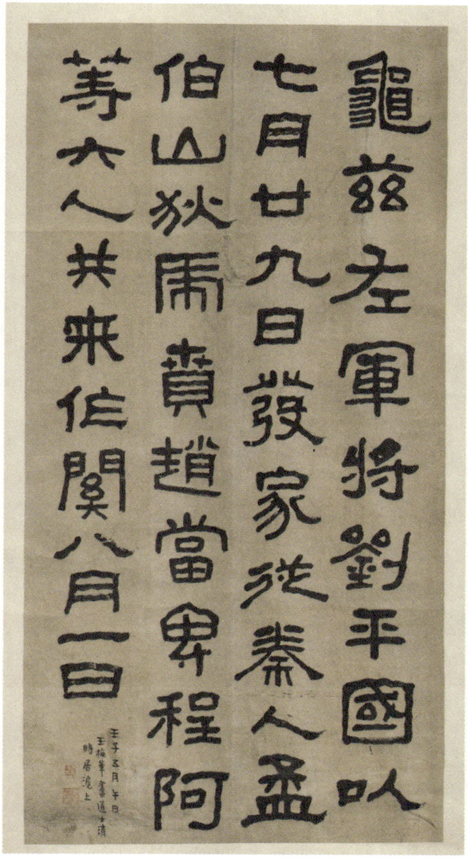

李瑞清临《龟兹左军将刘平国铭》

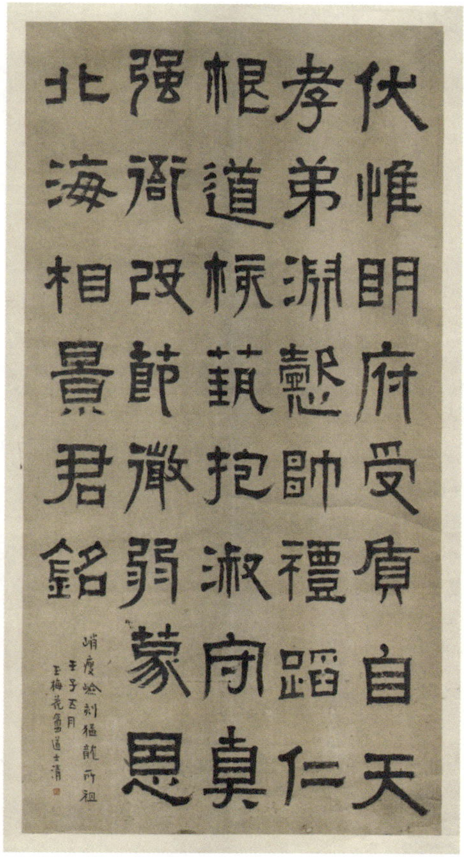

李瑞清临《景君铭》

附：

李瑞清致筱崎都香佐[1]信札

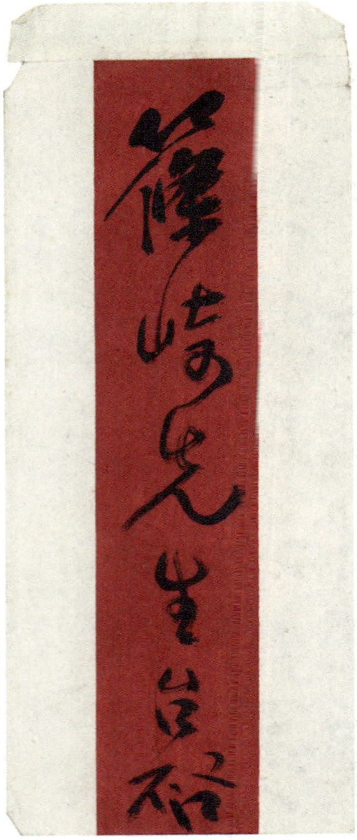

1 筱崎都香佐，医生、收藏家。曾入学鹿儿岛县立医学院、东京大学，曾任长野县立伊那病院院长、东京吉原病院院长。1900年至上海开设筱崎医院。

2 王穉登（1535—1612），字百谷、伯谷、伯固，号松坛道士。江苏江阴人，明代后期文学家、诗人、书法家。

释文

人来，承示王穉登[2]书，当是真品。先生有志学书，不胜佩服。承君下问，贫道敢不贡其愚？今日下平憙来，与之约定奉告也。雨闷，珍卫。清道人顿首。

按语

李瑞清在信中确认筱崎都香佐展示的王穉登书法作品为真品，并对筱崎都香佐学习书法的志向表示钦佩。他提到有一位名叫平憙的人来访，还提到天气阴雨，心情郁闷，并请筱崎都香佐多加保重。

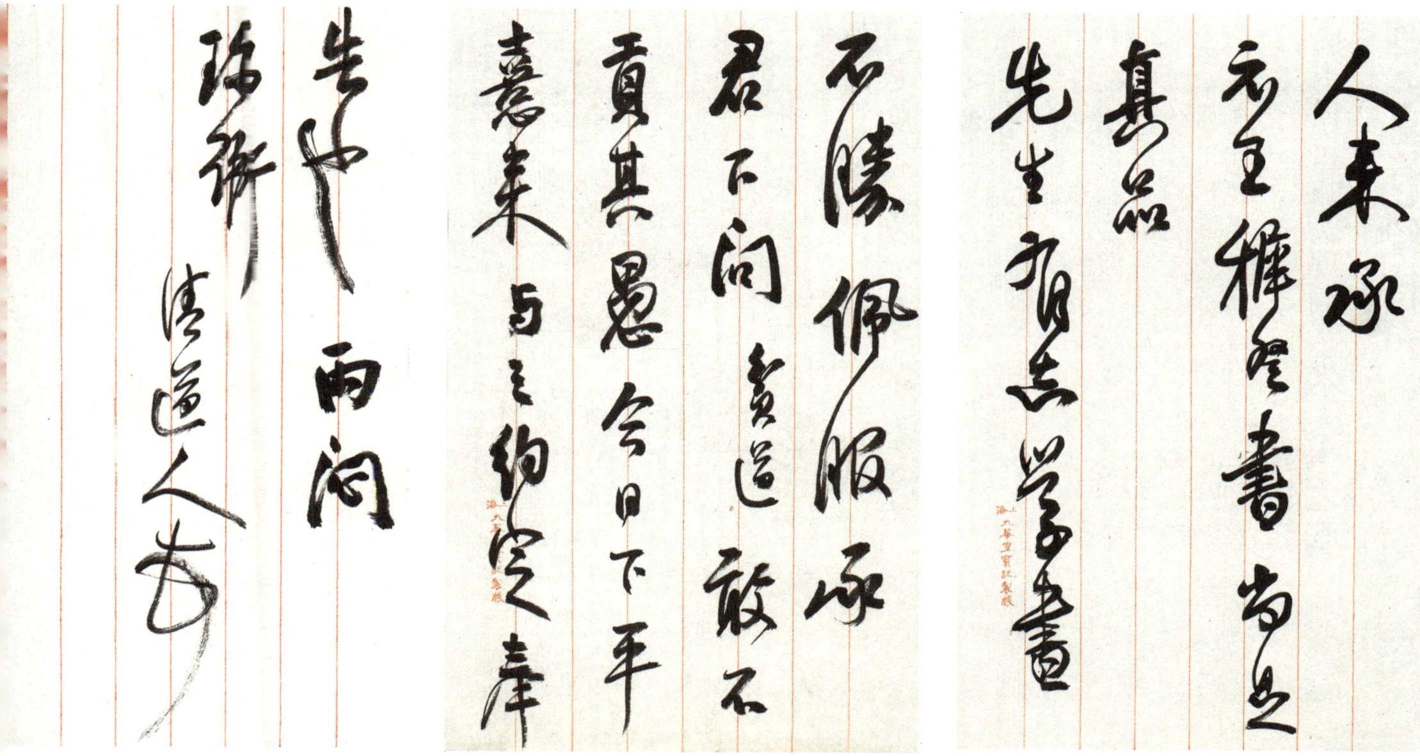

孤心绝艺绘传奇

潘玉良自我实现的艺术人生之旅

秦文华　华迪

在中国近现代史上，民国时期人才辈出，群星璀璨。处于新旧交替时期的女性，其觉醒并崛起的人生之旅更是各有千秋。被誉为“中国西洋画家中第一流人物”的潘玉良就展现了她自我实现、自我成就的传奇人生。潘玉良后半生孤居巴黎，潜心画艺，以绝美的艺术成就在中国艺术史和女性发展史上留下了浓墨重彩的一笔。

在南京师范大学博物馆的珍贵收藏中，有一封潘玉良写给留法同学蔡元培女儿蔡威廉的信（见文后所附）。二人同为20世纪二三十年代画界和美展上的风头人物，私交甚笃。蔡威廉也是中国最早学习西洋艺术的女画家，她出身名门，且造诣匪浅，惜英年早逝，平添艺坛之憾。潘玉良出生凄苦，靠与生俱来的天赋和意志，描绘出浓淡相宜、精彩绝伦的艺术人生。两位年轻女画家出身迥异，但个性互补，加上艺术上的共鸣，使她们更加惺惺相惜。文如其人，见字如面，潘玉良的率真和坦然倾泻在字里行间，而这封信也折射出20世纪20年代民国留学女子的精神风貌。很难想象这样热情松弛的文字出自一位曾在泥沼中挣扎的女子。在提笔写信或画画的当下，这位女子已经拥有了自信和尊严、艺术和作品。

一、青楼倔女子的名字变更与命运变迁

潘玉良1895年出生于扬州，“秀清”是她的第一个名字。成为孤儿沦落舅舅家后，改名为“张玉良”。这位自小就萌生“去很远的地方，看遍外面有趣之事”的女孩万万没想到会被卖进妓院。数十次不惧毒打、不顾死活，要逃离樊笼皆未果。那个时代的女子间自有一番义气，有要好的姐妹告诉玉良：日后要看准一

个好人以求赎身得自由。这个口齿伶俐、敢作敢为的女孩也意识到要寻求其他机会。在当地商贾为芜湖海关总督潘赞化举行的欢迎宴上，潘玉良被安排唱曲以助兴，她那高亮开阔的老生唱腔吸引了潘赞化。玉良有艺在身，也会选曲；更重要的是，她会选人。正所谓提出问题比回答问题更重要。她看出他志不在色；他则从她眼里看到了包不住的逃离之心。她那嗓音中蕴含的苍凉雄浑之势和独特的壮怀激烈尤为动人。

身为孤儿沦落青楼，非其自身所能左右；而走出暗屋，对从小就质疑“身边有太多有趣的事，为什么女孩子就做不得这，做不得那？”的聪慧女子而言，既是生命中的必然追求，也得益于生活中的偶然际遇。在妓院，玉良接触了真正的人性和社会，她有眼力见儿，一旦看准是对的事，就会最大程度地去争取，且不轻易退缩。她大胆求潘赞化留她做粗使丫鬟。最终，她一句“我要靠自己养活自己”打动了他。

潘赞化出身桐城望族，两次留学日本。作为同盟会成员，他与蔡锷一起参加过“铲除帝制、还我共和”的护国运动，也曾有过马革裹尸的壮志豪情，誓要打造一个男女平等、人人得享尊严的社会。他熟读孟德斯鸠《论法的精神》、卢梭《社会契约论》和《论人类不平等的起源和基础》、约翰·穆勒《论自由》和《代议制政府》以及伏尔泰、斯宾塞等其他思想家的作品，是个经由启蒙作品和海外留学看到过广阔天地的人。他天性平和宽厚，包容内敛，是人品正直的谦谦君子。他和她就这样在一个提倡自由、民主、平等的时代相遇了。说到底每个人都是时代的产物：民国的开放、开朗之风孕育了一代大气、大方人。正所谓“观念是现实的产物，形势总是比人强”。

1916 年，一个没被裹小脚的女人、一个脑后没辫子的男人，在朋友陈独秀的见证下，从形式上也从心理上，结为平等夫妻。于潘玉良而言，潘赞化是能助力自己成就最佳自我的人；于潘赞化而言，潘玉良也用一生成就让他被更多人记住——在解救潘玉良于人生水火之际，潘赞化也迎来了自己人生的一大亮色。潘玉良跳出了原本逼仄的圈子，时常加入潘赞化和他朋友的谈话中。那个时代，女人开始可以自在自如地参与社交。潘玉良便耳濡目染了新思想、新风尚。当听到陈独秀慷慨道出“一切操行，一切权利，一切信仰，唯有听命各自固有之智能，断无盲从隶属他人之理”的时候，她的独立人格与自我意识顿时被唤醒。

潘赞化看潘玉良学到什么都能为己所用，就购买了读写课本，还聘人教她识字、学文化。潘玉良很快就天资迸发，逐渐认识到要靠知识和技能来让自己变得更聪明、强大，从而获得改变命运的勇气和支撑，毕竟，受教育是每个人得享人格独立与社会身份的前提。潘玉良接受新生事物的能力，让潘赞化内心称奇，而她的画画天赋也被邻居洪野注意到了，谓之有“惊人的敏锐与少有的接受能力”，遂欣然决定免费教她画画。自此，潘玉良便拿出“只为绘画生”的狠劲。后来，她因造型能力强和对色彩的敏感得到美术教育家刘海粟的赏识。刘海粟任校长的上海美术专科学校是中国最早接纳和践行西方艺术教育理念的学校，办学原则亦得到过蔡元培和鲁迅的支持。蔡元培明确发文表达教育理念：开放自由，择优录取。他再三强调，限制太死是要损害天才的。刘海粟也坚持破除旧观念，不以出身而以水准来招生。但旧习俗惯性仍在，潘玉良入学颇费周折。不过，她在阻力面前始终思路清晰，不懦弱，也不情绪化。她先说服潘赞化，再顶住外界压力，最终，在她的坚持下，也在刘海粟和蔡元培的帮助下，她以潘世秀之名入学，开启了西洋画学习历程。潘世秀是她第三个名字。作为中国首批女大学生，她已经具备了独立意识和自主精神，认定自己是自己的主人，可以质疑不合理的偏见，并通过绘画表达自我。画画不再是排遣寂寞的解闷玩意儿，也不再是逃避家庭生活不便和心底里不甘的工具，而是重新获得人生定位的强大武器。

从青楼到潘府，从芜湖到上海，从家里到学堂，乃至后来从中国到法国、从潘赞化身边到广阔的艺术天地，潘玉良始终进退有度，该妥协时见好就收，该据理力争时则当仁不让。这也是她与生俱来的个性。一年后，潘玉良又面临一个机会：得益于庚子赔款及其后续影响，法国政府效仿美国，也给中国学生提供留学基金。刘海粟是个有超前意识的美术教育家，他提出的"学画不去西方，等于没有学"的主张在当时确有进步意义，也深深触动了潘玉良。为避开《浴女》画展和浴室风波招致的非议，她勇敢跨出了国门。法国是她从未去过的异邦，更是新兴艺术的摇篮、油画的故乡。1921 年里昂中法大学注册时，她填上了潘玉良这个名字。

果然，法国氛围更加自由，没人管她的私事，追她的过往。潘玉良身心放松，思维和眼界随之打开，手中画笔越发舒展。她以优异成绩从巴黎国立高等美术学校毕业，考入意大利罗马皇家美术学院，与蔡威廉、徐悲鸿成为同学。在罗马，她继续深造油画并学习雕塑，凭着那股"永不满足和坚忍顽强的精神"，她很快就以"绘画、雕塑两艺著称"。潘玉良这个名字终于有了自身的分量。闯出一番艺术天地，于当时的女性而言或许艰难，但也并非不可实现。获益于新文化运动带来的思想解放，以及潘赞化和他的圈子，她挣脱了黑暗。与当初下决心赎她一样，潘赞化再次被她的倔强、果敢、刚毅打动。而潘玉良对艺术的追求也深度促进了她与潘赞化的关系。能力和思想是最大的吸引力。追求精神生活的人能互相拥有对方的灵魂，何其不易。得到固然珍贵，但绝非狭隘的占有。潘赞化乐见潘玉良绽放艺术生命。

数次更名，几度涅槃重生。她的不幸，是年少经历使然，但她又非常幸运，老天毫不吝啬给她打开一扇通往艺术人生的窗户，遇到潘赞化是人生拐点。身处新文化和新思潮滥觞之地的上海，潘玉良抓住了每一次自我提升、自我更新的契机。头脑一旦被启蒙，就不愿意再回到黑暗，更无法适应黑暗。时代助推她，机遇成就她。她的个性没被扼杀，她的才华未被压制。而且她还避开了日寇侵华。这既是机缘，也是选择的结果。借由自身的美术天赋和坚强意志，她得以充分释放才情，发挥才能，展现才华。她坚韧却不任性，温婉却不依附，出身贫贱却追慕高雅，长相不艳却作品留芳。一杆画笔在手，她绘出新的人生。一次次画展，一次次好评，一次次获奖，练就了她的胆识和远见，让她更有力量去追光。一块璞玉，终成美术界和艺术教育界的炫目之光。

二、艺术家和教育家都是发光体：吸引人、照亮人

潘玉良留学之初，适逢现代艺术与传统写实艺术的交锋期。入门西洋画，学的是再现自然，与中国的写意画法不同。而巴黎却迎来了方兴未艾的现代艺术。短暂的困惑之后，她以对现实生活的深切感受为基础，将西方现代派的表现技法融进了画笔。与她的一些中国同学不一样，她并没有因为要坚守现实主

义传统而不留余地地排斥现代派，她在求教与反思中走出了一条兼收并蓄之路。她的作品一如她的为人：画面生动，画风热烈，极具感染力，且蕴含着不屈不挠的力量。就像她以非凡的执着冲破命运的枷锁一样，她在艺术上也勇于探索，从未停止向上仰望，寻找光，发现光，再将她独有的艺术之光带回中国，照亮中国美术界学子。

潘玉良在意大利遇见师长刘海粟后，欣然接下聘书回国任教，后又在老同学徐悲鸿的邀请下担任国立中央大学艺术科教授。与其说是故知旧友抛来橄榄枝，不如说是她再次享受到新文化运动的红利。那个时期一定程度上尊重新兴文化、尊重真才实学，无论是校长刘海粟，还是艺术系主任徐悲鸿，抑或是美术教授潘玉良都能享有一定的自由纳才、自由释才空间。比之一元文化，多元开放更利好于天赋人才和莘莘学子。英雄不问出身，大学没有围墙，听众毋论里外。学问得以在校园内外畅达传播，潘玉良遂来往于沪、宁两地，兼顾家庭和事业。任教期间，她举办了数次画展。值得一提的是，她在上海展出的《春之歌》既具备简秀柔和的东方神韵，也隐约可见现代主义风格：轮廓清晰，色调鲜明，意趣丰富。显然，潘玉良已进入古采百家之长、近蓄西画之技的境界。这是苦练与探索后形成的自身特色。潘玉良在素描、油画、水墨画、色粉画、雕塑等方面都渐入佳境，得到了来自政界、社会名流、新闻界的多方好评。蔡元培特意为她的首次个人画展在《申报》上发文力荐。毕竟，这也是中国历史上第一位女画家的西洋画个展。有评论称她的画兼具雕像效果，别有一番美感和雄浑之力；而她的雕塑则“既有立体感，又充满了诗情画意”。于内，她获得了千锤百炼后的自强自信；于外，她作为画家声名鹊起。

纵观中国美术史，作为女画家她可谓前无古人；横向比较当时的中国画坛，她的彩墨作品与其他人鲜有雷同。她的独创不仅丰富了中国美术作品的风格，而且推动了中国美术教育的发展。作为当时为数不多的开中国现代美术之先河的女油画家和现代美术教育家，潘玉良倾尽心力，将海外所学悉数奉献给了中国的美术教育，不但促进了西方艺术在中国的传播，而且为探索绘画艺术的中西沟通做出了先锋性贡献。她还提出“同古人中求我，非一从古人而忘我之”，其作品就呈现出古今中外兼容并蓄的特色。这既是她的创作特色，也是在国内从教的一大原则。

潘玉良最为突出的美术教育主张就是“中西合璧，古今交融”，与林风眠“介绍西洋艺术，整理中国艺术，调和中西艺术，创造时代艺术”的思路较为投契。1928年，潘玉良为上海美专起草了《西洋画实习教室规则》，把留学时期的画室科学管理模式引进母校，突破了师徒相授的旧模式，师生关系变得更为客观，也更宽松。此举还有利于纠正宗派对立，缓解因循守旧所导致的管理混乱，从而改善学生、老师以及教务之间的关系。后来，她还创办了艺苑绘画研究所，要将学到的西方养料注入中国的艺术血液，助力中国文艺复兴。

她既面临着中西文化的碰撞，又受益于中西艺术的交融。她在法国就大胆借鉴印象派和野兽派手法，同时对自身的民族文化身份也相当自省自觉。她此前学过国画，回国后尚不忘重温并提升中国书法和传统画技。对于徐悲鸿所坚持的写实主义原则，潘玉良尊重但不盲从。这既与她在海外所学相关，也与当时民国之风相合。作为老师，她将自己的体察融入教学，审慎地化解了学院主义的刻板，也提醒学生避免传统画风的陈腐之气。她将自身经验分享给学生：固守古典传统，有可能只是重复过去；而一头扎进现代艺术，又会因缺乏根基而在理解力和表达力方面流于单薄。她不厌其烦地给学生示范如何将“大自然的美、生命的美、人世间的美移进画里”，也毫无保留地将自己所理解的西方现代派技艺传授给学生，如注重画面色彩的块面分割和线条勾勒等，同时向学生阐释印象派的互补色知识，如何赋色分明、如何运笔自如、如何保持画质的刚健沉稳、如何处理艺术创作中的理性与感性，以及如何融合古老传统与现代技法、西洋风格和民族特色。她鼓励学生在汲取中国传统绘画和民间艺术养分的基础上再充分拓展技艺。

在教学中，她“尊重学生个体，引导他们自由发挥”。她对学生的困惑和渴望感同身受，反对将课堂变成禁锢学生艺术思想的樊笼。潘玉良深知，处于传统与现代的交汇点，学生对西方艺术的过往历史和来龙去脉原本就不甚熟悉，眼下流派迭出，学生有可能一时半会儿无法理解，会因陌生而茫然，也会因眼花缭乱而无从选择。她首先强调严格训练的重要性，要求学生苦练基本功，走踏踏实实的艺术之路，然后再尝试新的风格。她早已超出传统的门户之见，也一直避免过多控制学生。她看重学生的创作热情和个性化思维，仔细观察每一个学生的个体特征和长短项。在训练学生写实基本功时，会给思维活跃、表达欲望强的学生以恰当的机会自我发挥，对已接触到西方现代派艺术的学生则因材施教。

潘玉良因教学风格新派而大受欢迎。她还进一步引导学生领悟艺术的真谛：真正的艺术不是靠机械模仿和技巧灌输，而是要有自我探索的主动意识。只有成为画的主人，才能在艺术上有所创新。她提醒学生不能将自己置于被动接受的境地，要成为积极的创造者。作为教育工作者，潘玉良已经从对学生绘画技巧的关心上升到对学生艺术思想的关注。她在教学理念和艺术实践中注入了对人性的理解和关怀，坚持艺术要表达人的精神价值。她常启发学生从中西方绘画表达的异同深入到中西方文化的比较，并深度思考和挖掘艺术的本质。

潘玉良的教育理念中还有对现实的强烈关注。那个时代的上海，文化艺术领域各种社团纷纷建立。潘玉良积极参加西画社团的各种活动，言传身教之余，她密切观察学生的创作动态以及当时的社会倾向和评价。除了艺术作品，她留下的文字并不多，只公开发表过一两篇文章，其中有1929年发表在《妇女杂志》上的《我习粉笔画的经过谈》，提醒读者重视粉笔画的艺术价值。她在所提供的参展画作上标明了此中缘由：一是她发现国内此类作品偏少；二则指出粉笔画也是西洋画中的重要形式；其三表达了对女画家的现实关怀，与油画相较，粉笔画更为方便，“宜于女子学习”。标注之四是倡议国内画界多多研究此类画作。潘玉良的观察细致、敏锐，也相当具体，她从自身经历出发，呼吁给予女性施展才华的机会，以帮助她们走向独立，获得应有的社会身份。

秉持对现实的责任感和使命感，她鼓励学生创作与时代息息相关的作品。画画不是为了消遣，也不是时髦的点缀，而是要表达思想，变革社会，如陈独秀所言，挣脱旧束缚，打造新世界，为国家、为民族，以新鲜活泼和智识水准，荡涤陈腐败坏，建立民主科学的制度。日寇铁蹄践踏东三省后，潘玉良多次参加义展、义卖，以捐资援助抗日义勇军。她画《人力壮士》，发出愤懑悲壮之声讨，并致敬拯救民族危亡的勇士。可惜遭到伪善的道德绑架，加之来自同行不便言明的嫉妒，这幅作品遭到破坏，她早年经历也被挖出，引发对她身世的羞辱和人格的诋毁。一幅表达人体美与生命力的反侵略爱国作品变成了她离开故土家人的导火索，实乃教育界憾事。

潘玉良的教育思想中还有一点不容忽视，那就是“以艺术为准绳，摒弃山头意识”。潘玉良绘画常从大处入手，彰显大气风格。但她没能避免同行相轻、相妒之苦。此前她就目睹国内超出艺术范畴的口诛笔伐，她则竭力以对艺术的热忱和冷静的头脑，置身于纷争之外，只专注艺术的纯粹性和非功利性，即便因此而再度离开故土乃至生活拮据也未忘初心。她告诫学生切勿把时间和心神耗费在山头意识引发的文字干戈和派别互攻上。无论是对中西艺术传统之争，抑或古今孰优孰劣之辩，以及周围不同门派的矛盾，她都秉持旁观立场，不介入无谓争端，避免陷入非此即彼的思维模式和认知框架。

她告诉学生，每一种色彩都有其无限的美，艺术是丰富多彩的，艺术家当以宽容之心看待新生事物，才能充满活力，超越前人，保持创作力的旺盛；而艺术评论应专注作品和艺术本身，不宜代入过多个人立场和情绪；只有对艺术真诚而专注的热爱才能产生不朽的作品。她参与创办“默社”，也是看重“埋头实干，不尚空谈”这一理念。这些对学生的教导，也是伴随她一生的信条。51 岁时，中国留法艺术学会在巴黎举行会员作品展，她就提出一个参展原则：“本会团结，内部整齐，不以个人使本会有所失败。”曾与她同在巴黎留学的徐悲鸿虽艺术风格和教学主张与她不同，但也对她的艺术成就和率性直言由衷称道。而她与蔡威廉的通信则是艺术家之间的赤诚相待，是更高境界的心灵沟通。

作为教育者，潘玉良笃信，即便不能改变世界，也要以哪怕是一束微光照亮一片大地，从而帮助人们认识世界。正如莎士比亚所言，“上天生下我们，是要把我们当作火炬，不是照亮自己，而是普照世界”。

三、蜚声巴黎，魂牵故里

人生后四十年，潘玉良孤居法国，专注创作。她虽然成功地构筑了自己的艺术空间和生活意义，但仍心系祖国，并为之倾其一生，为“将古代中国绘画艺术推进现代”付出了自己的一份力。

潘玉良在法国坚守“三不原则”：不谈恋爱，不入外籍，不签画商。在国内执教时，她就坚持艺术的纯粹性，在巴黎，她一如既往。她不愿接受背离其艺术初心的商业化运作，她怕与画廊签约会失去独立思想和创作自由，也只在生计窘迫时才出售少量画作。她能吃苦也耐清贫，唯独不愿固化艺术思维。潘玉良进一步深入比较中西艺术观和技艺的异同，寻求更新颖独特的绘画题材和手法。她受中国传统绘画讲究意象的影响，也欣赏古希腊、古罗马艺术中人体曲线自然流动的生命活力之美：画的是健全的身体，颂的是健全的人格。与第一次来法国不同，这一次她不再是单向度的求学者，而是以开放的心性，继续在绘画材料上尝试，力图创立独属于自己的风格。她用中国笔墨在宣纸上以西洋画的方式创作女性画像，实现了西方人体题材与中国白描线条相融的“新白描体”，由此构建了丰富的异质审美特质。她的作品完美地诠释了何谓东西合璧：赋色明晰、线条俊逸，就人物姿态把握、情绪表达而言，无不充沛且富有生命力。她的水彩画和素描也都呈现出优美流畅的观感，细品之下，背景精细有层次，整个画面洒脱、旷达，魅力无穷。

刻苦创作加之潜心研究，她的画风越发率真直白，原本的含蓄遮掩更多地让位于鲜活奔放，画中女性人物也从略显温顺柔美之态变得洋溢着自信和独立，现代女性气质毕显。潘玉良的艺术心态和创作空间都进入了自由之境，画也更为大胆恣意。到20世纪50年代，她的画风已独具一格，个展皆获成功。而她虽人在异乡，但其文化觉知一直内嵌于本能，她所画的风物人情和民间故事都寄托了对故土的牵挂。正如评论家所言："她成功地找到了西洋画和中国画相结合的表现方法。她的作品既有西画的真实感，又富有中国画的诗意，达到了一种新的独创的艺术境界。"

作为庚子赔款的首批赴法留学生，她从里昂中法大学、里昂国立美术学校以及巴黎国立高等美术学校毕业后，于1925年以第一名的成绩和第一位中国女性的身份考入意大利罗马皇家美术学院。其后，曾引发风波的《浴女》获意大利国际美术展览会金奖，她也是第一个获此荣誉的中国女画家。另一幅作品《酒徒》入选意大利国家展览会，亦创中国女画家首次之记录，可见她当时在欧洲就已崭露头角。回国任教的最后一年，她入选《近代中国艺术发展史》中的现代画家之列，是14位中唯一的女画家。二战后，这位旅法华人女画家的作品在美国展出，被展地媒体赞誉为"艺术精英""令人敬仰的艺术家"。

此后，她的艺术进入了全盛时期。到20世纪五六十年代，她的个展已遍布欧洲，先后获奖二十多次。比利时、英国、德国、西班牙等国各大美术馆和收藏家争相收藏她的作品。她因创造了诸多的"首次"和"唯一"而蜚声巴黎。她获"法国国家金质奖章"一事，国内《大公报》有过报道。1954年，法国拍摄了一部记录该地区著名思想家、哲学家、艺术家、作家的《蒙巴拿斯人》，她是片中唯一的东方人；1958年，她被授予巴黎荣誉市民；1959年，她成为第一个获巴黎大学多尔烈奖的中国女子；1966年，获法国文化教育一级勋章；次年获比利时金质奖章以及多项银质奖章；1969年，再得"艺术—科学—文学促进会"大奖（1957年曾首获此奖），并被誉为"实至名归的画家和雕塑家"，还荣获"从鼓励到进步协会"颁发的铜奖荣誉证书。1971年，76岁的潘玉良又赢得法国自由艺术协会国际沙龙银质奖和法国艺术家协会鼓励奖。

巴黎赛努奇博物馆馆长叶赛夫博士，也是知名的鉴赏家、收藏家兼评论家，他认为潘玉良的作品"既渗透了东方古老绘画艺术的传统，又不失现代西方新派艺术的精髓"，其分析具体入微："融中西画之长，又富有个性；她的素描中能瞥见中国书法的笔致。她能用灵动的线条将实体的柔和与自在描画得生动形象；她的油画融合了中国的水墨技法，用清雅的色调点染画面，色彩的深浅疏密与柔和灵动的线条相互依存，很自然地显露出远近、明暗、虚实，色韵生动……她用中国书法的笔法来描绘万物，对现代艺术做出了丰富的贡献。"另有观赏过其画的行家惊叹其人其作"宛若藏在深谷的意大利黑色郁金香，独具神韵，足以惊艳艺坛"。

曾几何时，她在卢浮宫流连忘返，奢望"某一天我的作品能够进入这个艺术圣殿，为中国的现代艺术占一席之地"——她做到了！作品被卢浮宫收藏的第一位中国女画家就是她！夙愿得偿，她流下了眼泪，获此殊荣，更觉"个人的渺小"。作为"第一个以雕塑作品走进巴黎现代美术馆的中国艺术家"，她已成就等身，但也更心牵故里。重返法国不久，她获知国内战事愈烈，国破山河泣，便积极参加义卖，支持祖国抗日，即便遇到阻力也不退缩，此后她一边坚持创作，一边投入反法西斯活动中。巴黎沦陷后，她避居近郊，创作反战油画《屠杀》，以揭露侵略者和战争狂人的罪行。她还与中国留法艺术学会的同仁们一起商讨并公开致电当时的国民政府，强烈要求收回日军在侵华期间抢走的国宝；至于其他被损坏的艺术品，也敦促政府向日寇索取赔偿。电文被全文发表在巴黎的报纸上，引起极大反响。

一直积极参与捐款救国的潘玉良总算盼到了新中国的成立，她期待能回到祖国，与亲人团聚，但终因各种原因未能成行。潘赞化用心良苦，以国内“气温严寒”的措辞劝阻了潘玉良。1959 年潘赞化去世，次年闻得噩耗，潘玉良心碎神伤。潘赞化于她而言，是给予她第二次生命的恩人、贵人，也是爱人，亲人；潘赞化给过她家庭，供过她学费，与他过日子的琐碎而形成的亲情链接，是其他人无法比拟的。潘赞化之于潘王良是：“我在这里，我理解”； 潘玉良之于潘赞化是：“感谢你能”。她一辈子记挂潘赞化，或许已经与爱情关系不大。他给她留下的回忆是她一颗孤心中的宝贵慰藉，也是他得以留名后世的佳话源泉。好的相遇和相爱是互相成全。

1964 年中法建交，潘玉良想回又不知回哪里。她这一生写字撰文不多，除了在画上签名，就是给潘赞化写信。潘赞化去世后，她保持着一年给他儿子写几封信报平安的习惯。于她而言，潘赞化的儿子也是亲人，给他写信是心理寄托；于潘赞化的儿子而言，视她为母，更有敬中生爱的尊重。毕竟，潘玉良以其艺术才华和家国情怀充分具备了为母被爱的资格。潘玉良自小失怙失恃，即便已近迟暮，心底里也还是渴望能有一个根。茫茫人海，她仅有潘家亲人而已。无论是想象还是现实，无论是怀念还是疏离，路都是她自己选的。当然，换了潘赞化之外的其他人，她这道选择题的答案可能会有所不同。潘玉良去世前一年，还去信告知儿子“我望把身体养好，就回祖国了”。

海外漂泊数十年，她在生活和心理上都已习惯了不再依赖任何人而活，但故国故人却总在她心中。恩师洪野去世后，她一直想方设法接济师母一家。看到留法同胞陷入困境，哪怕自己并不宽裕，也慷慨解囊，不吝资助。当地华人听闻她向来随和幽默爽直，是个气势不让须眉的女中豪杰。旅法画家贺慕群有幸近距离接触过潘玉良，据他观察，她“留短发，有酒量，个性豪迈，不拘小节，嗓音洪亮”。在法国，她身边也有追慕和愿意陪伴之人。每当她为自己和作品不能回归家园而怅然的时候，好友王守义总安慰她：艺术是没有国界的，不管在哪里，你都能以中国艺术家的身份为人类艺术的繁荣做贡献。

1977 年，潘玉良在巴黎蒙巴拿斯的单身公寓离世，留下她所珍视的 4000 多幅作品。守信的王守义遵她遗嘱，将作品尽数运回故土，其中就有她重返巴黎不久所作的自画像，画上自题诗二行：“边塞峡江三更月，扬子江头万里心。”嵌有潘赞化和潘玉良合影的项链也被带回交到潘家后人手里，这是对逝者最好的纪念。在王守义替她购置的墓碑上刻着十个中文字，是潘家后人请故乡安徽书法家手书的汉隶：“世界艺术

潘玉良自画像

家潘玉良之墓”。人长眠，美长存。

四、艺术之光不竭，尊严与美永在

作为民国时期走向世界的第一代有影响力的女画家，潘玉良也是新文化运动的受益者。虽出生卑微，但她的每一个细胞都向往着高雅和高贵，为此，她“画了一辈子的画”。她的画作笔触酣畅豪放，用色明艳细腻，写实写意完美结合，彰显了艺术家的光芒。就她在油画、白描、彩墨画、雕塑、版画等方面的综合成就而言，能望其项背的寥寥无几。她不但超越了自己的命运，还超越了同时代的多数男性，有力地反驳了“男画家看画，女画家看相”的陈腐观念。正如她自己所言，“我的一生，是中国女人为爱和理念争取女人自信的一生”。她向世人呈现了努力的人应有的生活状态，为中国现代艺术开拓了全新的局面，更为女性示范了一条何谓尊严与美的人生道路。

纪德说过，重要的并非所见，而是目光。如果说，一个人的视力只能让他看见问题，那么，视野才能让他看清问题。先天禀赋和后天经历使然，潘玉良个性中有同时代乃至当下女子身上都不易得见的豁达和通透。潘玉良 16 岁遇见在人格上对她平等以待的潘赞化，后辗转芜湖、上海以及法国、意大利等地，她游历广泛也阅人无数，从自身的困境和周围女人的活法中她明白了这一点：每个人都是独立的个体，人贵在自爱，依赖别人终究不成；而人要学会照顾自己，就得有一技之长，此乃立身之本，也是拥有尊严的前提。为了“不认命”这三个字，她不容许自己顾影自怜，视意志薄弱为天敌。她选择以画画为人生支柱——人生苦短，如果能将无法重现的刹那美好记录下来，岂不有趣也有益？为此她突破了起点之不足，绘出了独属于自己的人生风景。

投身艺术一是天赋使然，二是与命运抗争，到后面就成了习惯，更是精神自由的依托。肉身受苦令人慨喟，灵魂觉醒又何其可贵。潘赞化赎了她的身，她则完成了心灵的自我救赎。画画时她可以奢侈地挥洒笔墨，如“怒生之草，夏与畏日争，冬与严霜争，无时而息”。作画是她可以任意享用的权利和恣意发挥的能力，在感情上无法霸道的她可以在绘画上霸气泼墨。画笔在她手中，线条和色彩由她支配，她借此释放内力，展现自我，赢得精神独立和做人底气。最终，她将自己锻造成独占鳌头的专业人士。她用自己的艺术人生向世人提供了一个坚实有力的证据：女性可以挣脱人为制造的压迫，释放长期被压抑的创造力，完成自我实现且熠熠生辉。

创造艺术之美、展现女性力量，是潘玉良能拿得出的响当当的傲娇资本。潘玉良说她自己“不服气了一辈子”，誓要挪走年轻时旁人看她的眼神——那是典型的物化女性的“凝视”。数千年来，女性都是作为符号存在，是被凝视，甚至是被玩赏的存在。在过去的中国画中，女性形象一直被当作某种客体的美呈现在画中，而且一度千篇一律。不用说唐寅，就连林风眠的仕女画都是抽象大于具象。而潘玉良后期的人体创作，则“以刚中见柔的精练线条、虚实相宜的准确造型和缓急得体的中国书法笔致，成功地表现了人体的柔美与坚实、力量与韵味，令人叹为观止”。她的画，不但在技法上更上一层楼，而且在主题上愈加深刻，其视角和表达相比她先前的艺术语言有所进阶，更迥异于甚而远高于其他男性画家。重要的是，她的画作明确传递了女性的自主、自信、自在。作为艺术创作者，她以自身的能力成为具有自我意识的“凝视”主体。内心有光，兀自坚定——这不但是一种全新的艺术审美姿态，也是对数千年女性从属于男性这一陈旧观念的反叛。她成功地做到了“以艺术为桥梁，建立起自我与外部世界的对话，在观察和刻画女性的过程中逐步实现了艺术与自我的双重升华”。

时代给了她机会，她紧紧地抓住了：摆脱了青楼身份，放弃了陈旧画风，她选择画出真实的、有血有肉的女性和女性世界。她还在创作中巧妙融入写意之风和现代派手法，这是她作为艺术家的过人之处。创作赋予她自主权，她是她个人风格的主体。她先后选择远走法国、重返中国走向课堂、再度出走法国、拿出作品参加各式展览，就是要让自己的画作、自己的艺术思想、自己的教育理念、自己的人生被看见，被凸显。跨出四墙一顶，她如飞出笼子的鸟儿一样振翅高飞，直达艺术之巅。她用作品向世人证明：女性作为主体性存在，其力量绝不容小觑。

获奖无数之后，她业已成名成家，但她一直住在法国政府提供的简易居室里，她没选择依附权贵，也没选择从商赚钱。于她而言，“一个属于自己的房间”足矣，只要心够宏阔。如果这世上还有什么是天长地久，那就是她的艺术追求：“艺术产生于我的心上，胜过我的生命。”家庭都已经不是她的必须，画画才是。为给自己赢得尊严，她与潘赞化时空远隔。他们的感情生活没有太多的疾风暴雨，双方个性和所临之境使得二人更多的只能灵魂相望。他青年时代的志气与她努力的目标相契相投，他对自己能陪伴她走多远没有执念。她两次赴法都能够成行，证明遇对了人。如果说是她主动规避了婚姻生活中的委曲求全，那么潘赞化和原配夫人及子孙可以安然度日，与她体面退出也不无关系。她在感情上相当克制：她不在生活中撕心裂肺，只在画布上尽情挥洒。她以决绝的独立姿态和自由意志冲破性别限制和身份困境，圆了职业女性之梦，实现了很多当代女性都不敢想象也无法实现的人生理想。

与潘玉良同时代的人，《世界人权宣言》起草人之一的美国第一夫人埃莉诺·罗斯福曾经说过这么一句意味深长的话：被人尊重比被爱的感觉更好。爱有美好也会带来伤害，而尊重只有好的一面。潘赞化对潘玉良由怜生爱，付诸尊重和欣赏，继而两度放手。潘玉良对亲人故土的怀念，既真实也感人，既理所当然又抱憾凄然。倾慕潘玉良的不止潘赞化一个，但潘赞化做到了支持她追求事业和人格独立；被赎身的女子也不止潘玉良一个，但她做到了成全他人更成就自我。对晚年身边的知己王守义，潘玉良也是以礼相待。毕竟，朋友之间可以理解和体谅的空间更大：彼此照顾，但不相互束缚。对潘赞化的思而不见、和王守义的君子之交，都是艺术家的独立和体面、文明与修养。她可能辜负了潘赞化，也让王守义失望了，但她拥有了艺术。比起能享有的爱，她得到的尊重有更大容量，更恒久。正是她的与众不同，成了她最动人的光芒。

在每一个人生十字路口，潘玉良都能受益于自强不息的个性、贵人相助以及时代机会，一步步走向海阔天空。她不用担心男人对女人腻味变心了怎么办，她只关心创作遭遇瓶颈怎么办。洪野曾告诉她：美和苦是一对孪生兄弟。她则用近乎疯狂的勤奋，以炫亮的艺术人生回应了授业恩师，并进一步诠释了孤独和成就是一对孪生姐妹。孤独和缺憾，对艺术家而言，不啻是灵感来源，也能激发技艺。她早就学会了与自己的孤独和平共处，这是她的审美，她的世界因此也更为阔大。她，是美和尊严的富有者。

历经时间的洗礼和中西文化的锤炼，潘玉良向世人展示了何谓美，何谓尊严。人虽逝去，艺术之光长明不灭。

结语

近代百年来的女性成长史册上，潘玉良独占一席。时代的包容与多元造就了她。诚然，她不能选择出身，却能为自己争取未来。时代没有辜负她，她也没有辜负自己和时代。或许潘赞化都没想到他为之心动的女子能成为20世纪中国最有代表性、最有影响力，也最有现代精神气质的女画家。她在世界艺术之林为中华民族赢得了一席之位。就构建女性独立自主、自我实现的身份和声望而言，潘玉良是佼佼者；就构建美术领域的中西文明互鉴而言，潘玉良是先行者。

（作者：秦文华，南京师范大学外国语学院教授；华迪，南京师范大学新闻与传播学院博士生）

附：

潘玉良致蔡威廉[1]信札

1　蔡威廉（1904—1939），20世纪中国重要的油画家，也是中国早期美术教育家，以肖像画闻名，为著名学者蔡元培之女，潘玉良留法同学。

2　指比利时。1923年，蔡威廉随父母前往比利时，进入布鲁塞尔美术学院学习绘画。

3　王静远（1884—1970），雕塑家，辽宁海城人。潘玉良和王静远都曾就读于里昂中法大学。后来，潘玉良进入巴黎国立高等美术学校和意大利罗马皇家美术学院，王静远进入波尔多美术学院。

4　潘玉良1919年赴法国留学，1923年进入巴黎国立高等美术学校，师从弗拉孟、高尔蒙和达仰。

5　法语，草图；略图；（绘画的）速写；素描。

释文

威廉：

你真懒，到了比国[2]一个多月，连照片也不给我一张，回来一定打你。

你那次走时没有去看电车附近的房子，现在房子还空的，我想同王静远[3]再去看看，先同你定一个月乜好，因为找屋很难。虽然贵一点，然而房间很大很清洁，上电车也近。美术学校[4]十月十五开学，你何时来里，要不要这个房子早日通知我呀。你系期中，你何消遣，我杂事忙得很，画了些croquis[5]，也没有什么新闻可以告诉你，就是新校长已来了，迁女生宿舍事也打消了。祝你懒病快点好！

大胖子　九月七日

按语

潘玉良在信中开玩笑说对方懒于通信，提到正在找房子，并计划与王静远再次查看一处环境良好、交通便利的房屋，询问蔡威廉是否需要尽早定下。她还提到美术学校即将开学，自己忙于杂事，并祝蔡威廉早日恢复活力。

威廉：

你真懒，到了比国一个多月，连明信片也不寄我一张，回来一定打你。

你那次走时没有去看电车附近的房子，现在房子还空的，我想同王静远再去看看，先同你定一个月，也好同我住。很难虽然贵一点，然而房间很大很清洁，楼上电车也近。美术学校十月十五开门了，你何时来？倘要不可以过个房子了，早日通知我呀。

你假期中作何消遣？我杂事忙得很，画了些Croquis，也没有什么新闻可以告诉你，就是我校长已来了，还如牛病，会事也打消了。祝你懒病快点好。

大雄于九月七日

文化交融探新篇

徐悲鸿印度考察书札

缪瀚宇

20世纪上半叶中国艺术步入现代之时，徐悲鸿无疑是举足轻重的人物。

徐悲鸿

在艺术创作上，徐悲鸿强调写实，提倡师法造化，将西方艺术手法融入中国传统艺术之中，以此改良中国传统绘画，成为近代中国艺术的改革先锋。

在美术教育中，徐悲鸿主张进行严格的基本功训练，重视对素描造型能力的培养。南京师范大学美术学院至今珍藏着一批有近百年历史的石膏像，便是他在艺术系任教期间，利用国外访问和办展的机会，重新翻模并带回国内，供学校师生学习参考的。

同时，徐悲鸿更是一位敏感正直的艺术家，不仅作品内容与多舛的国家命运紧密相连，更在祖国遭受战火摧残之时四处奔走、办展筹赈，将自己的艺术与对国家民族的责任结合在一起，把绘画艺术的社会功能发挥到了极致。南京师范大学博物馆所藏的一封徐悲鸿在抗战期间致蒋彝的信札，诉说了其在1939年应泰戈尔之邀赴印度考察背后的故事。

一、徐蒋之交　鱼雁往还

徐悲鸿当年从国外带回的石膏像，也成为 1949 后全国各大专业院校石膏教具的复制母本

徐悲鸿（1895—1953），原名徐寿康，江苏宜兴人，近现代著名画家、美术教育家，中国现代美术教育的奠基人，早年随父乡居读书学画，1916 年考入震旦大学攻读法文，期间曾东渡日本研习美术，又被蔡元培聘为北京大学画法研究会导师，投身新文化运动。徐悲鸿提倡吸收西洋绘画之长以复兴中国画，于 1919 年考入巴黎国立高等美术学校，期间游历西欧诸国。1927 年他学成归国，先后任上海南国艺术学院美术系主任、中央大学艺术系教授、北京大学艺术学院院长，1949 年后任中央美术学院院长，被誉为中国百年艺术史上的“丹青巨擘、教育巨子”。

蒋彝（1903—1977），字仲雅，又作重哑，江西九江人，近现代画家、诗人，美国艺术科学院院士、哥伦比亚大学终身教授、夏威夷大学东西文化中心高级专家。他早年毕业于国立东南大学化工系，后参加北伐并从政，1933 年赴英讲学中国文化艺术。1938 年，中国政府送了两头熊猫至英国伦敦博物园展览。蒋彝也成为第一个通过绘画向英国和世界介绍国宝大熊猫的画家。此后，他在英国留居 20 年，于 1955 年加入美国国籍，又在美、法、德、日、澳大利亚和中国香港讲学逾 20 年，成为享誉国际的知名学者。

20 世纪三四十年代，西方人对于中国书画的认知尚处于启蒙时期，蒋彝早年赴英讲学，使得他成了中外文化交流的使者，对徐悲鸿在海外的艺术活动助力较多。据蒋彝《伦敦杂碎》回忆，徐悲鸿在伦敦维多利亚与阿尔伯特博物馆临摹拉斐尔的画作时，他多数时候陪同在一旁，并为其摆好画具。关于徐蒋之交始于何时已不可知。徐悲鸿对于蒋彝这个身居海外的朋友颇为青睐，他 1950 年 6 月 9 日在中央美术学院时写给蒋彝的信中对他有“兄廿年在英，为中国宣扬文艺，厥功至伟”的赞誉。

二、筹赈画展　艺术抗战

“九・一八”事变后，中华民族处于危难之际，徐悲鸿积极举办筹赈画展，参加抗日救亡文化运动。在抗战全面爆发后，他投身中国的抗战事业，创作了大量具有强烈时代感且反映人民疾苦的画作，先后多次赴欧洲、东南亚等地举办画展，希冀借助美术传播的力量，为祖国的民族抗战做出贡献。

徐悲鸿在南洋举办的筹赈画展最具代表性。他于 1939 年初出席“华人美术会”组织的欢迎会，作“中西美术之分野”的演讲。此后举办的两次筹赈画展在新加坡引起强烈的社会反响，华人华侨全力支持，纷纷订购展览作品。徐氏曾言：“身居后方者，无论怎么努力，总比不上前方将士兵器悬殊，无间寒暑之苦战；出钱者，无论数量如何之大，必不能比得为民族而牺牲性命者之贡献。”

从 1939 年至 1942 年间，徐悲鸿先后在新加坡、印度、马来西亚等地举办抗战画展。此次南洋之行共筹得国币 15398 元 9 角 5 分，皆用于抗日将士遗孤抚养以及难民救济。同时，徐悲鸿通过举办海外抗战画展，进一步呼吁海外华人华侨及外国人士共同支援中国抗战。

华人美术会欢送徐悲鸿印度之行（1939）

三、诗翁邀约　印度考察

应印度大诗人泰戈尔的邀请，徐悲鸿在南洋期间，于 1939 年 11 月 18 日抵达印度，受到印度高层文化人士的热烈欢迎。徐悲鸿分别在印度国际大学艺术学院、圣提尼克坦和加尔各答举办了个人画展。泰戈尔亲自为画展作序、揭幕，并致热情洋溢的欢迎词，他在序言中称赞：“美的语言是人类共同的语言，而其音调毕竟是多种多样的。中国艺术大师徐悲鸿在有韵律的线条和色彩中，为我们提供一个在记忆中已消失的远古景象，而无损于他自己经验里所具有的地方色彩和独特风格。”

徐悲鸿与泰戈尔及友人合影

徐悲鸿为泰戈尔创作的画像

为了与徐悲鸿有充足的交流时间，泰戈尔特地将他安置在自己的故乡圣提尼克坦，与自己的住处仅一园之隔，徐悲鸿为其画了十多幅速写、素描、油画等作品。1940 年 2 月 17 日，印度“圣雄”甘地携夫人拜访泰戈尔，泰戈尔特地将徐悲鸿介绍给甘地夫妇认识。甘地对徐悲鸿高超的画艺及其对中印交流所做的贡献，给予了高度评价。

鉴于印度天气渐热，泰戈尔特地安排徐悲鸿在风光旖旎的大吉岭住了三个月。期间徐悲鸿作画颇多，创作了《喜马拉雅山林》《喜马拉雅之晨雾》等风景画。更值得一提的是，徐悲鸿在大吉岭完成了他早已构思却一直无法集中精力作画的《愚公移山》。三个月的大吉岭之行，被他称为“平生第一快事”。 印度之行，在徐悲鸿艺术创作生涯中具有重要意义，不仅促进了中印两国的文化交流，也为中国的抗战赢得了国际支持与援助。

悲鸿

附：

徐悲鸿致蒋彝信札

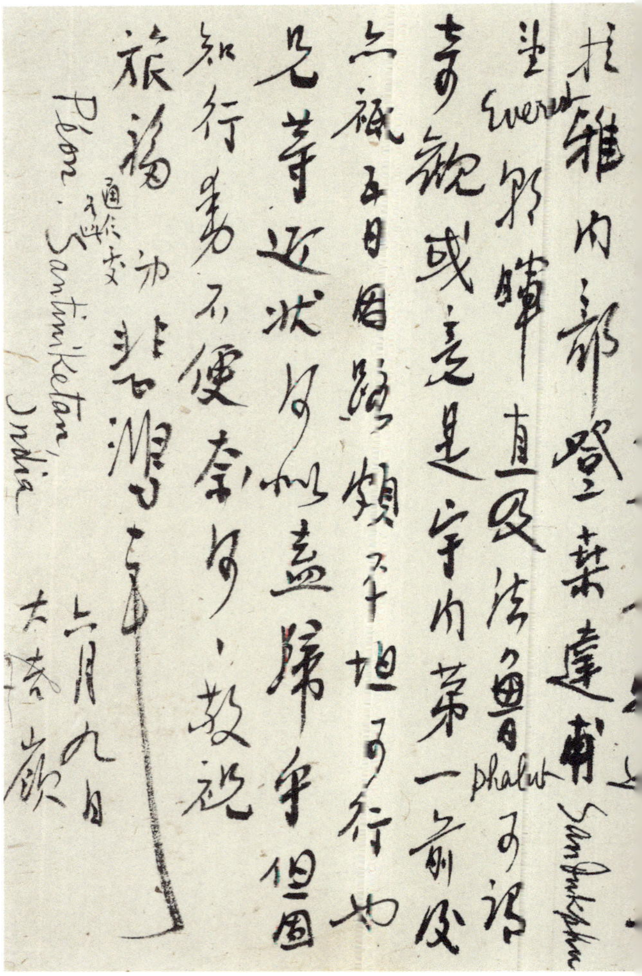

於雅內部登桑達甫 Sandakphu 望 Everest 朝暉直及法魯 phalut 可謂奇觀或竟是宇內第一偉觀
亦祇五日因路頗平坦可行也
兄等近狀何似盍歸乎但國
知行易不便奈何 敬祝
旅福 弟悲鴻 六月九日
大吉嶺
通信處 Santiniketan India

释文

仲雅吾兄左右：

一别遂逾六年，而世变如此，可胜浩叹。奉手教回当应命，奈欧战情形太紧，而此间邮局在战时亦多所限制，寄物殊为不便，且少待时日，必将拙作奉教也。弟在新洲[1]友人以尊著见示，知足下为祖国文化努力，诚深钦敬。弟碌碌如常，去冬应太戈尔[2]诗翁之邀来印，即居其国际大学 Santinketan[3]。

四、五、六月因天气酷热，来西马拉雅之大吉岭略写迎目景物，间亦有可观者。今年或将返国。康纳尔先生大作，弟在皇家画会目录上年年见之，特不知其近状如何，至用远念。熊兄式一[4]当极忙顾，不难令其记室覆我一函，何至托大如此，亦人情之可慨者也。

弟上星期随友人乘骑游西马拉雅内部，登桑达甫 Sandakphu 望珠穆朗玛峰朝晖，直及法鲁 phalut，可谓奇观。或竟是宇内第

1 指新加坡。1939 年 1 月，徐悲鸿经由香港来到新加坡，3 月举办个人画展。

2 泰戈尔（1861—1941），印度诗人、文学家、社会活动家、哲学家和印度民族主义者，代表作有《吉檀迦利》《飞鸟集》《新月集》等，是第一位获得诺贝尔文学奖的亚洲人。

3 印度国际大学，又译作维斯瓦·巴拉蒂（Visva Bharati）大学、比绍帕罗蒂，是泰戈尔于 1921 年 12 月 23 日创立于圣提尼克坦的一所致力于传播、交流印度和东方思想的综合性大学。

4 熊式一（1902—1991），江西南昌人，笔名熊适逸，是中国现代杰出的双语作家，毕业于北京高等师范学校英文科，对戏剧有浓厚的兴趣，创作和翻译生涯以戏剧为始终。

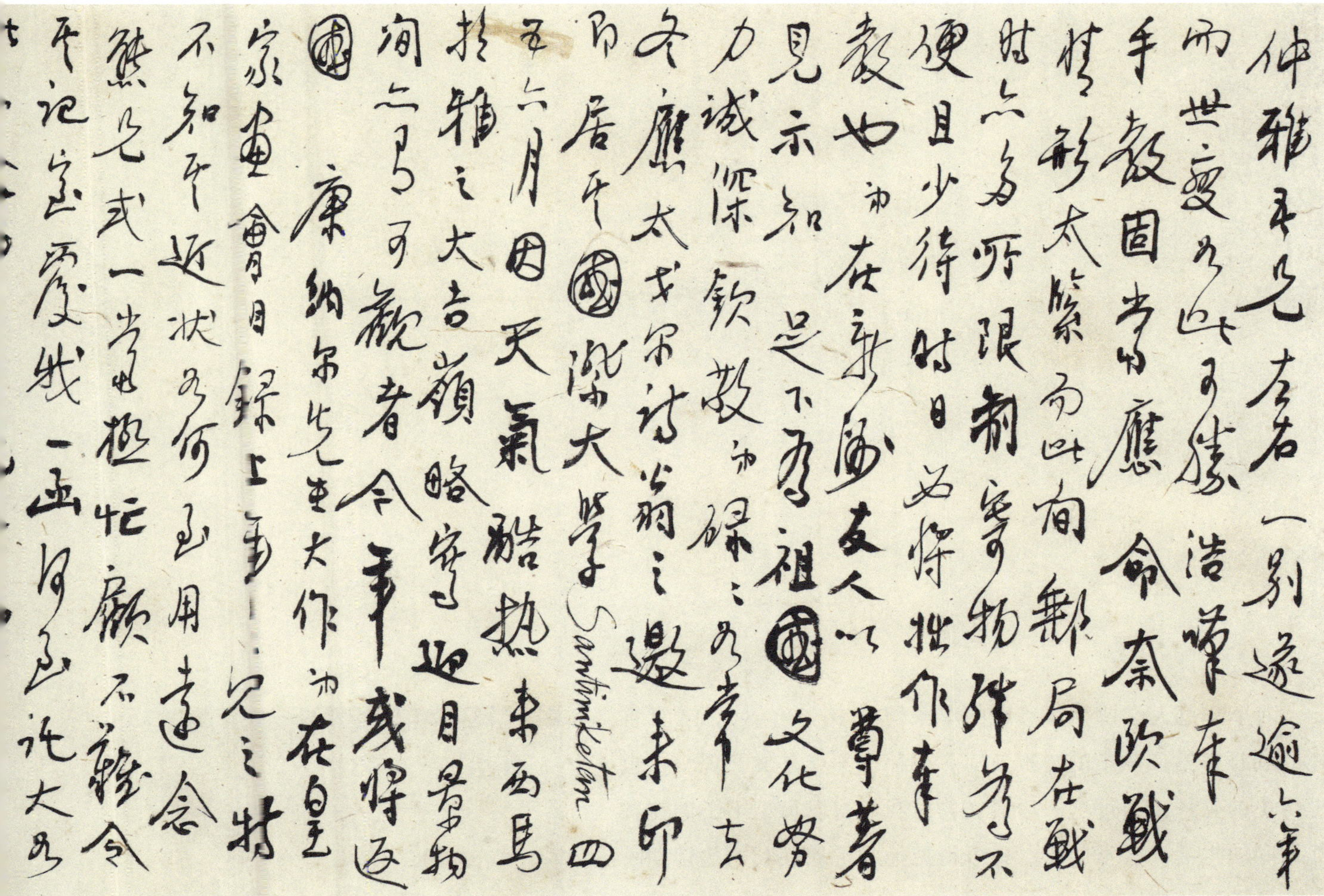

一，前后亦只五日，因路颇平坦可行也。兄等近状何似，盍归乎？但固知行动不便，奈何，敬祝旅福。

弟 悲鸿顿首

通信处如此：

Péon Santinketan India

六月九日　大吉岭

按语

此信写于1940年。徐悲鸿信中提到由于欧洲战事紧张，邮寄不便，作品暂无法寄送。在友人处看到蒋彝著作，深感敬佩。去冬应泰戈尔之邀赴印度，现居圣提尼克坦。因酷热，他在喜马拉雅的大吉岭避暑，欣赏自然美景，并计划当年归国。同时询问康纳尔先生近况，表达对友人的思念与关心。最后，他分享了在喜马拉雅内部游览的经历，并祝对方旅途顺利。

抗战岁月的回响

丰子恺抗战《贺新凉》词稿

宋　健

南京师范大学博物馆珍藏的丰子恺在 1945 年 8 月 15 日抗战胜利日寄给吕凤子的《贺新凉》词稿，不仅是文艺瑰宝，也是历史的见证。通过这一珍贵文物，我们得以窥见丰子恺在抗战期间的生活和艺术创作，更可得见他对抗战胜利的热切期盼以及昂扬强劲的生命力。

丰子恺

一、飘零岁月盼团圆

丰子恺（1898—1975），浙江桐乡人，中国现代书画家、文学家、散文家、翻译家、漫画家，被誉为“现代中国最艺术的艺术家”“中国现代漫画的鼻祖”。丰子恺师从李叔同学音乐、绘画，从夏丏尊学国文，创办了中国教育史上第一所教授图画、音乐、手工艺各科的艺术师范学校——上海艺术专科师范学校。

1937 年冬天，丰子恺的故乡浙江嘉兴桐乡石门湾已经被敌人的炮火夷为平地。家园化为焦土，使他不得不离开熟悉的故土，寻求避难之地。1942 年 11 月，丰子恺携家迁至重庆沙坪坝。他在重庆继续从事艺术创作，还担任了国立艺术专科学校的教授。

在重庆的岁月里，丰子恺不仅积极参与抗战文化活动，还创作了许多具有时代意义的作品。他的画作《蜀江水碧蜀山青》《纤夫》等，记录了战时百姓的艰辛与坚韧。这些作品不仅展示了丰子恺对战时社会的深刻观察，也体现了他对国家和民族命运的关切。

抗战后期的重庆，战火的硝烟虽未彻底消散，但人们对和平的渴望日益强烈。1944 年中秋夜，丰子恺与家人团聚于重庆沙坪坝的“抗建式”小屋，久别重逢的十口人其乐融融，共享这份来之不易的团圆。次日清晨，他在回味前一晚的温馨团聚时，随意提笔，填下一首《贺新凉》。词的全文如下：

七载飘零久。喜巴山中秋客里，全家聚首。去日孩童皆长大，添得娇儿一口。都会奉觞进酒。今夜月明人尽望，但团圆骨肉几家有？天于我，相当厚。

故园焦土蹂躏后。幸联军痛饮黄龙，快到时候。来日盟机千万架，扫荡中原暴寇。便还我河山依旧。漫卷诗书归去也，问群儿恋此山城否？言未毕，齐摇手。

“七载飘零久。喜巴山中秋客里，全家聚首。”这句字里行间透露出他对和平的渴望和对家乡的深深眷恋。词作中，他畅想战后的团圆时光，仿佛已在心中看到家乡战火平息、生活重回正轨的景象。这首词作不仅表达了丰子恺对未来的美好期盼，更折射出他在客地心系故土的浓浓情愫。身处重庆的岁月里，丰子恺虽身心飘零，却始终没有停止创作。他的笔墨成了抵御苦闷的寄托，默默诉说着他对团圆生活的向往与对国家安定的渴望。

他以“天于我，相当厚”，表达对命运的感激。然而，这份喜悦之中隐约透出一丝清冷与怅然：在七年的战火中，多少家庭破碎、亲人离散？此时的团圆有多珍贵，这种情感也就有多深沉。这首词中既包含了丰子恺的庆幸，又隐含了他的惆怅；既有对未来的乐观畅想，也暗藏了对当下无奈的叹息。

尽管丰子恺自谦此词是“夸口狂言”，甚至称其不过是“酒后戏作”，但在动荡岁月中，这首词成为他坚守内心信念的寄托。这种在困境中对美好生活的向往，让他的文字在艰难岁月中散发出一种顽强的生命力，也成为他和家人一同走过艰苦岁月的精神支撑。

三、狂言成真壮山河

1945 年 8 月 15 日，抗战胜利的消息传来，丰子恺欣喜若狂。据他在《谢谢重庆》中的回忆，他不禁想起去年中秋所写的那首《贺新凉》：“来日盟机千万架，扫荡中原暴寇。便还我河山依旧。”曾在巴山之夜提笔写下的这些“夸口狂言”，如今竟然应验。这首词表达的不仅仅是他个人的喜悦，更是对民族胜利的欢庆，是对中国人民经历多年苦难之后取得胜利的礼赞。在这首词中，丰子恺展现出一种昂扬的生命力和对未来的乐观信念，尽管经历了战争的苦难，但他对胜利的渴望与对家乡的思念从未动摇。这首词中蕴含的感悟，正是那个时代许多人内心深处情感的真实写照。

抗战胜利后的几天里，丰子恺将此词多次书写，分送亲友，以示庆贺，仿佛要把这份喜悦传递到更多人的心中。他回忆道：“我高兴得很，三十四年八月十日后数天内，用宣纸写这首词，写了不少张，分送亲友，为胜利助喜。”[1] 一幅墨迹斑驳、气势豪放的词作被赠予好友吕凤子，成了南京师范大学博物馆收藏的珍贵一页。在这幅字中，不仅有词句的艺术美感，更凝结了作者对山河重归安宁的由衷感叹之情。

吕凤子

吕凤子（1886—1959），江苏丹阳人，“江苏画派”（“新金陵画派”）的先驱和缔造者之一。吕凤子 15 岁中秀才，师从李瑞清，曾在两江师范学堂图画手工科学习，毕业后曾任两江师范附属中学教师。他是中国近现代著名的画家和艺术教育家，为中国艺术教育体系的发展做出了重要贡献。吕凤子的艺术风格深受中国传统文化影响，同时又融入了现代艺术的元素，他的作品展现了传统与现代的融合。南京师范大学美术学院的前身是晚清李瑞清主持的两江师范学堂的图画手工科，这是中国美术教育史上首次开设的新型高等艺术学科。1928 年该科演化而成的国立中央大学教育学院艺术科，最初就是由吕凤子主持国画组教务。丰子恺与吕凤子的关系深厚，两人在艺术创作和教育理念上的交流，使他们在艺术的道路上相互激励、共同进步。

三、故土情怀寄心间

抗战期间，丰子恺一家在重庆避难，他对这座城市怀有深厚的感激之情。在艰苦岁月中，他不仅在艺术创作上达到了新的高度，还积极参与文化活动，传播抗战精神。然而，尽管重庆给了他安稳的生活，但他内心始终被一种乡愁和归属感所牵绊。抗战胜利后，丰子恺最终带着对重庆的深情、感谢与对故乡的热切思念，毅然踏上归乡之路。

1945 年，《子恺漫画全集》的出版标志着丰子恺艺术创作的一个高峰。他的漫画以生动的表现力和深刻的社会观察，赢得了广泛的赞誉。在这段时期，丰子恺不仅在艺术创作上取得了卓越成就，还在文化活动中发挥了积极作用，推动了抗战精神的传播。1945 年 8 月 18 日，抗战胜利后三天，他还创作了《胜利之夜》漫画。

重庆在他最艰难的时刻给予了庇护，使他和家人得以安稳生活，甚至“抗建式”小屋也见证了他在战乱中的努力和坚持。他在重庆结交了不少友人，也通过卖画维持生计，安然地度过了这段动荡岁月。重庆对丰子恺来说，不仅仅是一个避难所，还是一个他重新获得家庭幸福、重建生活希望的地方。

1946 年 4 月，丰子恺决定离开重庆，返回故乡。这并非因为他对这座山城心生厌倦，而是一种对故乡的深切情感、意气和趣味的驱动，使他在重庆已经生活稳定的情况下，依旧义无反顾地选择复员东归。在他的叙述中，重庆的山川之美、嘉陵江的水光山色、沙坪坝安逸的生活，都让他感到依依不舍，甚至

1 丰子恺 . 谢谢重庆［M］// 丰子恺散文全编（下册）. 浙江：浙江文艺出版社，1992：175.

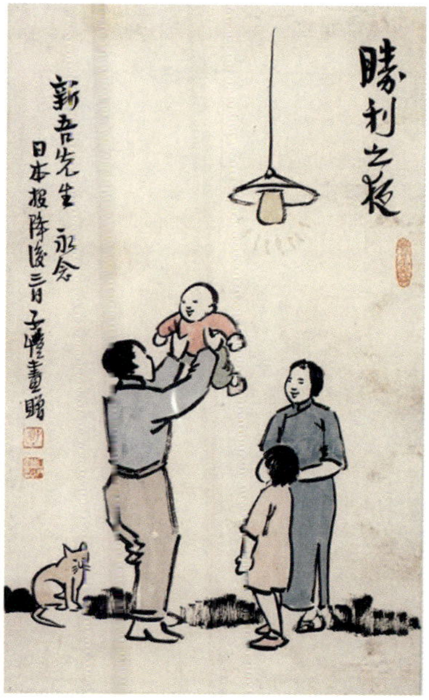

丰子恺《胜利之夜》

子女们也在重庆长大，并陆续成家立业。然而，在丰子恺心中，江南的故乡情结却始终未曾消散。在重庆的最后一个清和四月，他心中浮现的依旧是“六桥烟柳”的影像。这份深植于血液中的“怀乡病”是丰子恺毅然归去的重要原因。

他坦言，如果人生只是为了追求物质利益，那么他完全可以留在重庆，在这里，他应对经济问题也更加从容，然而正是“人生不仅为利”的信念，让他宁愿冒着种种不便、面对故园的焦土与困苦，也要返回故乡。他自嘲那首在重庆所作的词句里的“言未毕，齐摇手”只是“豪语”，毕竟这座山城见证了他和家人在最艰难时期的团聚与坚守。而在离去的最后时刻，站在凯旋路的小屋里俯瞰嘉陵江，他内心充满了对这座庇护之城的感恩之情，真诚地说道：“谢谢重庆！”

附：

丰子恺致吕凤子《贺新凉》诗稿

释文

七载飘零久。喜巴山中秋客里，全家聚首。去日孩童皆长大，添得娇儿一口。都会奉觞进酒。今夜月明人尽望，但团圆骨肉几家有？天于我，相当厚。

故园焦土蹂躏后。幸联军痛饮黄龙，快到时候。来日盟机千万架，扫荡中原暴寇。便还我河山依旧。漫卷诗书归去也，问群儿恋此山城否？言未毕，齐摇手。

贺新凉·卅三年中秋之夜于重庆沙坪小屋酒后戏作 卅四年胜利日书寄凤子先生哂正。

子恺

按语

抗战期间，丰子恺避居广西、重庆等地。1944 年中秋，在重庆的丰子恺酒兴大发，同家人一起举杯同饮，酒兴正酣时，诗兴忽起，欣然挥笔，填《贺新凉》一首。词中感叹七年来的漂泊生活，欣喜于全家团圆。他感慨儿女们的成长和新增的家庭成员，举杯畅饮，共享中秋月夜的美景。丰子恺回顾家乡被敌人蹂躏的痛苦，展望联军即将胜利驱逐敌寇，盼望光复河山，重归故里。词作表达了丰子恺对抗战胜利的期盼和对团圆生活的珍惜。此件为 1945 年 8 月 15 日抗日战争胜利日那天重新书写，寄给了吕凤子。

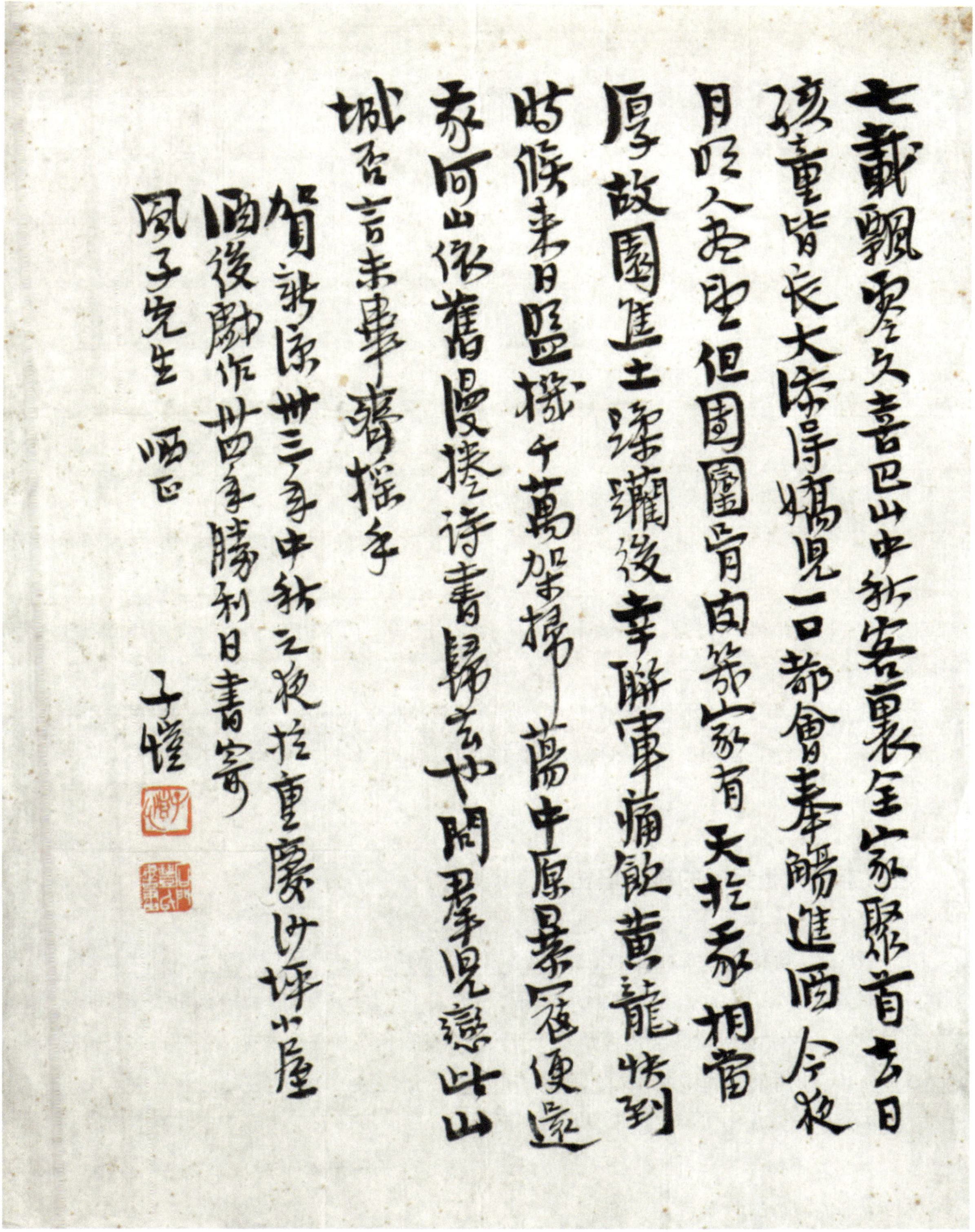
七載飄零久喜巴山中秋客裏全家聚首去日孩童皆長大添得嬌兒一口都會奉觴進酒今夜月明人盡望但團圓骨肉幾家有天於我相當厚故園焦土遭殘後幸聯軍痛飲黃龍快到時候來日盟機千萬架掃蕩中原暴寇便還我河山依舊漫捲詩書歸去也問群兒戀此山城否言未畢齊搖手

賀新涼 卅三年中秋之夜於重慶沙坪小屋酒後戲作 卅四年勝利日書寄

風子先生 哂正

子愷

异乡墨韵绘人生

张大千海外来信

宋健

张大千是与徐悲鸿、齐白石齐名的国画大师。徐、张两人年龄相仿，几乎同时名扬海内外，也都曾在南京师范大学美术学院的前身——中央大学艺术科任教。

徐悲鸿十分推崇张大千独具个性的创作，尤其喜爱张大千的山水、花鸟画。1936 年，张大千应徐悲鸿之邀，任中央大学艺术科中国画教授。1936 年，上海中华书局出版《张大千画集》，徐悲鸿作序，推誉“五百年来一大千”。

一、名家手稿：张大千的珍贵信札

南京师范大学博物馆馆藏的这封张大千致孙家勤的信写于 1964 年 3 月 21 日，背景是孙家勤拜师张大千并追随他到巴西学习和创作。孙家勤是军阀孙传芳之子，1963 年通过台静农和张目寒的引荐，拜师张大千，并于 1964 年追随张大千到巴西学习。张大千在信中说明他已经安排孙家勤在大屋山农场工作，月薪按照巴西政府规定的标准支付。信的结尾，张大千提到计划在月底前往德国。书信体现了张大千对孙家勤的关爱和指导，展现了中国艺术家在海外的生活，同时也展示了张大千独特的书法风格。张大千的书法被称为“大千体”，具有“峻拔一角，潜虚半股”的特点，线条有力，古朴浑厚，灵动自然，融合了多种传统书体的精髓。

张大千（1899—1983），四川内江人，原名正权，后改名爰，字季爰，号大千，是 20 世纪中国画坛最具传奇色彩的人物，绘画、书法、篆刻、诗词无所不通，被誉为“当今最负盛名之国画大师”。张大千创立的泼彩、泼墨使中国画技法跃上了一个新台阶。他与南京师范大学的渊源深厚，早年就学于两江师范学堂，师从曾熙、李瑞清等书画名家。1936 年春，中央大学校长罗家伦和艺术科主任徐悲鸿盛情邀请张大千担任中央大学艺术科教授。张大千性如闲云野鹤，转年即辞职专事创作。1953 年，张大千移居巴西，在圣保罗购地 150 亩，建中国式庄园——八德园，留居 17 年。这封信就写于张大千留居巴西之际。

二、师徒情深：张大千与孙家勤的艺术之旅

收信人孙家勤（1930—2010），祖籍山东泰安。其父孙传芳曾任浙、闽、苏、皖、赣五省联军总司令，与张作霖、吴佩孚并称为“北洋三大军阀”，人送外号“笑面虎”，号称“东南王”，是直系后期最具实力的大军阀。孙家勤母亲出身书香门第，曾任湖北宜昌女子学校校长，也是一个爱画画的大家闺秀。孙家勤早年就读于北平辅仁大学美术系，后毕业于台湾师范大学艺术系，师从黄君璧，尤擅人物、山水。

张大千与孙家勤

1963 年，旅居巴西的张大千赴台访友，孙家勤因得台静农、张目寒两位引荐，拜入张大千门下。1964 年，孙家勤辞去台湾师范大学的教职，追随张大千到巴西学习和创作。信中提到，张大千为孙家勤安排的工作之前已经发出聘书，挂寄在张目寒那里，恐怕孙家勤没有收到，所以再次写信确认。1969 年，张大千这样评价孙家勤：“孙生可谓能起八代之衰矣，晚得此才，吾门当大。”

张目寒（1902—1980）是孙家勤与张大千的介绍人。他曾是鲁迅的学生，于右任的幕僚，参加过北伐军，历任国民党中央执委、监察院议事科长、荐任专员等，后去台湾。张目寒虽为政界人士，却爱好绘画艺术，与张大千堪称至交。

张大千与张保罗

三、异国丹青：张大千的海外生活与艺术成就

信中提到的“保罗”即张大千的第三子张保罗（1931—2017），名约，字心一，亦名葆萝、葆罗，因张大千的二哥张善孖膝下无子，张大千于是将其过继给二哥，所以张大千称其为“侄”或“十二侄”。张保罗在 1951 年后一直随侍张大千，是张大千最得力的助手。

1971 年，这封信札涉及的三位主人公联名在圣保罗艺术博物馆

（Museu de Arte de São Paulo）举办“张大千与门人孙家勤、舍侄葆罗国画展览”，这是大千唯一一次与门人的师生联展。

虽然远隔重洋，但张大千仍然时时怀念着祖国。他根据葡萄牙语发音，把自己建造的中式庄园八德园所在的牟吉镇译名为“摩诘镇”，以致敬中国唐代诗人、文人造园家王维（字摩诘）。他在信中提到的大屋山也位于摩诘镇附近。1963 年重阳节，张大千创作山水画《大屋山登高》，此画虽以大屋山为题，却呈现出中国式的山水丘壑，展露着张大千的思乡之情。

此外，信中还提到张大千计划在 1964 年 4 月底前往德国举办画展。当年 5 月 4 日至 12 日，张大千应德国科隆的中国古董画廊店主德国人 Editha Leppich（中文名李必喜）邀请开办画展，轰动一时，得到了广泛的关注和支持。科隆市长破例参观了这一民间画展，并亲自在市政大厅设宴庆祝，随后用游艇陪同张大千游览莱茵河。这次画展不仅展示了张大千的艺术成就，也体现了他在国际艺术界的声誉。

张大千极力推动中华文化“走出去”，曾相继在法国、比利时、希腊、西班牙、瑞士、新加坡、泰国、德国、英国、巴西、美国等地举办画展，在世界画坛声名显赫，甚至被西方艺坛盛赞为“东方之笔”。无论去哪里，他总是一袭中国长衫、圆口布鞋，须发飘然，有时还戴着自制的“东坡帽”。他总是一手提着长衫，一手偶尔拂须，昂首漫步，以做一个中国人而自豪。在外国人的眼里，张大千是一个身着长袍、一派绅士风度的中国“美髯公”。这些画展也让西方艺术家和观众深切地感受到了东方艺术的巨大魅力，传承、传播和弘扬了中华民族的灿烂文化。

馆藏的这件信札不仅展现了张大千对弟子孙家勤的关爱，也反映了当时中国艺术家在海外的生活和工作状态，极具历史和文化价值。

张大千《大屋山登高》

张大千与毕加索 1956 年合影

附：

张大千致孙家勤信札

1 大屋山位于张大千巴西寓所圣保罗摩诘镇八德园附近。1963年张大千曾创作山水画《大屋山登高》。

2 张目寒（1902—1980），名贻良，字慕韩。初就读于北京世界语学校，为鲁迅的学生，曾把韦素园等“未名四杰”及作品介绍给鲁迅。

释文

家勤仁弟足下：

吾弟来巴，早令舍侄保罗具名聘请为其大屋山[1]农场助理人，月薪为巴西政府规定工资。此聘书已于上月二十四日航挂寄目寒叔[2]处。正怪久不见覆，今日忽得弟函并照，乃知尚未收到，如此际仍未寄到，请速来信，以便设法补办。爰下月底去德国，并闻。

三月廿一日，小兄爰顿首。

按语

这封信札是1964年3月21日由张大千写给孙家勤的。张大千在信中提到孙家勤来巴西的情况，并说明他已经安排孙家勤在大屋山农场工作，月薪按照巴西政府规定的标准支付。1963年，孙家勤通过台静农和张目寒的引荐，拜师张大千，并于1964年追随张大千到巴西学习和创作。此信即为此事。信的结尾提到张大千计划在下月底前往德国，是为将在科隆举办画展一事。

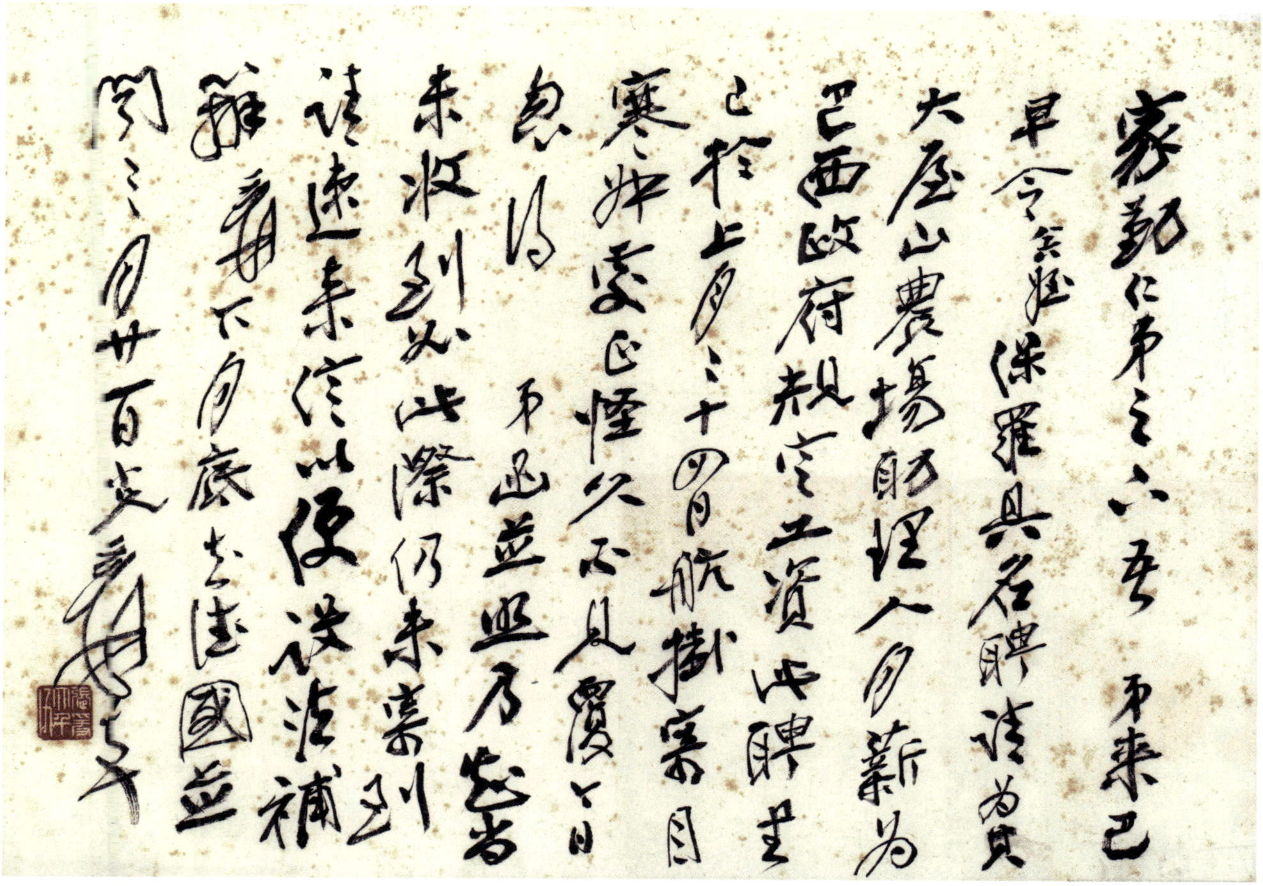

问道卢浮写春秋

吕斯百油画技法溯源

盛梅冰

1928年，经徐悲鸿的推荐，吕斯百获得了福建省的庚款留学名额，并于12月启程赴法国，1934年回国后任教于中央大学艺术科。吕斯百在法国度过了6年的学习时光。这段时间，他以过人的天赋和刻苦的努力研习欧洲油画之精华，除了广览博取公认名作的技法，他还有重点地选择一些个案深入研究。他在油画方面的学习和发展，可以参考常书鸿写于1944年的文章《怀念画家吕斯百》。刚到法国时，吕斯百和常书鸿都在里昂高等美术专科学校学习。1931年，吕斯百先行一步离开里昂前往巴黎，进入巴黎国立高等美术学校学习。[1] 当常书鸿一年后来到巴黎时，他看到了一个画风与里昂时期不同的吕斯百。在常书鸿的印象中，吕斯百“里昂时期”的绘画特点是诗意、抒情、柔和。里昂乃是象征主义画家夏凡纳（Puvis de Chavannes，1824—1898）的故乡。吕斯百潜心吸收了夏凡纳的精髓，提升了自己在构图等多方面的能力。他也模仿夏凡纳创作了柔情、优雅的作品《汲水者》。这幅画与夏凡纳的《海边少女》之间的联系是直接而明了的：姿态优雅的少女、简练概括的衣褶、倾斜的山势与大海的组合都非常相似。在对形体的处理上，吕斯百展示了平面概括的表现手法。他的用笔比较平缓，笔触含蓄，明暗过渡严格控制在固有色的范围之内。这幅作品显示出吕斯百创造性地吸收夏凡纳艺术风格的能力和才华。

当年吕斯百一到巴黎就沉浸在卢浮宫等各大博物馆中，他如饥似渴地吸收经典油画的养料。常书鸿说吕斯百开始喜欢 “凡罗纳司及哥根”的艺术，可能是指意大利文艺复兴时期的画家委罗内塞（Paolo Veronese，1528—1588）与法国后印象派画家高更（Paul Gauguin，1848—1903）。但是从吕斯百之后的

---

1 常书鸿．画家吕斯百［J］．美术教育，1985（5）．

油画作品中我们可以看出他的技法出现了很大的变化，常书鸿提到了吕斯百的静物《梨》带给他的冲击。作品以厚重的笔触累积起来，雄浑有力，“像一幅厚重的地毯……一笔一笔如踏在雪地上的脚步”，凹凸起伏感是十分明显的。使吕斯百的作品朝向厚涂笔触方向发展的原因可能来自多个方面，这种技法语言可以结合当时的情形加以分析。

吕斯百《汲水者》（里昂时期）

夏凡纳《海边少女》（1879）

首先，是他的老师的直接影响。1931 年，吕斯百进入巴黎国立高等美术学校学习，老师是安德烈·达望贝（André Devambez，1867—1944）。资料表明，他还进入了朱利安研究所，跟随皮埃尔·劳伦斯（Jean-Pierre Laurens，1875—1933）学习油画。

20 世纪的二三十年代，法国巴黎的美术教学机构有国立高等装饰艺术学校（École Nationale supérieure des Arts décoratifs）、巴黎国立高等美术学校（École Nationale Supérieure des Beaux-Arts）和朱利安研究

安德烈·达望贝《火盆旁的锡克兵》（1915）

安德烈·达望贝《鞋匠》（年代不详）

所（Académie Julian）等。国立高等装饰艺术学校当时不招收中国学生，而朱利安研究所是开放型的，[1]它既为打算进入巴黎高等美术学校的学生进行考试培训，也为一般的爱好者提供辅导，并且对女子开放。学院派画家保罗·劳伦斯（Jean-Paul Laurens，1838—1921）是巴黎国立高等美术学校的教授，善画历史、宗教题材。他的两个儿子阿尔伯特·劳伦斯（Paul Albert Laurens，1870—1934）、皮埃尔·劳伦斯都曾是朱利安研究所的教师。阿尔伯特·劳伦斯善于描绘美丽的女性裸体形象，趣味比较甜俗。李超主编《勇猛精进：中央大学艺术系的西画实践》中说吕斯百师从阿尔伯特·劳伦斯应该有误。皮埃尔·劳伦斯身边聚集了不少中国留学生，据初步统计，有方干民、颜文樑、唐一禾、周圭（方白）、吕斯百、常书鸿等人。[2]1928年，颜文樑就是经徐悲鸿的老师达仰（Dagnan-Bouveret，1852—1929）推荐进入皮埃尔·劳伦斯画室的。[3]

皮埃尔·劳伦斯《母亲像》（1902）

吕斯百在巴黎时期的两位老师安德烈·达望贝和皮埃尔·劳伦斯风格迥异。达望贝更喜欢用很厚的颜料来组织画面，笔触率性自由，且善于用中小型画幅来处理巨大场景，这客观上也加强了他作品豪放、粗犷的力度。皮埃尔·劳伦斯继承了他父亲的油画特点，用笔、用色都很谨慎、理性，色调柔和抒情，笔触衔接十分含蓄。在厚涂颜料作画方面，吕斯百可能更多的是受到安德烈·达望贝率直、粗放的画法的影响。

其次，是他1932年比利时之旅的收获。1932年暑期，吕斯百赴比利时参观学习，受到吴作人的接待。吴作人1930年10月考上了比利时布鲁塞尔皇家美术学院巴斯蒂安（Alfred Basstien）教授工作室高级班。巴斯蒂安常用颜色纯粹且厚重的方块笔触组织画面，形成坚实沉重的画面效果。他的这种绘画技巧对他的学生吴作人，特别是对后来的沙耆产生了很大的影响。沙耆在巴斯蒂安画室学习的时候，就用油画刀直接作画，颜料很厚，表现力极强。1932年前后，吴作人的人物画《坐思》、静物画《沙蒙鱼、柠檬》、风景画《风磨》也都画得很厚，甚至还用了油画刀直接将颜料堆砌到相应的部位。吕斯百在布鲁塞尔期间可能和吴作人一起作画、观摩巴斯蒂安的作品或者作画过程。

《读》可确定为吕斯百在巴黎时期的作品。这是一个将人体习作巧妙地转变成叙事性主题创作的优秀例子，它描绘了一个裸体人物正在灯光下阅读的情景。描绘人物所处的场景、巨大的书本和人物（特别是背部）所用的颜料是极其厚实的。吴作人在欧洲期间画的一幅躺着的女人体也用了比较强烈的光线，借此来探讨光与影作用于人体形成的起伏效果，即使是暗面也画得不薄。这两幅画在强烈的光影、率意

1 参见：庞薰琹.学画［J］.美术，1981（4）.

2 关红实.在20世纪中国美术教育情境中的吕斯百[D].南京：南京师范大学博士学位论文，2005：18-19.

3 林文霞.颜文梁［M］.上海：学林出版社，1996：169-170.

的挥写等方面是很接近的。

再次，是他对夏尔丹等前辈大师的学习和模仿。吕斯百的《读》让人想起夏尔丹（Jean-Baptiste Siméon Chardin，1699—1779）的《年轻的画图者》。两者的相似性体现在诸多方面，比如简练而封闭的背景（背景都被划分成一些几何块面的格局）、背朝观众的主体人物及其手中的书籍或纸张、粗糙厚重的肌理效果。吕斯百的《读》，由于大部分暗色的作用，显得光线更强，并聚集在书本之上。与伦勃朗等人的作品不同，吕斯百的阴影部位画得并不薄，是以和亮面相同的厚实笔触直接画出来的。这种直接性的画法在当时的旅欧年轻画家中是很普遍，不难想象，他们一时很难将油画制作的复杂技巧运用在写生之中，而宁愿选择一些即兴的、直接的方法。另外，他们尚没有能力去把握整个西方绘画史，只能根据当时的状况做出本能的选择。

夏尔丹《年轻的画图者》（约 1735）

吕斯百《读》（巴黎时期）

吕斯百《野兔》（巴黎时期）

夏尔丹《有死雉和狩猎袋的静物》（1760）

一些迹象表明，吕斯百的确是夏尔丹的崇拜者。1932 年春，吕斯百于巴黎春季沙龙展出两幅油画，分别是《野兔》和《水果》。其中，《野兔》描绘的是厨房的一角，一只死兔子垂挂着，边上有几个器物和葱、土豆之类的东西。画面颜色使用得很节制，物体的形体很结实，画家没有沉溺于琐碎的细节，画面也保持了一种相对均匀的厚度。这幅画与夏尔丹的厨房静物十分接近，从中不难看到他在有意识地学习这位 18 世纪的法国大师。《野兔》在展览中获得好评，也许是因为人们在浮躁的现代艺术氛围中看到了夏尔丹式的朴素与平静，这于学术研究而言是难能可贵的。

吕斯百《水果》（1932）

吕斯百回国之后，这些画在多个场合被公开展览。1935年10月13日南京《中央日报》上，徐悲鸿撰文《中国美术会第三次展览》，盛赞吕斯百的这种类型的作品“吕斯百君之静物，乃在巴黎春季沙龙上出过风头，简雅已极，虽夏尔棠（夏尔丹）何以加焉……’显然，徐悲鸿指的不是那幅《水果》。

人们注意到，《水果》一画中已经蕴含了一定的现代艺术因素。无论是水果轮廓的处理、衬布的摆放，还是对象形体的描绘（采用的是来自正前方的光线，从而在强调形体的同时避免了光线掠射而产生的纵深错觉效果），均体现出了对塞尚绘画的深刻领悟。然而在1935年的文章中，徐悲鸿对此画只字未提。而在1933年徐悲鸿赴欧洲举办画展的时候，他曾看到吕斯百正在进行现代艺术方面的尝试，画“敲扁的苹果”和“歪斜的杯子”，立即进行了批评。他说：“学习前人或别人的作品，要吸收对自己有用的部分。千万不要赶时髦，而误了自己的美好前程。”[1]1929年，徐悲鸿和徐志摩在如何看待印象派和野兽派绘画的问题上展开争论，史称“二徐之争”。当时吕斯百等人不在国内，而后来，徐悲鸿亲自将他那具有排他性的“写实主义”的观念灌输到身处巴黎、刚刚萌生新艺术追求的年轻人的脑海中。[2]

前文已经提到，颜文樑的老师也是皮埃尔·劳伦斯。虽然他没有与吕斯百一起学习过（颜文樑1928年到巴黎，1931年回国），但在油画实践中，他们可能有相似的经验。颜文樑回国后逐渐总结出“油画八法”，即“薄涂、薄贴、厚贴、揉腻、揩摩、扫掠、埋没、拍贴”，并应用于教学中。八法中，所谓“贴”，大概是指将颜料轻轻掠带在画布上，而不是用力涂抹。“揉腻”则是直接在画布上完成颜色的调配。“埋没”指色层的覆盖。显然，油画的基本技法是十分丰富的，当然也需要在实践中灵活地运用，不能是玩弄花样，刻意追求各种效果。

与颜文樑复杂多样的技巧相比，吕斯百的技巧比较单纯、朴实。颜文樑和吕斯百的画面都具有比较明显的肌理感，但颜文樑偏爱颜色的丰富变化及光线作用下的闪烁感，色点较多，层次之间的衬托、照应关系比较丰富，装饰性较强，这可能与他旅法之前的学习经历有关。但吕斯百不追求那些琐碎的变化，他喜欢用较为厚实凝重的笔触去经营空间、刻画形体。

总体上说，无论是旅法时期还是回国初期，吕斯百早期作品已呈现出一种相对朴素、简练的绘画风格，这既体现在他所选择的题材上，也反映在他的绘画技巧中。

---

1 郑理．笔下千骑——绘画大师徐悲鸿［M］．北京：人民文学出版社，1985：140.

2 20世纪30年代的巴黎美术界十分热闹。代表学院传统的主要是美术学校及官方的春季沙龙。而现代艺术运动开创者的作品主要在秋季沙龙、独立沙龙展出。春季沙龙给予《水果》以奖项，表明了学院艺术对此画的接纳。

1934 年吕斯百回到祖国，后任中央大学艺术科教授。回国之后，吕斯百展开了对身边各种事物的观察和描绘，同时又有意识地从中国画中汲取丰富的营养。当然，旅法时期的许多构图、空间因素仍然发挥作用。例如背景都是封闭的，颜色较暗，但写意的灵动感日趋明显。《鱼》代表着这一趋势中的最高成就。

1961 年，吕斯百在南京举办个展之际谈到《鱼》的创作："我曾作了一幅以鲶鱼为内容的静物画。由于色彩和手法比较单纯，又和一般的油画静物不同，盘中描写的鱼是活的，看起来有一点国画的笔墨趣……由于我曾见过齐白石所作的青蛙、松鼠、鲶鱼等作品，有深刻的印象，所以很自然地触动我的画兴。所谓意在笔先，是主要原因。其次是描写对象不是描而是活写"。[1]这段话中，他强调了借鉴了中国画家对活物即兴写生的新方法。与欧洲静物画家描绘各种静止不动的猎物不同，中国古代画家强调写真，重视对象的生命生动性。油画《鱼》共画了四条鱼，三条在盘中，一条在盘外。盘中的三条，一条仰翻，显露肚皮，另外两条则如同两条黑带聚集在一起；盘外的一条可能是刚刚跃出盘子，尚在扭动中，并状如一个弯曲的箭头"↑"。背景画得比较"涩"，与盘子中的鱼的"滑"形成对比。盘子和鱼的笔法运行是十分流畅而迅速的。三条鱼的背脊近乎黑色，但上边仍能分辨出一些明暗层次，并通过精练的高光凸显了它们黏糊糊的光滑质地。画家还在鱼的头部刮出了鱼须，加强了鱼的曲线形式。这是一个即兴而迅速的把握、描绘、表现过程，体现了画家深厚的艺术素养和形式敏感性。这幅画是写实与写意的结合，是再现与表现的结合，也是具象与抽象的结合，它向人们提示了一个中国静物油画发展的新领域，可惜在当时并没有引起多少回应。

1942 年 3 月 29 日，李长之和宗白华先生一同参观了吕斯百在重庆凤凰山的画室。后来，宗白华写了《凤凰山读画记》，李长之写了《吕斯百先生的画室》。在他们访问画室的时候，吕斯百还没有画《鱼》。

吕斯百《鱼》（1944）

马奈《柠檬》（1880）

1 见 1961 年 3 月 13 日的《新华日报》。

李长之在文章中提到了吕斯百的几幅静物画。阅读这些文字可以感觉到，这些画里面已经包含了《鱼》的某些迹象。有一幅《螃蟹》，描绘的是两只黄褐色的螃蟹，一只在盘内，一只在盘外。盘内那只的螯向着观众，而盘外的那只背对观众。《苦瓜与茄》中，盘内放着青茄，盘外有一紫茄。苦瓜与未成熟的番茄放在一边。[1]我们应该注意到的是，《鱼》中显露了马奈绘画的某些迹象。鱼、盘子的刻画尽显自由洒脱的笔法，这种自信与随意的运笔、刻画能力与马奈甚为接近。

吕斯百《过去的时代》（1936）

马奈的痕迹还体现在 1936 年的《过去的时代》中，这幅画里的黑色、白色、红色之间构成了十分精妙的形式组合关系。此画并非一件纯粹的写生习作，吕斯百赋予了它一个主题——“伤怀过去”，这种做法在他一生的创作中比较少见。画面中人物的神情伤感，一手持折扇，另一手搭在身后的沙发靠背上，这显然是精心设计的。马奈也屡屡采用类似的处理方法，画于 1868 年的《左拉像》为主体人物安排了静谧而拥挤的书房场景，书桌上散乱放置着书籍、杂物，墙壁上悬挂着绘画作品，人物身穿黑色的服装，与此相似的因素也都出现在了吕斯百的《过去的时代》之中。另外，《左拉像》中那本位于画面中心的大书还能让我们回想起吕斯百的《读》中那本大书的样子。

马奈《左拉像》（1868）

《过去的时代》画面景深很浅，墙壁上挂着一幅近代写意花鸟画，女子穿着近乎黑色的衣裙，靠在绣着金色龙纹的靠垫上。深色衣裙上面有浅色图案，衣襟嵌白色镶边，这些元素破除了大片黑色可能导致的沉闷感。黑色服装是马奈人物画中常见的，黑色块在与浅色块的总体配置中获得了极强的形式魅力。马奈的几幅重要作品（如《左拉像》《酒吧女招待》，数幅《莫里索像》）中，人物均穿黑色服装，特别是《酒吧女招待》中女子胸前的蕾丝边装饰与黑色衣裙形成了精巧的意趣。

如果说吕斯百的《过去的时代》运用了马奈的《左拉像》的场景及墙面布局，服饰的处理借鉴了《酒吧女招待》，那么女子的动态更可能参考了马奈 1879 年的《温室》中的少妇。《温室》中，坐在长椅上的女子一手搭在椅背上，这一动作以及手

1　李长之 . 吕斯百先生的画室［M］// 李长之文集（第 3 卷）. 石家庄：河北教育出版社，2006.

的形态，《过去的时代》里的女子的动作与之几乎一样；两幅画中女子面部的角度和入神、伤感的神态也大体相同。《温室》里女子的右手在《过去的时代》中被略微上移，手中的雨伞被换成了扇子，而女子手持折扇也是马奈以及诸多印象派画家常常描绘的母题。《过去的时代》里，人物右边的方形盒子及其旁边的饰品，有一种马奈作品中常见的风度。

马奈《温室》（局部）（1879）

回国后，吕斯百喜欢画花卉，常将花卉插于一个瓶子之中，以此组织构图。形式简练，笔法自如，这些特征与马奈的花卉作品也是十分一致的；吕斯百风景画中的点景人物所运用的“逸笔草草”的处理方式也类似于马奈。回国之后相当长的一段时间内甚为明显的“马奈痕迹”表明，吕斯百在巴黎期间一定对马奈的作品印象很深。马奈直接、洒脱的绘画手法的源头可以上溯到17世纪西班牙画家委拉斯开兹（Velazquez，1599—1660）。也许吕斯百注意到了这种联系，早在其1934年的习作《修道者》中，委拉斯开兹的因素就显露无遗。马奈对于传统的反叛精神也许更吸引吕斯百，将物体的明暗趋于平面化处理是马奈对委拉斯开兹的反叛。吕斯百在《汲水者》中的平面化特征或许正是在潜意识中继承了马奈的精神。

马奈《丁香和玫瑰》（1883）

吕斯百画于1942年的《莴苣、菜花和蚕豆》探究的是光线作用于形体、空气而产生的微妙效果和细节变化。他用单纯、朴素的笔致构建了一个封闭、稳定的空间，让这一空间被一束温暖的光线照亮，赋予菜花的凹凸起伏、篓子的藤条编织纹理和小豆子的颗粒以诗意情趣。如果将《莴苣、菜花和蚕豆》与《鱼》进行对比，再结合1947年的《野鸭》，可以看出《野鸭》具有的综合性。《鱼》是新颖的，而《莴苣、菜花和蚕豆》是传统的；《野鸭》选择了一条中间道路，它以俯瞰的角度，保留了画面布局的抽象形式要素，例如白色团块中较为细碎的黑色线条和块面的穿插关系。同时，作者还强调了形体的厚实与空间的深度，这在《鱼》中是不明显的。那块衬垫野鸭的布上的褶皱明显受到马奈笔法的影响，微妙的层次以明确的块面分割，黑、白之间的对

吕斯百《修道者》（1934）

吕斯百《大理花》（1955）

比关系突显了画面主题。总体上说，这幅作品在抽象性、节制的颜色和空间、细节刻画及笔法节律等方面与马奈的《鳗鱼和红鲻鱼》有很大的相似性。

由于抗战，物资紧缺，在重庆期间，吕斯百的绘画材料十分匮乏。[1]即便艺术家打算尝试厚涂、反复覆盖等各种技法，也不得不在材料不全的情况下选择放弃。1938 年的《四川农民》、1942 年的《庭院》以及同时期的许多作品中，我们看到的是厚稠度不高的颜料相对均匀的铺设，画家几乎也是用一次性画法来画完作品，反复改动的并不多。根据艾中信先生的回忆，《四川农民》是在一个早晨用了一个多小时写生得来的，画在自制的油画布上。背景是江北的山和一抹翠绿的嘉陵江。[2]这幅画的背景的处理，也许与画家舍不得浪费描绘人物时所用的一些颜料有关，外衣、内衫、头巾上的颜色反复在背景中出现。如果解释得通，这也可以看作是一种积极、乐观而实际的态度的体现。[3]

抗战期间和抗战之后，在重庆、南京、北平形成了一个以徐悲鸿为中心的写实画家群落，开始以它的美学原则、创作模式左右着中国油画的发展，吴作人、吕斯百、冯法祀、孙宗慰、艾中信、秦宣夫等人均属于这一群落成员。[4]后来徐悲鸿带着一班人马北上，吕斯百带领部分师生返归位于南京的中央大学。地域上的距离也加深了吕斯百与徐悲鸿的体系之间的间隔，吕斯百逐渐成为处于徐悲鸿与林风眠二元对立中的边缘化画家，他很少像北京画家群那样处理“宏大”题材，[5]而是在对“纯艺术”的追求中完善自身。

1　常书鸿的文章《画家吕斯百》特别提及了这一点。

2　艾中信 . 回忆吕斯百先生［J］. 美术，1989（6）.

3　秦宣夫说：“我觉得吕先生的作品中最难得的一点是有统一的风格，而他的风格中最特别的地方是美的鉴别力之纯正和一种乐观的，温暖的，宁静的，中节的，诗的情趣，二者皆非力学而能的。”见秦宣夫 . 吕斯百先生的艺术［N］. 中央日报（重庆）. 1944-4-15.

4　刘新 . 中国油画百年图史（1840—1949）［M］. 南宁：广西美术出版社，1996：106.

5　1946 年，吕斯百、秦宣夫等人的《美术节为艺术教育献言》随文发表了他的一幅《俘虏》。1957 年的《瓦子街战役》是他与多位画家合作的为庆祝中国人民解放军建军 30 周年的巨幅作品。

吕斯百《野鸭》（1947）

马奈《鳗鱼和红鲻鱼》（1864）

艾中信评价说，吕斯百的画是诗意的、率真淡泊的。[1]

吕斯百《四川农民》（1938）

吕斯百在新中国时期的风景作品延续了《庭院》的朴素描绘，同时，画面空间越来越通透，色彩越来越温暖，外光感越来越强烈。在甘肃工作期间，他利用闲暇写生了不少风景。《兰州握桥》的观看角度与《庭院》类似，是略带侧面的，具有一定仰视效果。在总体铺陈色面的基础上，以绵软、短小而紧凑的笔触来塑造屋宇、桥廊、石块和点缀性的人物，充分表现了沙地的炙热感和高原地区的强光效果。吕斯百曾风趣地拿人体与人物的关系来比喻西北地区的山："画好西北的山就能画好别处的山，因为西北的山是裸体的山。"他以这样具有研究性的方式去描绘黄土高原的苍凉风景，赋予这片土地以土黄基调上的光色魅力。1956 年的《陕北山道中》，1957 年的《延安冬日》《敦煌莫高窟》中，这一带植被较少的土地仿佛以前他静物中的衬布，它们的起伏、褶皱和走向，被他用毫不卖弄的笔触描绘出来，这一过程仿佛是一个触摸的过程。在厚度比较一致的颜料层中，沉淀着丰富而复杂的内心情感。

1956 年的《宜川初雪》是一幅值得一提的重要作品，它描绘了透过一个拱形门所看到的北方街巷的雪景。门洞及周围的墙面形成了一个画中框架，左边的深色块打破了对称布局；在门洞所规定的空间之内，一条条用来暗示门窗的垂直色块和暗示屋顶、街道的水平横置的白色色块形成鲜明的对比关系，两者之间又通过点景人物（包括雨伞）的碎小色块加以补充和调适，构建了富有抽象意味的形式效果（这也让

1　艾中信 . 油画风采谈［J］. 美术，1962（2）.

吕斯百《宜川初雪》（1956）

人联想到维亚尔的艺术风格）。这是吕斯百为数不多的对平面性构成形式的探索。不过，在主流意识的干扰之下，他在此方面没有进一步深入，而是将自己在绘画形式方面的敏感悄然纳入写生过程中。

1960 年第 Z4 期的《美术》发表了吕斯百的文章《江苏省油画创作取得的新成就》，文中提到了一些“缺点”，也可以看作是他对美术界面临的新问题的思考：“作品的内容还不够广阔丰富，人物形象的塑造，在精神面貌的刻划（画）上，有的还显得粗糙而乏说服力。有些工农形象失之于概念和一般化，往往在这幅画里见到的形象，仿佛在别的画幅里又出现。甚至有些画幅忽视了形象的刻划（画）。此外，有些观众批评了那种追求光线的效果，而把脸部画成黑黑的作（做）法，这也是值得考虑的。”如果我们回想起吕斯百早期的作品《读》（这幅画便是把阴影区域画得比较暗，以获得强光效果），不难发现，此时他已经在审视自身的专业探索和普及大众绘画审美之间的调和关系问题了。我们从南京师范大学博物馆所藏吕斯百和上海美术出版社的来往信件中得知他对其作品的出版极为严谨，因为出版物是面对大众的，是其作品面向更广泛的欣赏者的重要途径，我们现在从信札中仍然能感受到承载吕先生个人情感的一笔一画，仿佛是他挥毫作画的笔法。这和当下电脑手机的字库笔画相比多了人性的温度。

早在 1940 年代，宗白华就已经感受到，吕斯百的画并非一见就令人刺激兴奋的类型，而是如他的为人和性格一般，“静”“柔”。“静故能深，柔故能和。”[1] 在时事波澜起伏的年代，他的画中蛰藏着朴实、宁静和优雅的美。

（作者：盛梅冰，南京师范大学美术学院教授，博士生导师。原题为《吕斯百油画技法溯源》，载《艺术百家》2014 年第 6 期）

1 宗白华 . 凤凰山读画记 [N]. 时事新报 · 学灯，1944-4-24.

吕斯百

附：

吕斯百与上海人民美术出版社往还信函[1]

释文

1958.4.5

美编室同志：

来信（编美 58 9517）收到了，可是这次仍未将目录附入，可能是否通过两个人的手缘故，下次便将目录寄我即可。

序言尚未写，最好等目录来，我亦考虑请别人给我写，也要先看目录，才可见内容。无论自己或请别人写，总要稍迟一下，可以吗？因为现在实在整改，忙不过来。此致

敬礼

吕斯百

覆编美 58 9230

美术编辑室同志：

来信收到，画箱已寄到甚慰！关于小木箱中缺画一幅，经查是漏装了。原因是第一次装好后，木箱木料收缩起缝，乃临时要木匠来收拾，致重装时遗漏了一张，非常抱歉！原编号是十二号无误，该画系在巴黎所作，不印亦罢了。

我希望对我的画如何安排，内容是否要补充？都提出意见。谢谢，此致

敬礼

吕斯百

四月廿四日

美术编辑室负责同志：

拙作“天竹”和“苏州河云”二幅，谅制版工作早已完成，未知能见惠打样否？又原作如用完，拟乞早日寄回为盼。专此

敬致

敬礼

吕斯百

1962.10.28

尚有黄海之滨画件，请用完后，亦乞一并寄回南京江苏美协为盼。

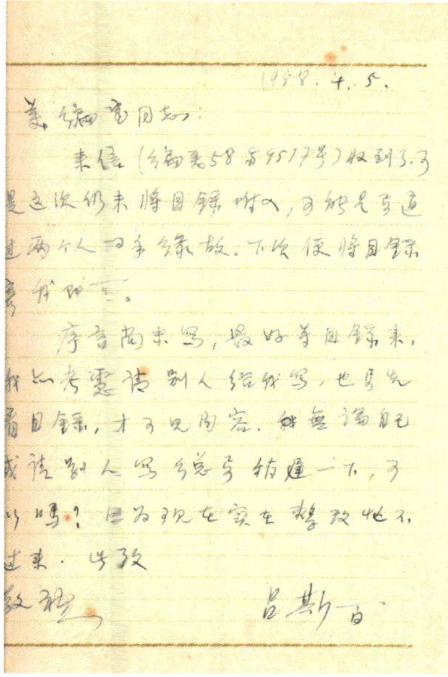

1958.4.5.

美编室同志：

来信（编美58第9517号）收到了。可是这次仍未将目录附入，可能是寄这两个人的手续故。下次便将目录寄我阅一下。

序言尚未写，最好等目录来，我也考虑请别人给我写，也要先看目录，才可见内容。然无论自己或请别人写，总要待过一下，可以吗？因为现在实在整理不过来。此致

敬礼

吕斯百

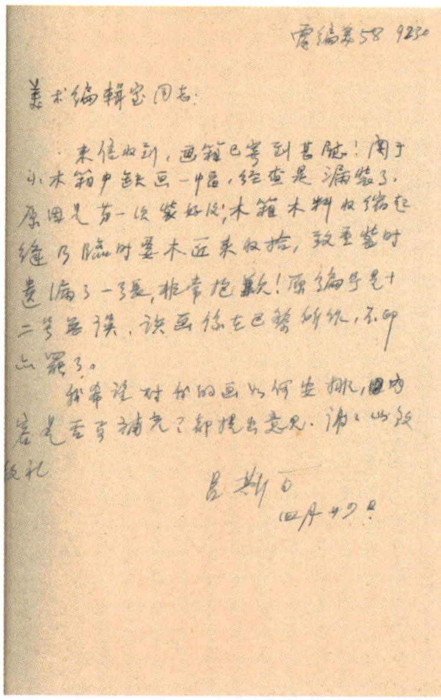

沪编美58 9230

美术编辑室同志：

来信收到，画箱已寄到甚慰！关于小木箱中缺画一幅，经查是漏装了。原因是第一次装好后，木箱木料收缩，后临时要木匠来收拾，致重装时遗漏了一张，非常抱歉！原编号是十二号晨读，该画保存已整修好，不日[illegible]罢了。

我希望对我的画作何安排，内容是否可补充？都提出意见。谢谢。此致

敬礼

吕斯百

四月廿七日

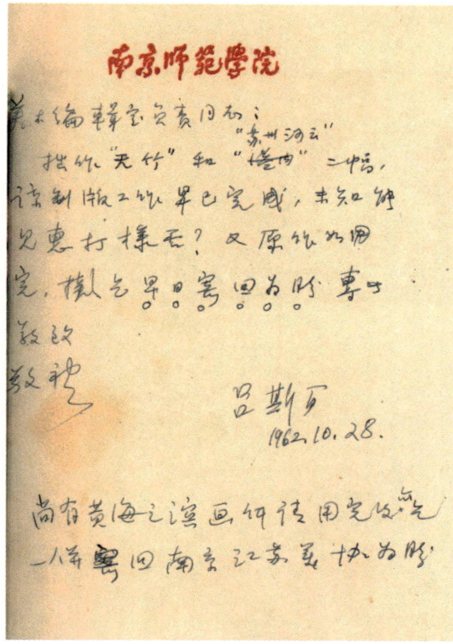

南京师范学院

美术编辑室负责同志：

拙作"天竹"和"苏州河云"二幅，该制版工作早已完成，未知能见惠打样否？又原作如用完，请先寄回为盼。专此

敬致

敬礼

吕斯百

1962.10.28.

尚有黄海之滨画作请用完后亦先一并寄回南京江苏美协为盼

按语

这组言函记录了在1958至1962年间吕斯百与上海人民美术出版社之间关于画作出版事宜的沟通，见证了新中国成立初期中国艺术出版的具体运作过程及学者艺术家的日常生活点滴。信函的时间分布大致可以分为三个阶段：1958年、1959年和1962年，其中1959年为通信频繁期。

1958年，吕斯百为苏联社会主义国家造型艺术展提交作品，要求出版社加急制版并寄送北京。1959年，双方在《吕斯百画集》的编印过程中多次书信往返，涉及作品筛选、出版形式和前言撰写等细节。最终，出版社选取20幅画作成集，成为吕斯百生前唯一的个人画集。1962年，吕斯百应邀为《江苏油画小辑》投稿，其中《天竹》和《南京三岔河》成功入选。这批信函不仅展示了出版合作过程，也提供了20世纪中期艺术家与出版社之间的人际交流片段。

先生之風

教育方家遗墨

孙家鼐[1]感谢贺寿信札

1　孙家鼐（1827—1909），字燮臣，号蛰生、容卿、澹静老人，安徽寿州（今淮南寿县）人。清代政治家，清咸丰九年（1859）状元，与翁同龢同为光绪帝师。累迁内阁学士，历任工部侍郎，署工部，礼部、户部、吏部、刑部尚书。1898年7月3日以吏部尚书、协办大学士受命为京师大学堂（今北京大学）首任管理学务大臣，1900年后任文渊阁大学士、学务大臣等，卒后谥曰“文正”。

2　出自《穀梁传·僖公二年》：“璧则犹是也，而马齿加长矣。”晋国灭掉了虞国，夺回了之前赠送出去的骏马和美玉。玉还是原来的玉，但骏马多长了几颗牙齿。后用以比喻自己年岁白白地增加了，学业或事业却没有什么成就。

3　古代风俗尚武，家中生男，则于门左挂弓一张，后因此称生男为悬弧。语本《礼记·内则》：“子生，男子设弧于门左，女子设帨于门右。”信中指男儿建功立业的志向。

释文

四月清和雨阳，时若恭维，德孚黎庶，年谷顺成，至慰至颂。弟驹光虚掷，马齿频增[2]，曾无建树之劳，有负悬弧之志。[3]前月贱辰，辱承奖饰，只益怀惭，肃复申谢，恭请升安，敬璧芳版。

愚弟孙家鼐顿首。

按语

这封信写于四月，作者孙家鼐自称愚弟，以谦辞表达对收信人的敬意。信中描述了时令美好、生活安定的境况，并表达了对自己虚度光阴、无所作为的遗憾。作者提及上个月生日时受到收信人的奖赏，心怀惭愧，特此致谢并祝愿对方安康。信的整体语气恭敬，充满对收信人的尊敬和感激之情。

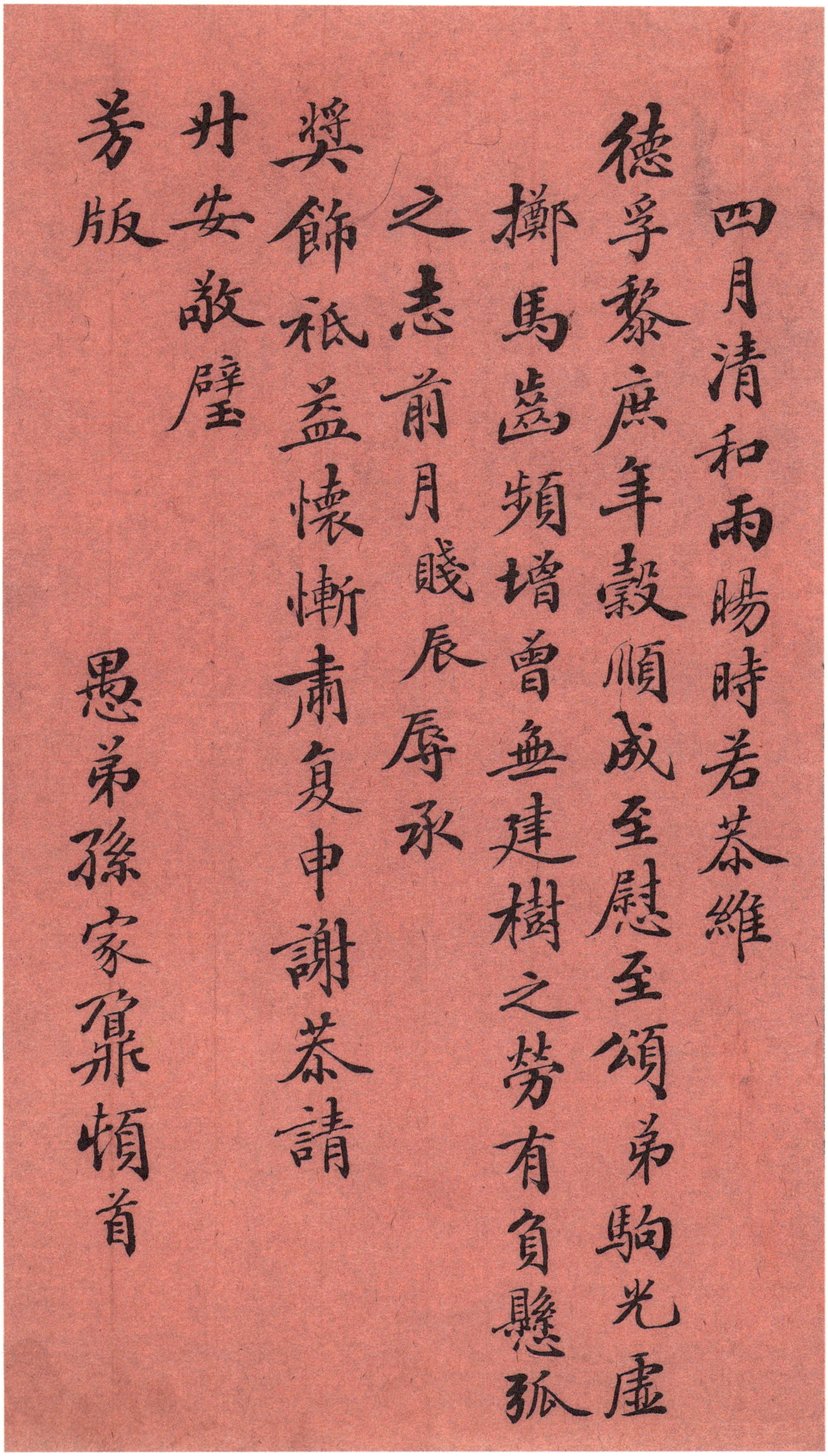

四月清和雨暘時若恭維
德孚黎庶年穀順成至慰至頌弟駒光虛
擲馬齒頻增曾無建樹之勞有負懸弧
之志前月賤辰辱承
獎飾祇益懷慚肅复申謝恭請
廾安敬璧
芳版
愚弟孫家鼐頓首

陈三立[1]致梁鼎芬[2]信札

1 陈三立（1853—1937），字伯严，室名散原精舍，故号散原，江西义宁（今修水）人，陈宝箴之子、陈寅恪之父。近代同光体诗派代表人物，1904年奉两江总督端方之命，与缪荃孙、方履中共同整顿三江师范学堂课程，任总稽查。

2 梁鼎芬（1859—1919），晚清文学家、藏书家、诗人，广东广州府番禺县（今广州市）人。曾任两广总督张之洞幕宾，中法战争时因弹劾李鸿章官职被降五级。由张之洞所荐，任丰湖书院院长、岳州书院院长。后任汉阳知府，调武昌府，累迁湖北按察使，署布政使等职，后任末代皇帝爱新觉罗·溥仪的老师。

3 李鸿章（1823—1901）中国晚清时期政治家、外交家、军事将领，世人多称“李中堂”，洋务运动的主要领导人之一。

4 张之洞（1837—1909），字孝达，晚年自号抱冰老人，原籍直隶南皮，中国晚清重臣，后期洋务派代表人物。他与曾国藩、李鸿章、左宗棠并称“晚清中兴四大名臣”。

5 恽祖翼（1837—1900），江苏湖阳（今江苏常州）人，同治三年举人，历官知县道员至浙江布政使、巡抚。义和团运动时，参加“东南互保”，上疏请整顿军营积弊，得准推行于各省。

6 梁鼎芬三弟梁鼎蕃，一名实，字衍若，又字叔衍。

释文

今兄函阅讫，以昨覆验之，必尚未行。可骇者言李[3]又劾南皮[4]也。昨恽菘老[5]过我，言之。复颂衍若三弟[6]，即安。三立顿首。

梁三老爷

按语

陈三立在信中提到已经读完梁鼎芬的来信，并用昨天的电报确认事情尚未执行。听说李鸿章又弹劾了张之洞，他感到十分震惊。他还提到昨天恽菘老拜访了他，讨论了此事。最后，陈三立祝愿梁鼎芬三弟梁鼎蕃平安，并表达了敬意。

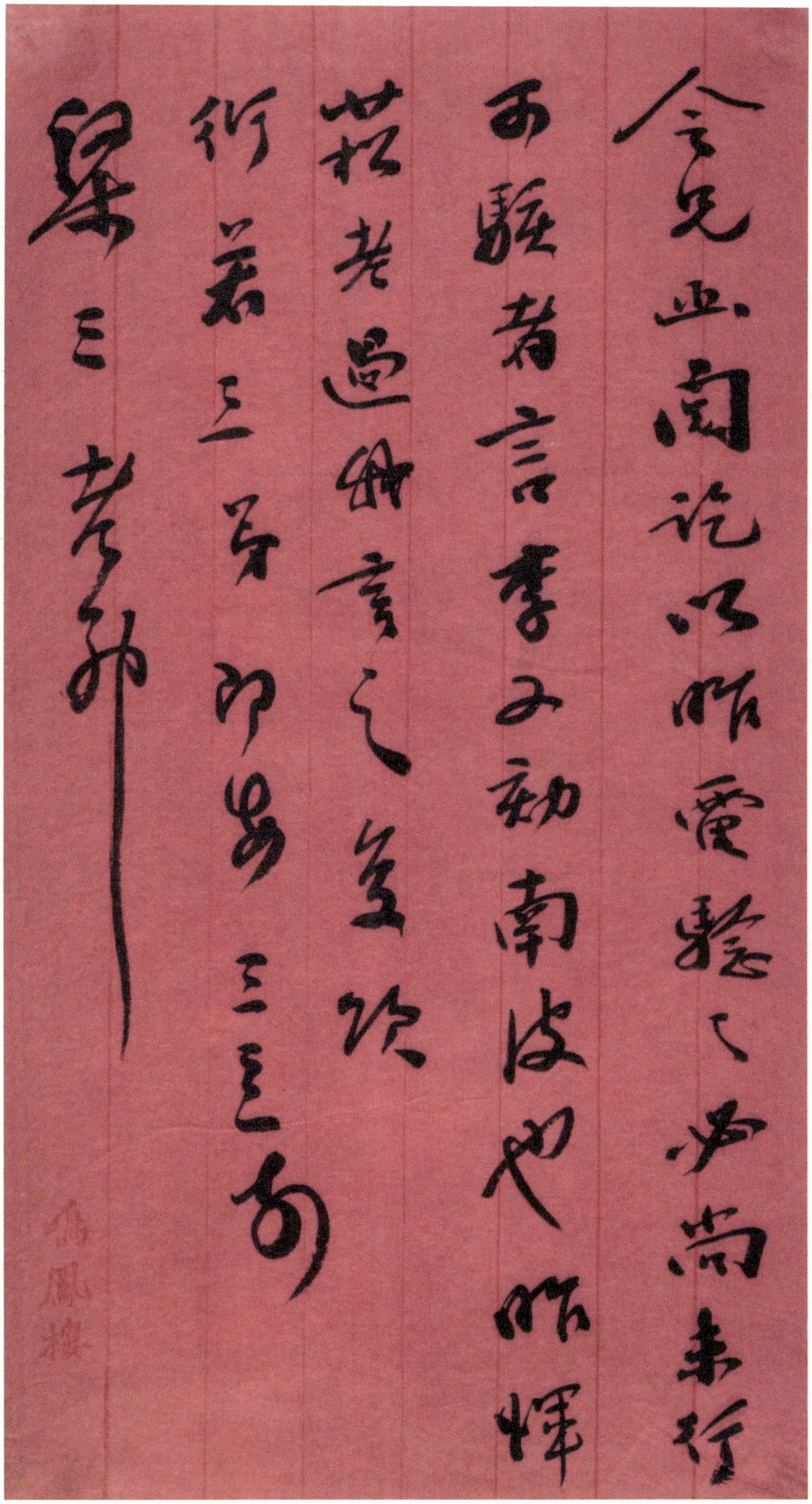

唐文治[1]致于荫霖[2]信札

1　唐文治（1865—1954），字颖侯，号蔚芝，晚号茹经，江苏太仓人，著名教育家、工学先驱、国学大师，曾任上海高等实业学堂监督、邮传部高等商船学堂（大连海事大学、上海海事大学前身）监督，创办私立无锡中学和无锡国专。1901年冬，总理衙门改为外务部，唐文治任外务部榷算司主事，管理通商、关税等事务。

2　于荫霖（1838—1904），字次棠，又字樾亭，原籍山东潍县（今山东潍坊寒亭），吉林伯都讷厅（今吉林扶余）人。咸丰进士，授编修，历官湖北荆宜施道，广东按察使，安徽布政使，湖北、河南巡抚。

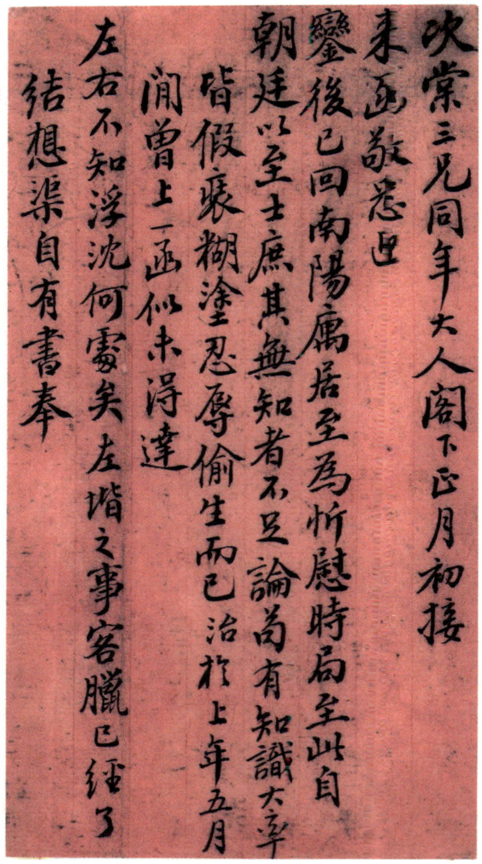

次棠三兄同年大人阁下：正月初接
来函敬悉。迴
鑾後已回南陽廬居，至爲忻慰。時局至此，自
朝廷以至士庶，其無知者不足論，苟有知識，大率
皆假痴糊塗，忍辱偷生而已。治於上年五月
間曾上一函，似未得達
左右，不知浮沈何處矣。左堦之事，客臘已經了
結，想渠自有書奉

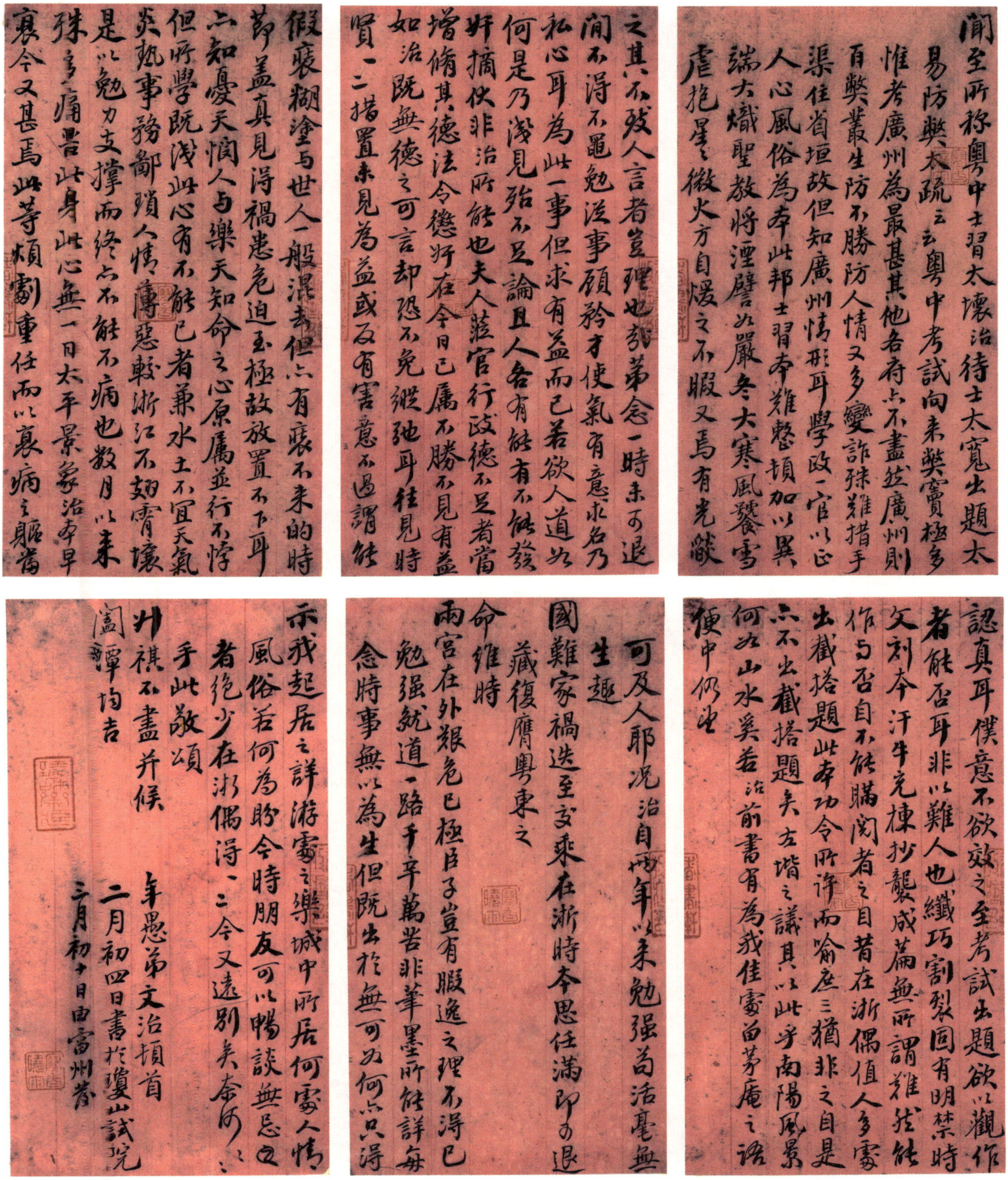

聞至所稱粵中士習太壞治待士太寬出題太易防弊太疏云云粵中考試向來弊竇極多惟考廣州為最甚其他各府亦不盡然廣州則百弊叢生防不勝防人情又多變詐殊難措手渠住省垣故但知廣州情形耳學政一官以正人心風俗為本此邦士習本難整頓加以異端大熾聖教將湮譬如嚴冬大寒風饕雪虐抱星星微火方自煖之不暇又焉有光燄之其不成人言者豈理也哉弟念一時未可退聞不得不黽勉從事頗矜才使氣有意求名乃私心耳為此一事但求有益而已若欲人道以何是乃淺見殆不足論且人各有能有不能發奸摘伏非治所能也夫人蒞官行政德不足者當增脩其德法令懲奸在今日已屬不勝不見有益如治既無德之可言却恐不免縱弛耳往見時賢一二措置未見為益或反有害意不過謂能裝糊塗與世人一般混去但亦有裝不來的時節蓋真見得禍患危迫至極故放置不下耳亦知憂天憫人與樂天知命之心原屬並行不悖但所學既淺此心有不能已者兼水土不宜天氣炎熱事務鞅掌人情澆惡較浙江不翅霄壤是以勉力支撐而終亦不能不病也數月以來殊多痛苦此身此心無一日太平景象治本早衰今又甚焉此等煩劇重任而以衰病之軀當認真耳僕意不欲效之至考試出題欲以觀作者能否耳非以難人也纖巧割裂固有明禁時文剿本汗牛充棟抄襲成篇無所謂難能作與否自不能瞞閱者之目昔在浙偶值人多處出截搭題此本功令所許而俞庶三猶非之自是亦不出截搭題矣左皆之議其以此乎南陽風景何以山水吳若治前書有為我佳處留茅庵之語便中仍望

可及人耶況治自兩年以來勉強苟活毫無生趣

國難家禍迭至沓來在浙時本思任滿即可退藏復膺粵東之

命維時

兩宮在外艱危已極臣子豈有暇逸之理不得已勉強就道一路千辛萬苦非筆墨所能詳每念時事無以為生但既出於無可如何亦只得

示我起居之詳游處之樂城中所居何處人情風俗若何為聆今時朋友可以暢談無忌之者絕少在浙偶得一二今又遠別矣奈何奈何

手此敬頌

升祺不盡并候

闔潭均吉

年愚弟文治頓首

二月初四日書於瓊山試院

三月初十日由雷州發

1 光绪二十七年（1901），八国联军进京，慈禧太后与光绪皇帝逃出北京，前往西安，在返回北京时路过河南。于荫霖此时为河南巡抚，九月十七日他在河南府行宫被慈禧与光绪召见，是为迎接銮驾。

2 光绪二十八年（1902），欲调往湖北，遂改为广西。廷议："荫霖不善外交，复候旨开缺，假居南阳。"于荫霖假居南阳后，便离开仕途，专事著述。

释文

次棠三兄同年大人阁下：

正月初接来函，敬悉迎銮[1]后已回南阳寓居[2]，至为忻慰，时局至此，自朝廷以至士庶，其无知者不足论。苟有知识大率皆假装糊涂，忍辱偷生而已。治于上年五月间曾上一函，似未得达。左右不知浮沈何处矣。左阶之事，客腊已经了结，想渠自有书奉闻，至所称粤中士习太坏，治待士太宽，出题太易，防弊太疏云云。粤中考试向来弊窦极多，惟考广州为最甚。其他各府亦不尽然，广州则百弊丛生，防不胜防，人情又多变诈，殊难措手。渠住省垣故，但知广州情形耳。学政一官，以正人心风俗为本，此邦士习，本难整顿，加以异端大炽，圣教将湮，譬如严冬大寒，风饕雪虐，抱星星微火，方自暖之。不暇又焉有光焰之，其不致人言者，岂理也哉。第念一时未可退闲，不得不黾勉从事，顾矜才使气，有意求名，乃私心耳。为此一事，但求有益而已。若欲人道如何，是乃浅见，殆不足论，且人各有能有不能，发奸擿伏，非治所能也。夫人莅官行政，德不足者，当增修其德，法令惩奸，在今日已属不胜，不见有益。如治既无德之可言却恐不免纵驰耳。往见时贤一二，措置未见为益，或反有害意，不过谓能假装糊涂，与世人一般混去，但亦有装不来的时节，岂真见得祸患危迫至极，故放置不下耳。亦知忧天悯人，与乐天知命之心原属并行不悖，但所学既浅，此心有不能已者，兼水土不宜，天气炎热，事务鄙琐，人情薄恶，较浙江不翅霄壤，是以勉力支撑，而终亦不能不病也。数月以来，殊多痛苦，此身此心，无一日太平景象。治本早衰，今又甚焉。此等烦剧重任，而以衰病之躯，当可及人耶。况治自两年以来，勉强苟活，毫无生趣，国难家祸迭至交乘。在浙时本思任满即可退藏，复膺粤东之命，维时两宫在外，艰危已极。臣子岂有暇逸之理？

不得已勉强就道，一路千辛万苦，非笔墨所能详。每念时事，无以为生，但既出于无可如何，亦只得认真耳。仆意不欲效之，至考试出题欲以观作者能否耳，非以难人也。纤巧割裂，固有明禁，时文刻本汗牛充栋，抄袭成篇，无所谓难，然能作与否，自不能瞒阅者之目。昔在浙，偶值人多处，出截搭题，此本功令所许，而喻庶三犹非之，自是亦不出截搭题矣。左阶之议，其以此乎。南阳风景何如，山水奚若。治前书有为我佳处，留茅庵之语，便中仍望示我起居之详，游处之乐，城中所居何处，人情风俗若何。为盼。今时朋友可以畅谈无忌者绝少，在浙偶得一二，今又远别矣，奈何奈何。手此，敬颂升祺，不尽并候，阖潭均吉。

年愚弟文治顿首，二月初四日书于琼山试院，三月初十日由雷州发。

按语

这封信写于 1902 年。唐文治在信中表达了对当前时局的感慨和无奈，指出社会上有知识的人往往装糊涂、忍辱偷生。唐文治提到自己在广东担任学政期间，对诸多困难和不如意的情况感到力不从心。广州考试作弊风气盛行，他感到防弊困难且压力巨大。同时，他自述两年来身体状况恶化，因事务繁杂、天气炎热、人情冷漠，身心皆疲。唐文治在信中对友人于荫霖表达了深切的关心和思念，询问他在南阳的生活情况，并提到自己在浙江偶有一两位可以畅谈的朋友，如今却远别，非常惆怅。

黄炎培[1]致钟晚成[2]信札

1　黄炎培（1878—1965），号楚南，字任之，笔名抱一，中国近现代爱国教育家，社会活动家，中国职业教育的发起人。1922年后参与筹办南京高等师范学校、河海工程专门学校（现河海大学）、国立东南大学、上海商科大学（现上海财经大学）、厦门大学等高校。

2　钟器（1888—1939），字晚成，室名晚成庐，篆刻家、书画家，曾任职民国交通部，精诗文、写作，喜集邮，是20世纪三四十年代活跃在京津地区的著名学者、书画家、篆刻家，与黄炎培、丰子恺、胡适、齐白石等均有联系。

3　王志莘（1896—1957），原名允令，上海人，金融家、教育家。1951年5月，任公私合营银行常务董事兼总管理处第一副主任；1954年6月，当选为第一届全国人民代表大会代表；同年11月，任中国银行常务董事；1955年4月，任中国民主建国会中央委员。

释文

晚成兄：顷奉十三号书，人奉一册，即已加函转寄王志莘[3]兄。印度之游即与王君同行也，题笺重写寄上，望察收。弟在此约尚有两旬耽阁，或者尚须赴奉天、朝鲜一行，即为弟新计画之开幕式。兄以未能远游为憾，然多读书亦足以代之。兄近读何书，甚愿彼此时以读书共勉，互证所得，真朋友切磋之乐也。弟近读英文《林肯传》（惜英文程度太浅，生字多，甚觉费力）。下午习日语，为从事调查之预备。手复，敬颂道安。

弟炎培上　十六、八、十五　附题笺纸

按语

此信写于1927年，信中黄炎培提到钟晚成的来信和书籍，已转寄给王志莘。黄炎培提及他与王志莘同行前往印度的计划，并说明自己可能会耽搁两周，随后可能赴奉天和朝鲜。信中鼓励钟晚成以读书代替远游，并分享了自己近期阅读《林肯传》和学习日语的情况，表达了共同学习与切磋的愿望。

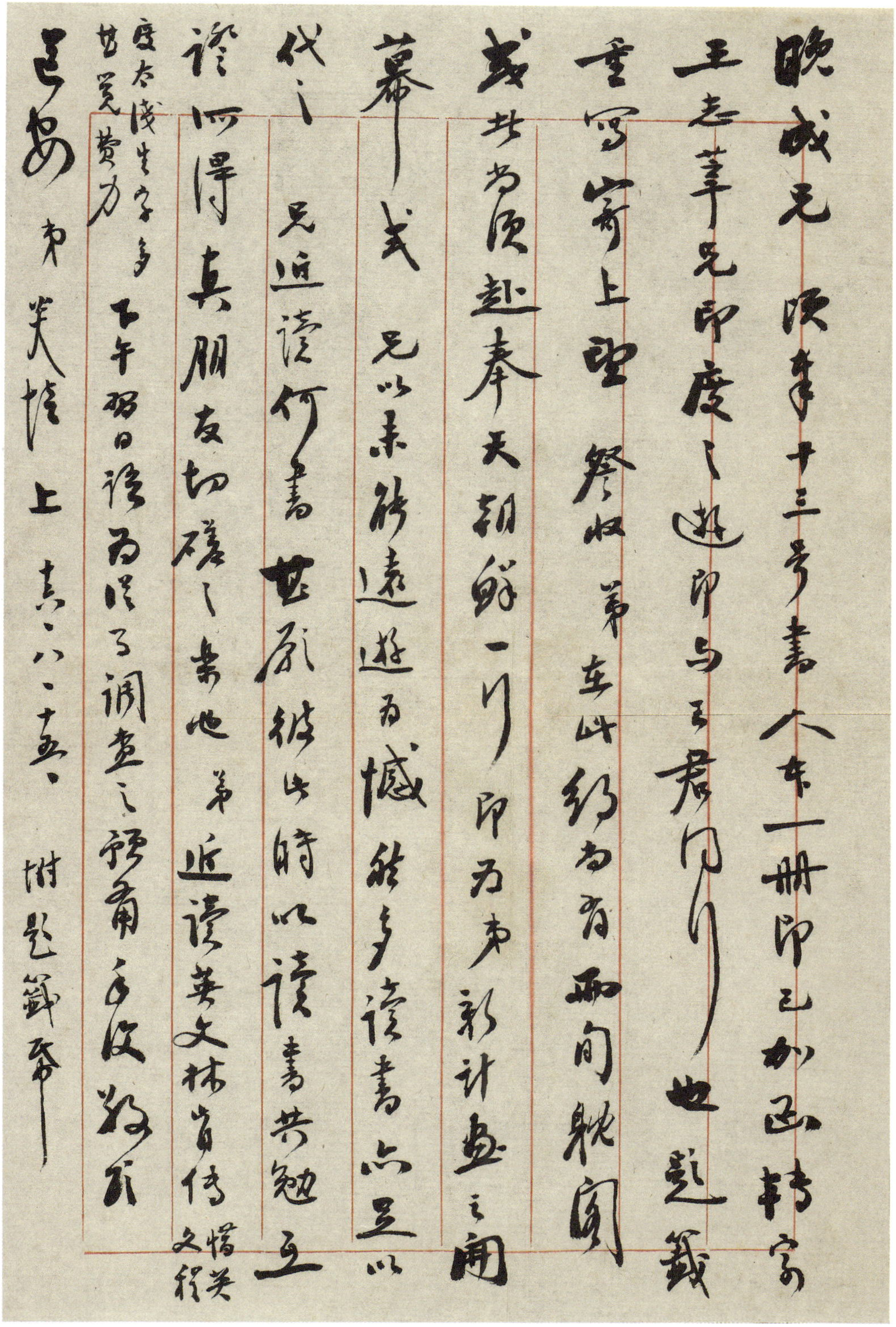

晚成兄：頃奉十三號書，八本一冊，即已加函轉寄
王志莘兄。印度之遊，即與王君同行也。題簽
重寫寄上，望 察收。弟在此約尚有兩月耽閣，
或者為便赴奉天朝鮮一行，即為弟新計畫之開
幕也。 兄以未能遠遊為憾，能多讀書亦足以
代之。 兄近讀何書？甚願彼此時以讀書共勉互
證，所得真朋友切磋之樂也。弟近讀英文林肯傳，惜英文程度太淺，生字多，甚覺費力。
下午每日讀兩時，可了調查之頗費。手此敬頌
近安。弟 英培 上 十八、十五 附題簽一帋

于右任[1]致贾景德[2]信札

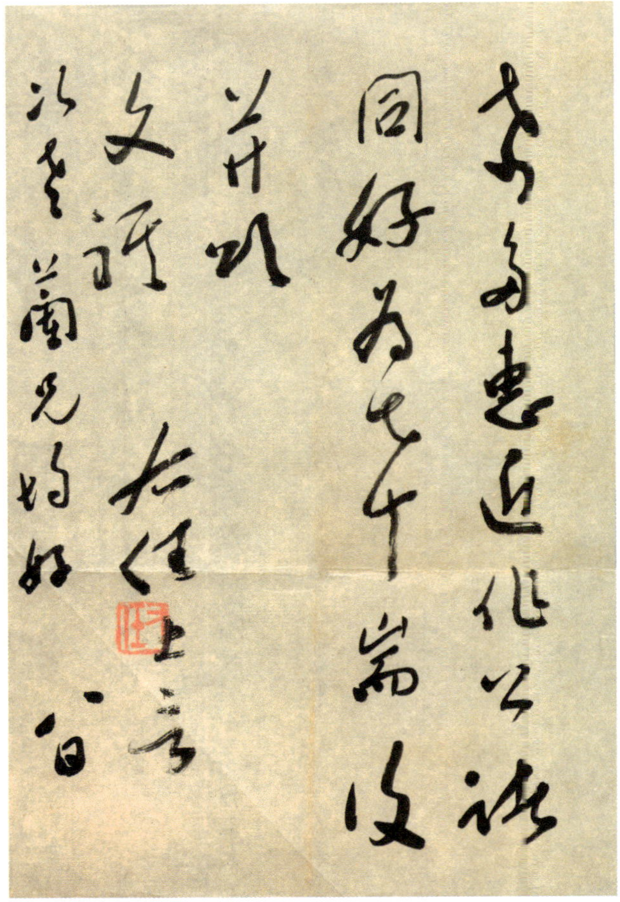

1　于右任（1879—1964），陕西三原人，祖籍泾阳，清代举人，国民党元老，曾任国民政府监察院院长。于右任在辛亥革命、护法运动、国共合作等事件中均发挥了重要作用，堪称中国近代民族民主革命的先驱。他一生参与创办、改建了复旦公学、上海大学、国立西北农林专科学校等校，是中国近现代高等教育重要奠基人之一。此外，于右任善书法，喜作诗，是中国近现代重要的书法家之一，是二十世纪碑派书法大师，被誉为“当代草圣”“近代书圣”，晚年诗作《望故乡》流露着对大陆的眷念之情。

2　贾景德（1880—1960），字煜如，清代进士，曾是军阀阎锡山的左膀右臂。1945 年 5 月当选为国民党第六届中央监察委员，1948 年 6 月任考试院副院长，1949 年 3 月任行政院副院长。

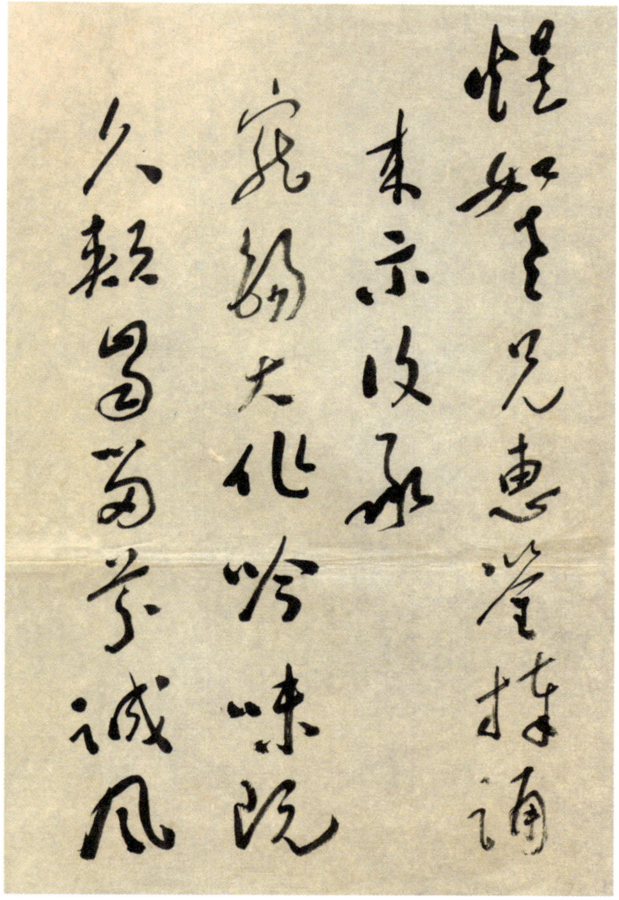
煜如老兄惠鉴捧诵来示复承宠锡大作吟味既久颊齿留芬诚风

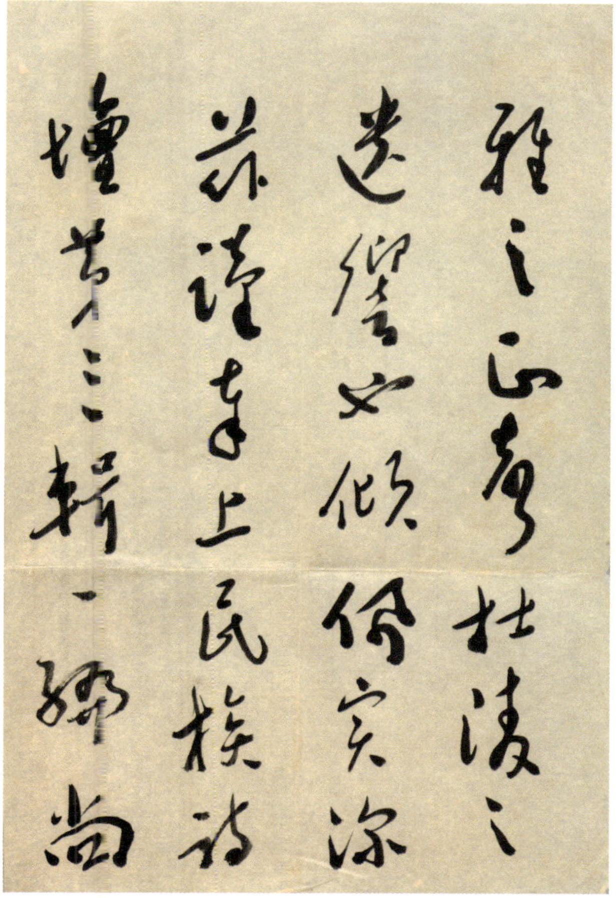
雅之正声杜陵之遗响也倾佩实深兹谨奉上民族诗坛第三辑一编尚

释文

煜如老兄惠鉴：捧诵来示，复承宠锡大作，吟味既久，颊齿留芬，诚风雅之正声，杜陵[1]之遗响也。倾佩实深，兹谨奉上《民族诗坛》[2]第三辑一编，尚希多惠近作，公诸同好为幸。

耑复并颂文祺。右任上言。次老、兰兄[3]均好，八日。

按语

1938年，于右任致信贾景德，感谢对方来信并惠赠诗作。于右任在信中对贾景德诗作备极赞美，盛赞其作品风雅正声，堪比杜甫诗作，并表达了深切的钦佩之情。于右任随信附上《民族诗坛》第三辑，希望贾景德继续惠赐新作，与同好分享。

1　杜甫，祖籍杜陵，也曾在杜陵附近居住，故常自称杜陵野老、杜陵野客、杜陵布衣。

2　《民族诗坛》1938年5月创刊于汉口，卢冀野主编，1938年9月第1卷第5辑起迁重庆出版，共出版29期。刊物以张扬"民族文学"为宗旨，提出了"以韵体文学发扬民族精神，激起抗战之情绪"的主旨。刊物上发表的作品多为旧体诗词，并按诗、词、曲分类刊载。

3　高兰亭（1895—1958），泾阳名流绅士，供职于国民党南京政府监察院，与于右任过从甚密，1937年返回原籍，出任泾干中学校长，尽心办学，使泾干中学成为渭北各县学子向往之地。

钱玄同[1]致少元[2]信札

1 钱玄同（1887—1939），浙江吴兴（今浙江湖州）人，中国现代思想家、文字学家、新文化运动的倡导者。钱玄同早年留学日本，曾任北京大学、北京师范大学教授，“五四”时期参加新文化运动，提倡文字改革，曾倡议并参加拟制国语罗马字拼音方案。

2 张鸿来（1890—1962），字少元，天津人，教育家、版本学家、书画家、文物鉴定家，曾任北京师范大学附属中学教师、校长。

3 1934年，钱玄同提出《搜采固有而较适用的简体字案》，并自己起草了“第一批简体字表”，共2300多字。1935年，大学院公布了其中的324个字。这是历史上由官方公布的第一批简化汉字。此外，钱玄同还倡导使用新式标点符号、阿拉伯数字、公元纪年法、汉字横行书写等。

4 1917年，蔡元培、李石曾和北京大学教授沈尹默、马幼渔、马叔平等在北京东城区方巾巷的华法教育会会址创办了一所新型的学校——孔德学校，为今北京市第二十七中学前身。1918年2月，孔德学校正式开学，学生只有二十余人，女生居多数。李大钊的子女李葆华、李星华，蔡元培的子女蔡威廉、蔡柏龄，刘半农的儿子刘育伦等，都在这里上过学。可以说孔德学校即是北大和中法大学教职工的子弟学校。

释文

少元先生：

前日先生谈及之字体研究会送贵校之“俗体字表”，（不知其确名，姑书此名，与原名必不合也。）可否备另一观？因日来忙忙于为教育部制“简体字表”[3]，亟思得此作参考也。如蒙允许，请即派人送到孔德学校[4]，交弟收。（若尊处送信不便，弟当派人领取也。）用毕即当奉还（约旬日或半月间）。至祷至肯！匆颂著安。

弟钱玄同书

廿四，五，五

按语

1935年，钱玄同正在为教育部制定“简体字表”，向张少元借用字体研究会的“俗体字表”，作为参考资料。钱玄同表示可以派人取送，并承诺在使用后尽快归还。信末表达了对此事的急切期望。

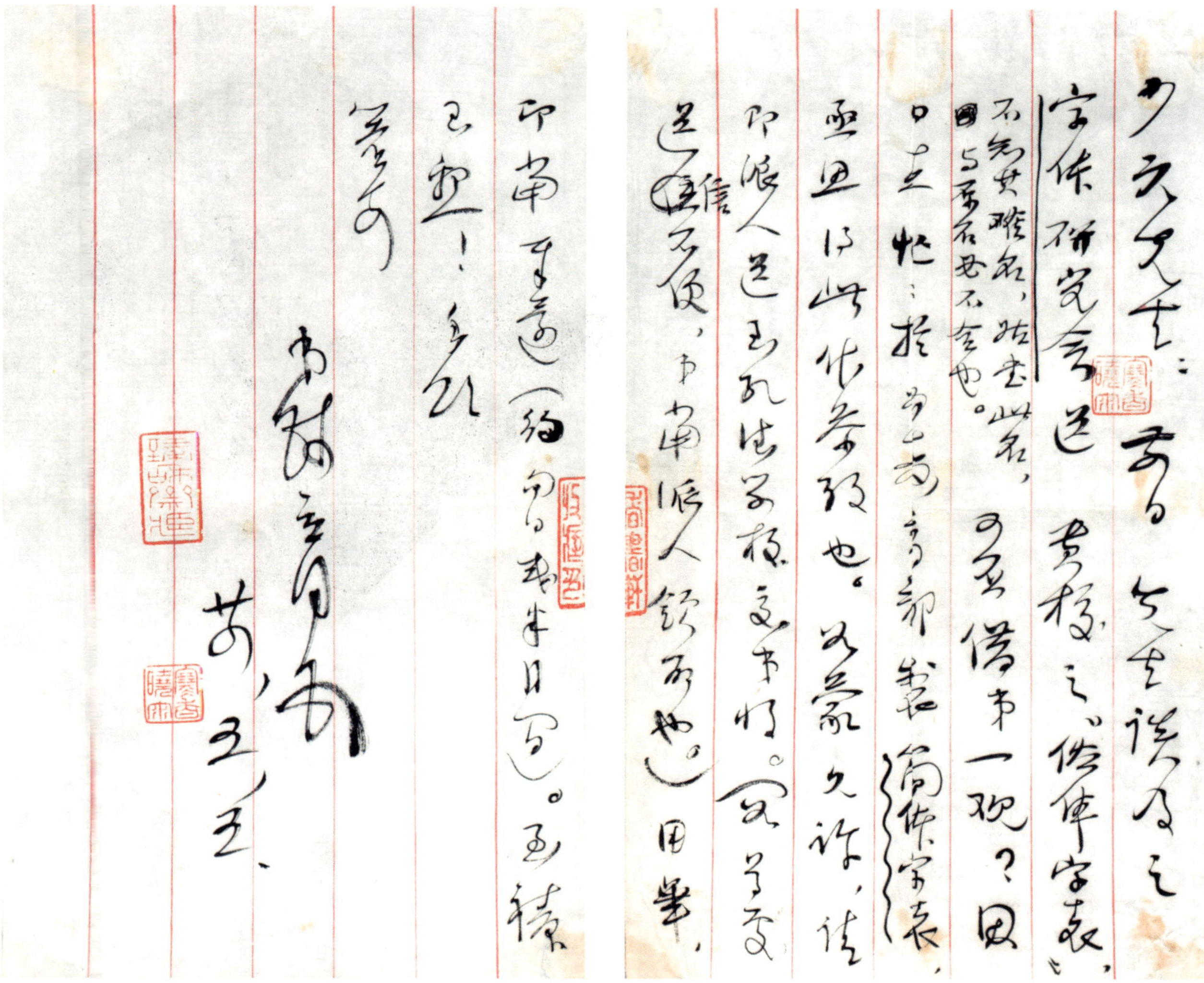

李大钊[1]致宁绍先[2]信札

释文

绍先吾兄，先生大鉴，前趋谒，未遇为怅。葆华[3]、星华[4]在邑读书，请多照拂，谢谢！敝村设立华严女学[5]一所，希望辅臣先生多拨点补助费。今虽专函商榷此事，但恐筹拨之数较少，不足以供用，仍望吾兄晤辅臣时代达弟意，以免别生障害也。弟拟于十六日返都，以后有所赐教，希即递至都中。至祷。此叩春禧。

弟大钊顿首。

按语

1920年，李大钊在信中向宁绍先表达问候，并拜托他对自己子女李葆华和李星华多加照顾。同时，李大钊提到在家乡设立的华严女学，希望宁绍先能与辅臣商议多拨一些补助费，以支持学校的正常运作，避免因资金不足而出现问题。他表示自己计划于16日返回北京，希望宁绍先能在此之前传达他的请求，并在他返京后继续联系。信末，李大钊致以新春祝福。

1 李大钊（1889—1927），中国共产主义运动的先驱，伟大的马克思主义者，杰出的无产阶级革命家，中国共产党的主要创始人之一。

2 宁绍先，河北乐亭县人，出身书香世家。宁绍先的孙女宁瑞娟认为李大钊和宁绍先由一次偶然的机会相遇，而互相赏识，建立了信任，并成为挚友。宁绍先对李大钊创办的女学多有资助，并在乐亭县大钊小学（原大黑坨小学）任教，后来随李大钊到北京大学工作。李大钊被捕后，宁绍先曾积极参与营救。李大钊牺牲后，处理完李大钊后事，宁绍先便回到乐亭老家。

3 李葆华（1909—2005），曾用名赵升阳、杨震、赵振声等，李大钊长子，出生于河北乐亭县大黑坨村，后于日本留学，1931年加入中国共产党，后投身抗日战争。

4 李星华（1911—1979），李大钊长女，作家，出生于河北乐亭县大黑坨村。

5 1919年寒假，已在北京大学担任教授的李大钊回到家乡乐亭县，他邀附近的开明乡绅及热心公益人士，共商在家乡开办学校。1920年初，李大钊终于在家乡的华严寺原址建起了学堂。学堂的革新表现在招收女生，后细分出华严女校。

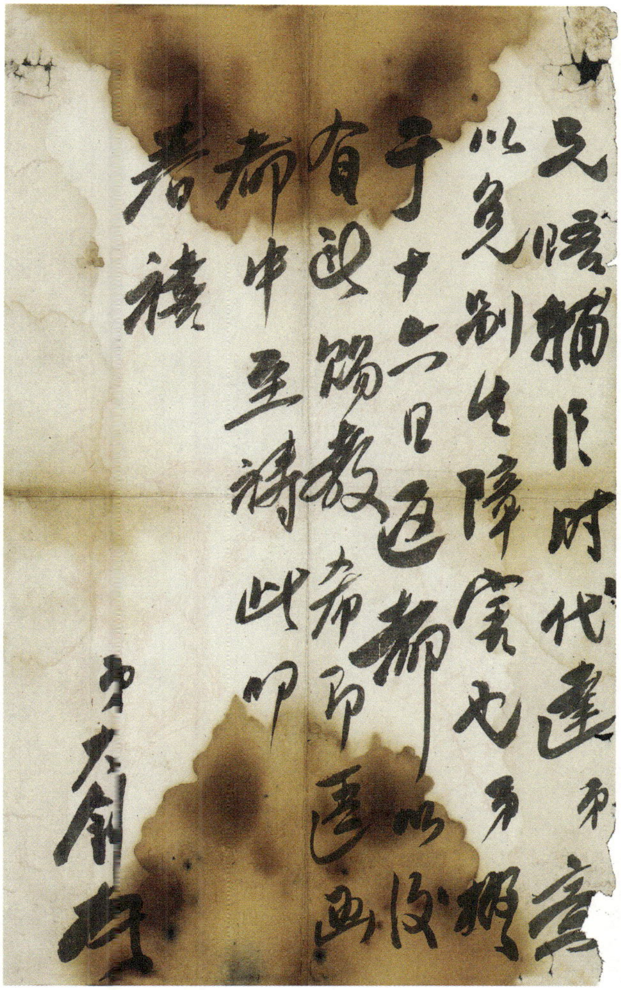

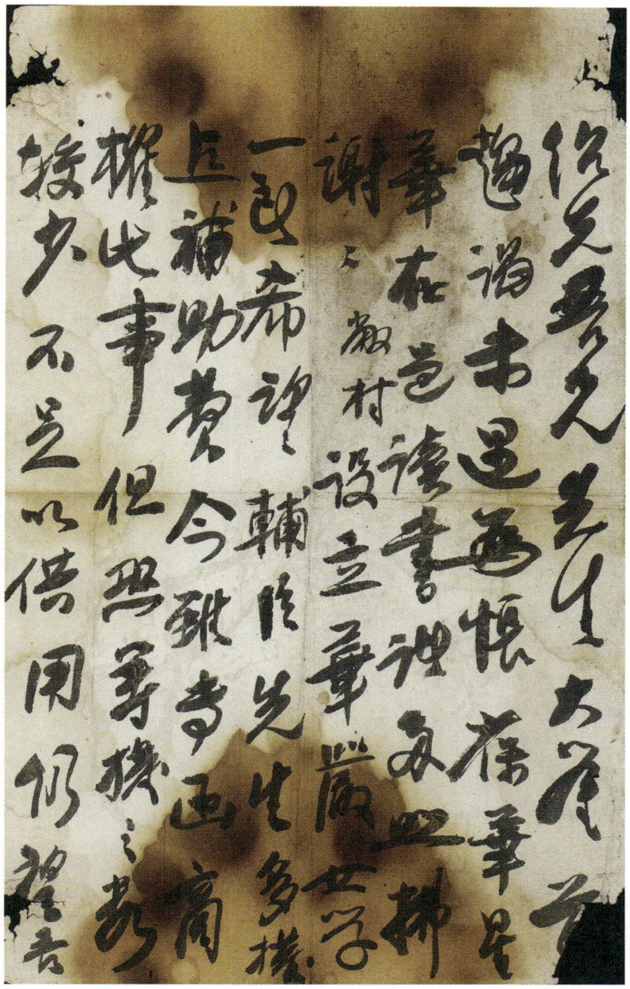

竺可桢[1]致美国各大实业公司函

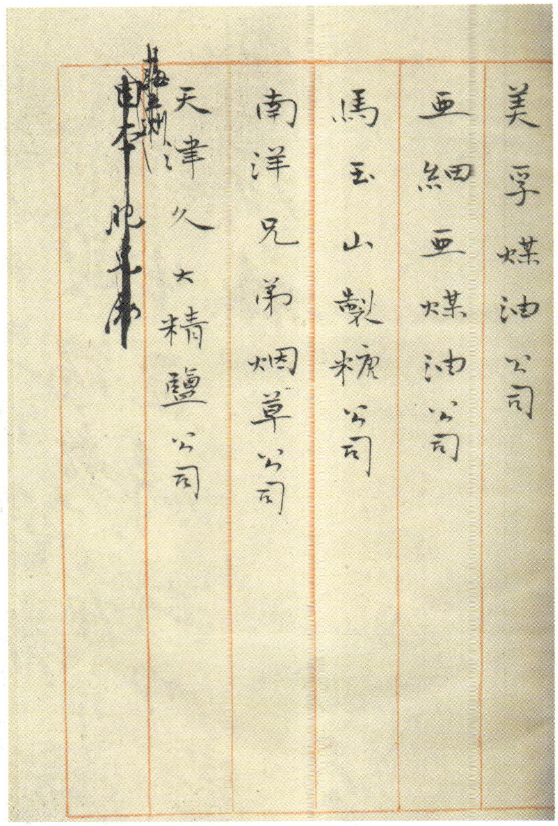
美孚煤油公司
亞細亞煤油公司
馬玉山製糖公司
南洋兄弟烟草公司
天津久大精鹽公司

释文

致美国各大实业公司，请其赠送样本以备陈列地理博物馆中。兹有四五种业已运到校中。国内各大实业公司方面亦思设法请其送赠样本，仍乞尊处出函致下列各公司，嘱其将生货精制品及制造中所经各种步骤样本各寄一份，以备陈列展览之用。如有制造方法说明书，亦请其寄赠一份。如有其他公司，尊处以为有函询之价值而未列入下表者，亦请邮寄一份为荷。专此敬托，顺颂公安。

竺可桢顿首，十月十一日。

美孚煤油公司[2]

亚细亚煤油公司[3]

马玉山制糖公司[4]

南洋兄弟烟草公司[5]

天津久大精盐公司[6]

1 竺可桢（1890—1974），我国著名气象学家、地理学家、教育家，中国近代地理学和气象学的奠基者，曾获哈佛大学博士学位，先后任教于南京高等师范学校（1920年应聘）、国立东南大学（1921年任地学系主任），后任浙江大学校长。

2 美孚是石油公司Mobil的音译。1870年，洛克菲勒创立了美孚石油股份公司（也叫标准石油公司）。

3 亚细亚煤油公司（Asiatic Petroleum Company），为英荷壳牌石油公司的子公司，曾垄断亚洲特别是19世纪上半叶中国的石油销售市场。

4 马玉山饼干糖果有限公司，1916年由南洋著名华侨马玉山在香港注册成立。1920年，马玉山将业务拓展至上海，1921年在上海创办中华国民制糖股份有限公司，并在吴淞建制糖厂。

5 南洋兄弟烟草公司，1905年由著名工商业实业家简照南、简玉阶两兄弟始建于香港，是中国建立最早、历史最长的民族烟草企业。

6 天津久大精盐公司，1914年由“中国民族化学工业之父”范旭东设于塘沽，是中国第一个大批量生产精盐的企业，开创了中国近代化学工业的先河。

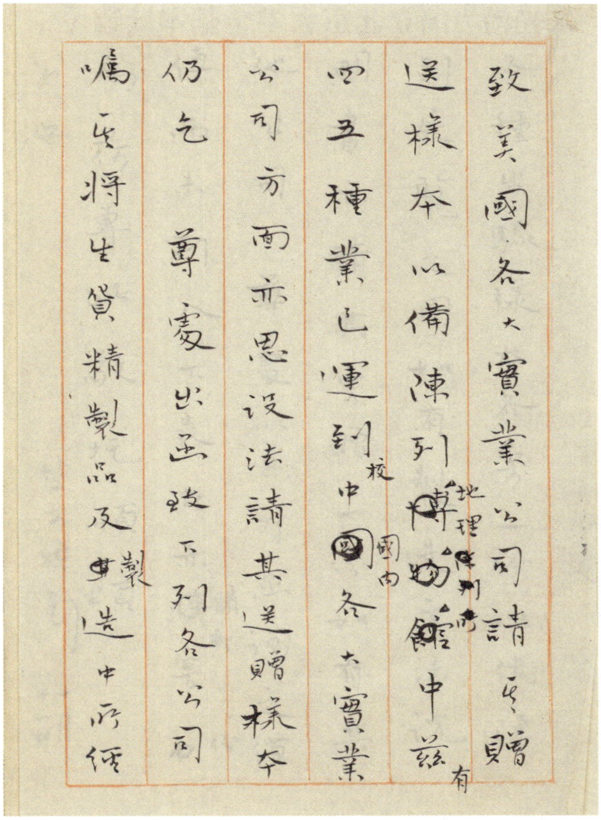
致美國各大實業公司請其贈
送樣本以備陳列校地理博物館中茲有
四五種業已運到校國內各大實業
公司方面亦思設法請其送贈樣本
仍乞
尊處出函致下列各公司
囑其將生貨精製品及製造中所經

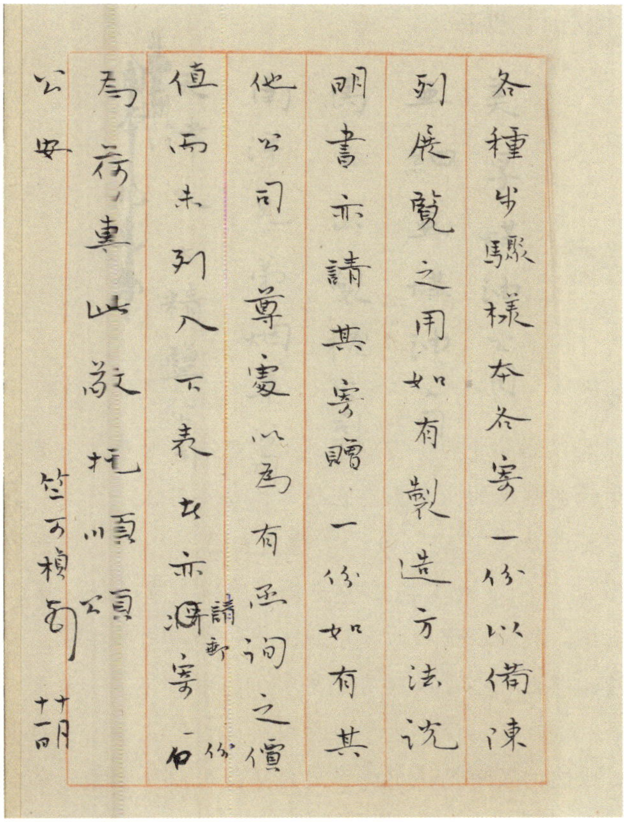
各種步驟樣本各寄一份以備陳
列展覽之用如有製造方法說
明書亦請其寄贈一份如有其
他公司
尊處以為有函詢之價
值而未列入下表者亦請酌寄一份
為荷專此敬托順頌
公安
竺可楨 十一月廿日

按语

1922年，竺可桢为筹建东南大学地理博物馆致信美国各大实业公司，请其赠送样本，用于地理博物馆的陈列展示。竺可桢提到已收到美国几家实业公司赠送的样本，并希望致函列表内的几家公司，索取生货精制品、制造过程样本及制造方法说明书。如果有其他未列入名单的公司，亦请一并联系。信末列了需要致函的五家公司名单。

朱光潜[1] 国立北京大学《基本读物（二）》课程计划书

1 朱光潜（1897—1986），安徽桐城人，现当代著名美学家、文艺理论家、教育家、翻译家。1933年博士毕业回国后，历任北京大学、四川大学、武汉大学教授；1946年后一直在北京大学任教，讲授美学与西方文学。

释文

本课程以读物作为练习的基础，精选有关时事的重要文件以及稍带文学性的文章。意在精读，每小时以一页至一页半为度。要求澈底了解（1）字的意义和用法，（2）句子的构造和用法，（3）全文意思的安排。第一步求了解，第二步便求应用。教师以读物为基础，挑出一些常用的字汇，成语和句法，理出一些可以应用这类字句的中文句，令学生口译或笔译。这样不但使学生学会运用所读过的文字，而且也加深了对原文的了解。这类练习随讲随做。此外，每周举行听写一次，训练学生对发音，拼音，文法等注意。每周举行复习问答一次，教师就已习读物，用英文轮流发问，令学生用英文作答。除掉测验学生复习程度以外，这办法还可以使读物与会话，发音，文法等发生联系。

本学期授课时间共约68小时，每小时读一页至一页半，预计可读80页左右。共选文十四篇左右，进度表已发给学生。

按语

此为20世纪30年代，朱光潜在国立北京大学西方语文学系教授必修课《基本读物（二）》的课程计划书，内容概述了该课程的教学目标和方法。课程以时事相关文件及具有文学性的文章为主要读物，旨在通过精读和分析文章，提高学生的语言理解和应用能力。教学重点包括字词、句子结构及全文意思的理解与运用，辅以口译和笔译练习，帮助学生加深对阅读材料的掌握。课程还安排了每周听写和复习问答，以加强学生的发音、拼音和语法能力，预计在学期内完成约14篇文章的学习。

國立北京大學

課程內容進度表

任課教員姓名	朱光潛	課程名稱	基本讀物(二)		
開設學系	西方語文 學系	必修或選修	必	學分	8
每週授課時數	講演：四 小時	實驗或實習： 小時	討論：在內 小時		
教科書或主要參考書名稱	教科書	1. 外國語學校編：Intermediate Readings			
	參考書	2. 徐燕謀等編 Selected modern English Essays			

教材綱要

本課程以讀物作為練習的基礎，精選有關時事的重要文件以及稍帶文學性的文章。意在精讀，每小時以一頁至一頁半為度。要求徹底了解(1)字的意義和用法，(2)句子的構造和用法，(3)全文意思的安排。第一步求了解，第二步便求應用。教師以讀物為基礎，挑出一些常用的字彙、成語和句法，編出一些可以應用這類字句的中文句，令學生口譯或筆譯。這樣不但使學生學會運用所讀過的文字，而且也加深了對原文的了解。這類練習隨講隨做。此外，每週舉行聽寫一次，訓練學生對發音、拼音、文法等注意。每週舉行複習問答一次，教師就已習讀物，用英文編造問題，令學生用英文作答。除掉測驗學生複習程度以外，這辦法還可以使讀物與會話、發音、文法等發生聯繫。

每週進度（1—19）

本學期授課時間共約68小時，每小時讀一頁至一頁半，預計可讀80頁左右。共選文十四篇左右，進度表已發給學生。

備註

台静农[1]《鲁迅先生整理中国古文学之成绩》[2]手稿

1　台静农（1903—1990），本姓澹台，笔名青曲、孔嘉等，著名作家、文学评论家、书法家，1927年后任教于辅仁大学、厦门大学、山东大学、齐鲁大学等，后任台湾大学中文系教授。台静农治学严谨，在文学、艺术、经史等多个领域均涉猎甚深，并以人格耿介、文章书画高绝驰名。台静农于1925年春初识鲁迅，后两人关系密切，友谊深厚，是为终生挚友。

2　此文发表于《理论与现实》1939年第1卷第3期。原手稿共61张，因篇幅有限，本书只展示3张。

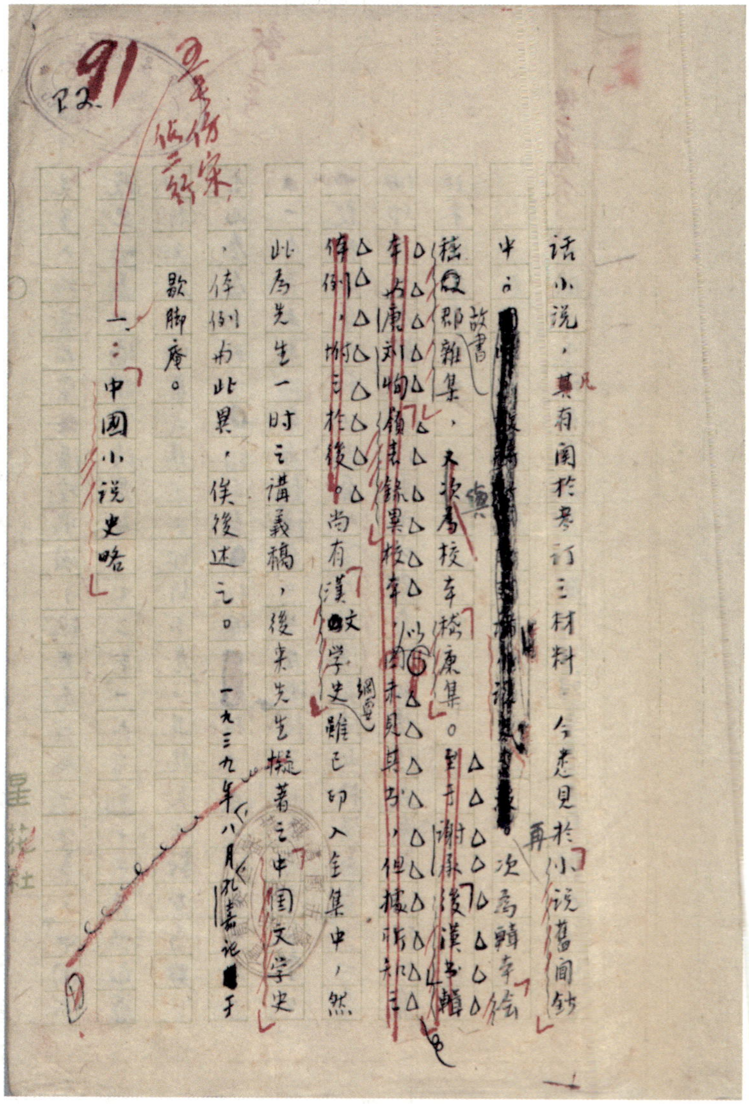
話小說，凡有關於考訂之材料，今悉見於小說舊聞鈔
此為先生一時之講義稿，後來先生擬著之中國文學史
，體例如此果，俟後述之。　一九三九年八月
歇腳處。
一：中國小說史略

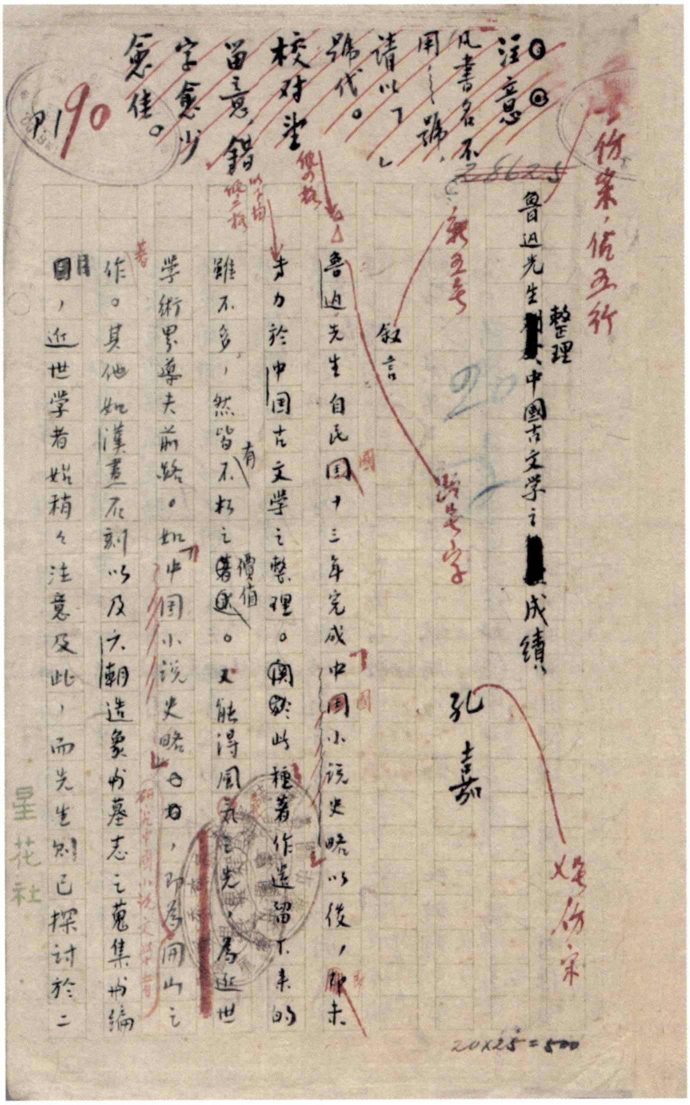

鲁迅先生整理中国古文学之成绩

孔嘉

叙言

鲁迅先生自民国十三年完成中国小说史略以后，即未尽力于中国古文学之整理。关於此种著作遗留下来的雖不多，然皆不朽之著述。又能得風气之先，为近世学術界導夫前路。如中国小说史略之外，即为開山之作。其他如汉画石刻以及六朝造象和墓志之蒐集和编目，近世学者始稍稍注意及此，而先生則已探讨於二

20x25=500

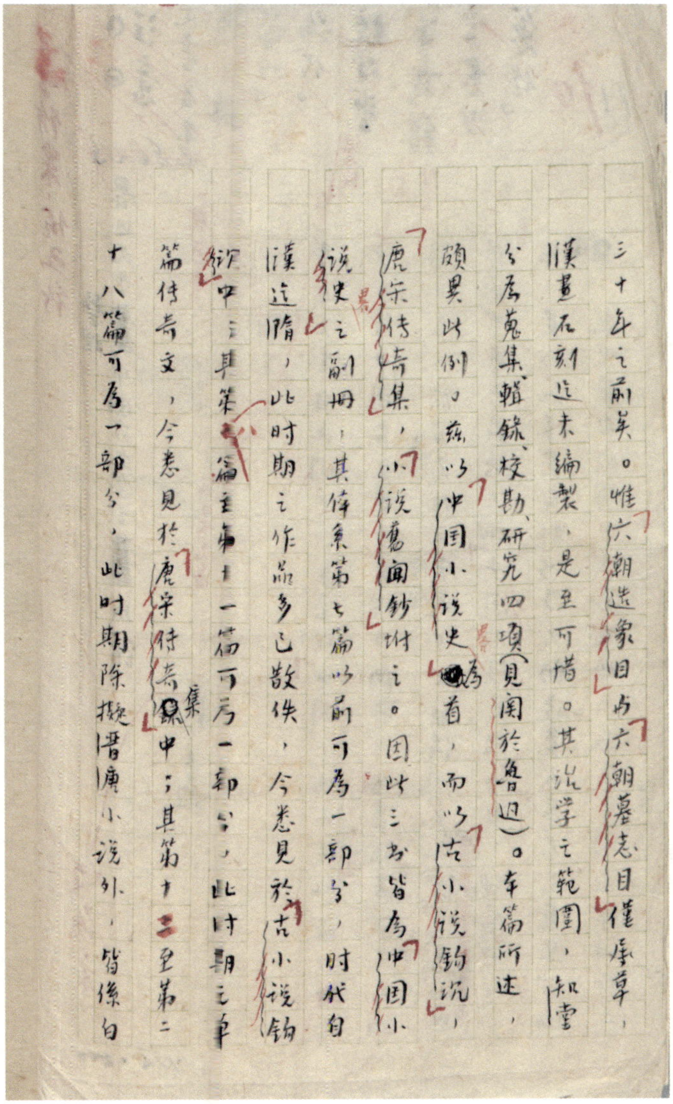

三十年之前矣。惟六朝造象目与六朝墓志目仅系草，汉画石刻迄未编製，是至可惜。其治学之範圍，如云分为蒐集、辑録、校勘、研究四项（见关於鲁迅）。本篇所述，颇異此例。兹以中国小说史略为首，而以古小说钩沉，唐宋传奇集，小说旧闻钞附之。因此三书皆为中国小说史略之副册，其体系第七篇以前可为一部分，时代自汉迄隋，此时期之作品多已散佚，今悉见於古小说钩沉中；其第八篇至第十一篇可为一部分，此时期之单篇传奇文，今悉见於唐宋传奇集中；其第十二至第二十八篇可为一部分，此时期除擬晋唐小说外，皆係白

3　1920年，鲁迅应邀在北京大学等高校讲授中国小说史，以此为基础扩充为《中国小说史大略》。1923年由北京新潮社正式出版，分为上下两卷共28篇，题目也正式定为《中国小说史略》。

4　《六朝造像目》，系鲁迅将六朝时期（即3世纪初到6世纪）前后三百余年间，古人所雕塑的佛像的铭记（或称造像记），以目录的形式辑成的稿本，编辑时间约在1918年间。现存稿本三册，计手稿190页。

5　《六朝墓志目》，鲁迅将六朝墓志搜集起来辑成目录，现存稿本32页。

6　《古小说钩沉》是鲁迅先生于1909年秋至1911年底辑录的古小说佚文集，共收周至隋的散佚小说36种，编入1938年版《鲁迅全集》第八卷。

7　《唐宋传奇集》为唐宋传奇小说选集，鲁迅于1927年编成，北新书局出版。后以1956年文学古籍刊行社印本校勘最精，并有校勘记附于书后，最为通用。

8　《小说旧闻钞》，鲁迅编撰的古代小说研究资料汇辑，是他1920年至1924年在北京大学讲授中国小说史时裒集而成的，1926年由北新书局出版发行。

释文

鲁迅先生整理中国古文学之成绩　孔嘉

叙言

鲁迅先生自民国十三年完成《中国小说史略》[3]以后，即未专力于中国古文学之整理。此种著作遗留下来的虽不多，然皆有不朽之价值。又能得风气之先，为近世学术界导夫前路。如《中国小说史略》，即为研究中国小说文学者开山之著作。其他如汉画石刻以及六朝造象与墓志之蒐集与编目，近世学者始稍稍注意及此，而先生则已探讨于二三十年之前矣。惟《六朝造象目》[4]与《六朝墓志目》[5]仅属草（稿），汉画石刻迄未编制，是至可惜。其治学之范围，知堂分为蒐集、辑录、校勘、研究四项（见关于鲁迅）。本篇所述，颇异此例。兹以《中国小说史略》为首，而以《古小说钩沉》[6]，《唐宋传奇集》[7]，《小说旧闻钞》[8]附之。因此三书皆为《中国小说史略》之副册，其体系第七篇以前可为一部分，时代自汉迄隋，此时期之作品已多散佚，今悉见于《古小说钩沉》中；其第八篇至第十一篇可为一部分，此时期之单篇传奇文，今悉见于《唐宋传奇集》中；其第十二至第二十八篇可为一部分，此时期除拟晋唐小说外，皆系白话小说，凡有关于考订之材料，今悉见于《小说旧闻钞》中。再次为辑本《会稽郡故书杂集》[9]与校本《嵇康集》[10]。尚有《汉文学史纲要》[11]虽已印入《全集》[12]中，然此为先生一时之讲义稿，后来先生拟著之《中国文学史》，体例与此异，俟后述之。一九三九年，八月，孔嘉记于歇脚庵。

按语

该件为著名作家、书法家、教育家台静农早年文章《鲁迅先生整理中国古文学之成绩》的手稿，写于1939年8月，该件全面、系统地评述了鲁迅整理中国古代文学的成绩和对古籍整理工作的精辟见解。

9　《会稽郡故书杂集》，鲁迅编，丛书收会稽先贤遗著八种，共一卷。有民国四年（1915）会稽周氏刊本。

10　《嵇康集》，三国魏嵇康著，原十三卷，至宋代仅存十卷。鲁迅据明吴宽丛书堂抄本精校各本所辑而成的十卷本为最详备。

11　《汉文学史纲要》，古代文学史书，鲁迅著。系作者1926年在福建厦门大学讲授中国文学史课程时的讲义，鲁迅生前未正式出版，逝世后被编入《鲁迅全集》。

12　《鲁迅全集》，1938年8月由上海复社出版《鲁迅全集》。

梁实秋[1]致浦家麟[2]信札

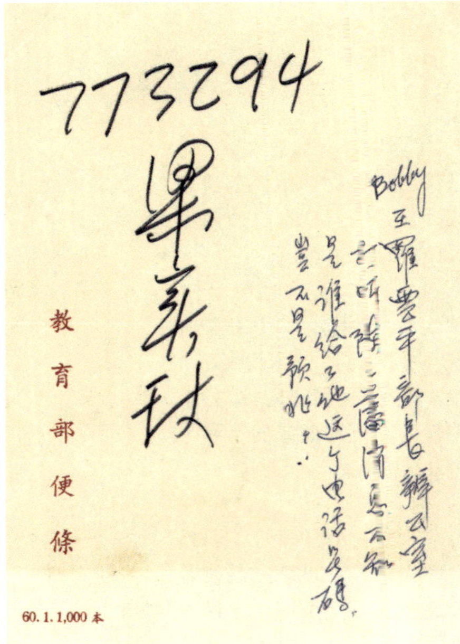

释文

Bolly 至罗云平[3]部长办公室打听陈之藩[4]消息，不知是谁给了他这个电话号码，岂不是预兆？ 梁实秋

重庆南路一段 66 之一号十楼 远东图书公司[5]

家麟先生：

大驾南游，不知已回台北否？弟于十日离台北，东京住一夜，十一日安抵西雅图。此间冰雪载途，已是隆冬气象矣。兹韩菁清[6]小姐前来公司，乞赐接待。前送韩小姐莎士比亚一部，仅 37 册，尚缺诗集三册，请补送以成全璧。又韩小姐需要《汉字辞典》二册，其中一册请代为包装寄到美国，收件人姓名住址请问韩小姐便知。所有书价及邮费皆由我付，请记在我的账上，千万千万。此请大安。弟梁实秋顿首。六四、一、十四。

如家麟先生尚未返台，请永刚世兄代为洽办为感。又及

1　梁实秋（1903—1987），中国现当代散文家、学者、文学批评家、翻译家。1923 年赴美留学，并取得哈佛大学文学硕士学位，1926 年回国后，任教于国立东南大学，并任外文系主任。梁实秋是中国研究莎士比亚的权威，是中国翻译《莎士比亚全集》第一人。

2　浦家麟，曾任台湾远东图书出版社社长，梁秋实翻译的《莎士比亚全集》第一版就由该社出版。梁实秋和韩菁清是在浦家麟的介绍下认识的，后二人结为伉俪。

3　罗云平（1915—1984），教育家、工科教授，曾任台湾成功大学、台湾中兴大学等校校长。

4　陈之藩（1925—2012），河北霸县（今霸州）人，北洋大学电机系毕业，取得美国宾夕法尼亚大学硕士学位后，又前往英国剑桥大学并取得哲学博士学位。他曾任教于普林斯顿大学、香港中文大学、波士顿大学、台湾成功大学，是香港中文大学电机系创系时的系主任。

5　台湾远东图书公司成立于 1950 年，专注于英语教育出版，出版物涵盖英汉、汉英词典，莎士比亚全集等英美文学名著，儿童英语读物等多个领域。

6　韩菁清（1931—1994），本名韩德荣，原籍湖北武汉黄陂，出生于江西庐山，中国女演员、歌星，梁实秋的妻子。

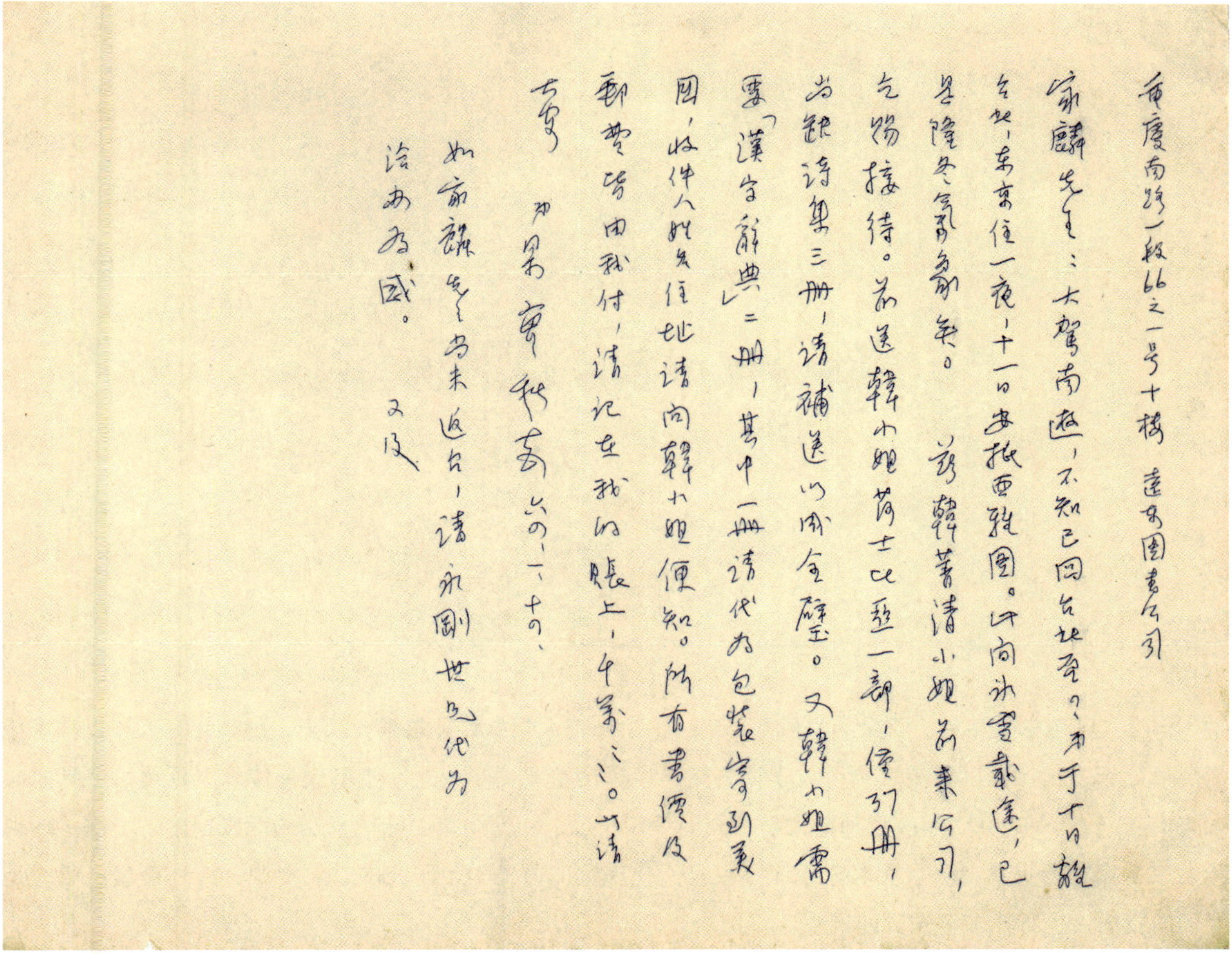

重慶南路一段66之一號十樓　遠東圖書公司

家麟先生：大駕南遊，不知已回台北否？弟于十日離台北，來東京住一夜，十一日去抵西雅圖。此間冰雪載途，已是隆冬氣象矣。前韓菁清小姐前來公司，承殷接待。前送韓小姐莎士比亞一部，僅37冊，尚缺詩集三冊，請補送以成全璧。又韓小姐需要「漢字辭典」二冊，其中一冊請代為包裝寄到美國，收件人姓名住址請向韓小姐便知。所有書價及郵費皆由我付，請記在我的帳上，千萬千萬。此請

大安

弟梁實秋　頓首　六四、一、十四、

如家麟先生尚未返台，請永剛世兄代為洽辦為感。　又及

后　记

自三江师范学堂始创，百余年来风雨如晦，南京师范大学始终扎根教育沃土，以文化育人、以学术传承。值此新书出版之际，南京师范大学博物馆再度迈出重要一步，这一步不仅是传承之延续，更是面向未来的新起点。自2022年南京师范大学120周年校庆以来，博物馆因陆军校友的慷慨捐赠，增添了近现代名家手稿等珍贵文献。这些名家手泽不仅是文化瑰宝，更是学术研究的重要资源，将之整理出版既是我们的责任，也寄托了对先贤的崇敬。

在本书编撰过程中，首先要感谢1976级校友、江苏四方文化实业集团董事长陆军先生。正是他对母校深厚的感情和慷慨捐赠，使我们有机会整理和出版这些珍贵的历史手稿，广大学者、学生和社会公众由此得以研究这批重要史料。其次要感谢南京师范大学党委书记和校长的高度重视与鼎力支持，他们的远见卓识为博物馆的发展指明了方向，也使本书得以顺利出版。

同时，特别感谢所有为本书提供支持的专家学者。他们有的授权本书收录其已发表的研究成果，并做了进一步的修订，使内容更加贴合本书主题；有的接受约稿，在内容整理、学术解读等方面给予了极大的支持。大家的辛勤努力与专业投入，不仅为本书增添了深度与广度，也为中国近现代教育与文化的研究拓展了新的视角。正因有他们的倾力相助，本书才能兼具学术性与可读性，为学术界提供宝贵的资料和启示。在编撰和出版过程中，博物馆的同仁付出了大量心血。他们对文献的细致整理、对历史细节的严谨考证、对学术质量的坚守，让我深感敬佩。没有他们的专业精神和不懈努力，这部作品的呈现将无从谈起。

最后，感谢南京师范大学出版社的出版团队，他们在书籍的设计、排版和印刷上精益求精，确保了本书的高质量呈现。

本书的出版仅是一个起点，未来，南京师范大学博物馆将继续致力于珍贵文物的保护和研究工作，充分发挥博物馆在文化传承、学术研究和教育服务中的重要作用。我们希望，通过持续的努力，能为中国近现代教育、文化与艺术的深入研究贡献绵薄之力，也为广大学者和读者提供更多有价值的资料和启示。

再次感谢所有支持和参与本书编撰出版的同仁。

方凌波

2025 年 4 月 10 日